冶金工业出版社

普通高等教育“十四五”规划教材

新能源电池测试原理与技术

冯志军　主编

北　京
冶　金　工　业　出　版　社
2025

内 容 提 要

本书针对新能源电池的组成和结构，系统地介绍了电极材料、电解质体系以及电极与电解质界面特性的测试与评估方法，并在介绍新能源电池基础知识的同时，根据新能源电池在实际科学研究和工业生产中的应用，把科学基础问题和解决实际问题联系起来，做到基础知识和实际应用有机结合。

本书可作为高等院校材料、能源动力、航空航天、机械、化工及相关专业的教材或教学参考书，也可供有关科研人员、工程技术人员和管理人员学习参考。

图书在版编目(CIP)数据

新能源电池测试原理与技术/冯志军主编．—北京：冶金工业出版社，2024.8（2025.8 重印）

普通高等教育“十四五”规划教材

ISBN 978-7-5024-9747-7

Ⅰ.①新… Ⅱ.①冯… Ⅲ.①新能源—汽车—蓄电池—测试技术—高等学校—教材 Ⅳ.①U469.720.4

中国国家版本馆 CIP 数据核字(2024)第 046191 号

新能源电池测试原理与技术

出版发行	冶金工业出版社	**电　　话**	(010)64027926
地　　址	北京市东城区嵩祝院北巷 39 号	**邮　　编**	100009
网　　址	www.mip1953.com	**电子信箱**	service@mip1953.com

责任编辑　杨　敏　美术编辑　吕欣童　版式设计　郑小利

责任校对　梁江凤　责任印制　禹　蕊

三河市双峰印刷装订有限公司印刷

2024 年 8 月第 1 版，2025 年 8 月第 2 次印刷

787mm×1092mm　1/16；12.75 印张；309 千字；196 页

定价 39.00 元

投稿电话　(010)64027932　投稿信箱　tougao@cnmip.com.cn

营销中心电话　(010)64044283

冶金工业出版社天猫旗舰店　yjgycbs.tmall.com

（本书如有印装质量问题，本社营销中心负责退换）

前　言

随着社会经济的发展，人们对能源的需求持续增长。伴随着新能源科技的创新发展，一场以清洁能源替代化石能源的革命正在加速到来，能源转化和存储是新能源发展的核心，也是实现碳中和目标的有效手段。新能源电池就是把其他形式的能量转化为电能的装置，大致可以分为物理电池（太阳能电池）和化学电池（锂离子电池、镍氢电池和燃料电池等）。高性能新能源电池及材料的研究与制备离不开先进和可靠的测试技术。

本书针对新能源电池的组成和结构，系统地介绍了电极材料、电解质体系以及电极与电解质界面特性的测试与评估方法。全书共分 7 章，第 1 章为化学电池概论，主要讲述电化学基础知识和化学电池基础知识；第 2 章为新能源电池研究中的检测技术，主要讲述新能源电池材料的测试技术；第 3 章为新能源电池综合性能测试与评估，主要讲述新能源电池生产过程中的性能测试以及质量控制；第 4 章为镍氢电池的性能检测，主要讲述镍氢电池检测标准和方法；第 5 章为锂离子电池的性能检测，主要讲述锂离子电池检测标准和方法；第 6 章为燃料电池的性能检测，主要讲述燃料电池检测标准和方法；第 7 章为太阳能电池的性能检测，主要讲述太阳能电池检测标准和方法。

本书由南昌航空大学冯志军担任主编。贺晓书、夏文星、李东旭参与了部分内容的编写。

本书在编写过程中，参考或引用了有关文献资料，在此对所有文献资料的作者表示衷心的感谢。

由于编者水平有限，时间仓促，书中不足之处，敬请广大读者批评指正。

编　者

2024 年 1 月

目 录

1 化学电池概论

新能源是指传统能源之外的各种能源形式。新能源电池主要有镍氢电池、锂离子电池、燃料电池、超级电容器和太阳能电池等。除了太阳能电池是利用光伏原理将光能直接转变为电能外，其他电池在本质上都属于将化学能转变为电能的化学电池。因此，学习新能源电池必须掌握与化学电池相关的电化学理论基础知识。

1.1 电化学基础知识

1.1.1 电极电势与电池电动势

1.1.1.1 电极/溶液界面的结构

电极/溶液界面是电化学反应发生的场所，它的结构和性质对电极反应速度和反应机理有显著的影响。

A 双电层的形成与结构

将某种电极插入某溶液中，将形成一个两相界面，其结构和性质与孤立相本体有很大的差别。这是由于某些带电粒子或偶极子发生了向界面的富集，使孤立相原有的电中性遭到破坏，形成了类似于充电的电容器的荷电层和与之相应的界面电势差，或叫相间电势。形成界面电势差的原因是电荷在界面分布不均匀，而造成不均匀的原因则有如下几种情况。

（1）将某种电极插入某溶液中，电极一侧的金属离子或电子以及溶液一侧的离子将在两相间自发地转移，或者通过外电路向界面两侧充电，这样在界面两侧都出现了剩余电荷。而且两侧剩余电荷的数量枨等，符号是相反的。由于静电力的作用（也叫静电吸附）。它们便向电极表面聚集，形成了双电层，这种双电层叫离子双电层，离子双电层产生的电势差就叫离子双电层电势差，用 Φ_q 表示。

下面以 Zn 电极插入 $ZnCl_2$ 溶液中的情况为例说明离子双电层的建立过程。作为一种金属晶体，Zn 电极是由固态晶格上的离子和自由电子组成的。金属中的 Zn^{2+} 和溶液中的 Zn^{2+} 在接触前往往具有不同的化学势。大家知道，体系中任何物质都有从化学势高的状态向化学势低的状态转移的趋势。假若固体电极上 Zn^{2+} 的化学势 $\mu^{S}_{Zn^{2+}}$ 大于溶液中 Zn^{2+} 的化学势 $\mu^{L}_{Zn^{2+}}$，即 $\mu^{S}_{Zn^{2+}}>\mu^{L}_{Zn^{2+}}$，则一旦将 Zn 电极插入溶液中，$Zn^{2+}$ 就会从电极上溶解下来进入溶液，即从化学势高的相向化学势低的相中转移，其转移的动力是 $\mu^{S}_{Zn^{2+}}-\mu^{L}_{Zn^{2+}}$。这样由于 e^- 留在电极上，使电极上出现了剩余的负电荷。电子再靠静电作用与溶液中的剩余正电荷 Zn^{2+} 相互吸引，排布在电极/溶液（M|S）界面两侧，就开始形成离子双电层，并出现了相间电势差 Φ_q 。Zn^{2+} 的进一步迁移导致 $|\Phi_q|$ 的增大，而 $|\Phi_q|$ 的增大使 Zn^{2+} 向溶液中的转移受到抑制，使其迁移速度逐渐变小，而 Zn^{2+} 从溶液向电极上转移的速度则逐渐增

大。当两者速度相等时，Zn^{2+}在两相间的转移达到动态的平衡，即Zn^{2+}的净转移量为零，Φ_q也不再变化而保持一定值，这就形成了稳定的双电层和相间电势差。Zn^{2+}在两相间的转移达到动态平衡的条件是：Zn^{2+}在两相中的电化学势相等。电化学势的表达式为：

$$\bar{\mu}_i = \mu_i + Z_i e_0 \phi \tag{1-1}$$

$$\phi = \psi + \chi \tag{1-2}$$

式中 e_0——电子电量；

μ_i——化学势；

Z_i——电荷量；

ϕ——内部电势；

ψ——外部电势；

χ——表面电势。

（2）溶液一侧荷电粒子在电极表面发生非静电吸附时，又靠静电作用吸引了溶液中符号相反的荷电粒子，也形成了双电层，即吸附双电层，其电势差叫吸附双电层电势差ϕ_{ad}。

（3）溶液中不带电的极性分子在电极表面定向排布，偶极的一端朝向界面，另一端则朝向该分子所属的相，便形成偶极双电层，其电势差叫偶极双电层电势差ϕ_{dip}。

三种双电层的结构如图 1-1 所示。

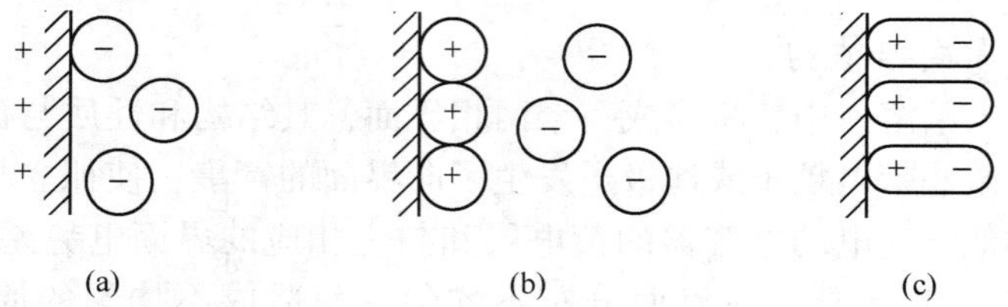

图 1-1　双电层示意图

（a）离子双电层；（b）吸附双电层；（c）偶极双电层

通常 M|S界面电势差是上述过程共同作用引起的，双电层的总电势差为这三种双电层的电势差之和：

$$\phi = \phi_q + \phi_{ad} + \phi_{dip} \tag{1-3}$$

有关双电层理论认为，溶液一侧的剩余电荷既不是完全排列在电极表面，也不是完全均匀地分散在溶液中，而是一部分排在电极表面形成紧密层，其余部分按照玻耳兹曼分布规律分散于表面附近一定距离的液层中，形成分散层。双电层的电势分布应与电荷分布情况相对应，即：也可区分为紧密层电势和分散层电势，也即 M|S界面的电势差应为这两部分电势之和。M|S界面的电荷分布和电势分布如图 1-2 所示。

图中 d 为溶液中第一层电荷到电极表面的距离。$x<d$ 的范围内电势分布是线性的，即电势梯度为常数：$\left(\frac{d\phi}{dx}\right)_{x<d} = 常数 = \frac{4\pi q}{\varepsilon}$。$d$ 点为分散层开始的位置，此处的平均电势为ψ_1（下角标“1”表示一个水化离子半径）。在分散层中，异号电荷的存在使电力线数目迅速减少，电场强度即电势梯度也随之减少，电势由ψ_1逐渐下降到 0，电势梯度也降为 0。因此，把ψ_1叫作分散层电势或ψ_1电势，紧密层电势差为$\varphi - \psi_1$，总的双电层电势差为

两者之和，即 $\phi=(\varphi-\psi_1)+\psi_1$。

上述关于双电层的理论对一些界面现象、性质及影响因素等可以给予较好的解释，这些解释与一些试验结果能够较好地吻合，但也存在一些问题，由此 Bockris 对紧密层作了进一步研究。

B　有关紧密层问题

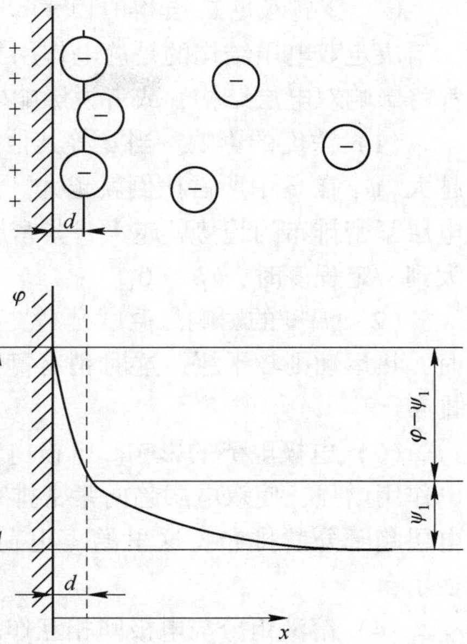

图 1-2　电极/溶液界面上电荷及电势的分布情况

Bockris 等提出：在电极表面，有一层可定向吸附的水分子偶极层，这个水化层至少是单分子层。他们认为：大多数的阳离子，由于水化自由能较高，或者说与水分子缔合强度较大，不易脱出水化球并冲破表面水分子层。这种情况下，双层的紧密层结构如图 1-3 所示。就是说，水化的正离子最终并不是与电极直接接触，两者之间存在着一层定向排布的水分子，这样形成的紧密层，d 值比较大，称为外紧密层。而当电极表面荷正电，溶液一侧剩余电荷为水化阴离子时，阴离子与水的缔合强度较小，靠近电极表面时很容易脱掉部分 H_2O，甚至排挤开电极表面的水分子层直接靠在电极表面。这样形成的紧密层，d 值较小，称为内紧密层，其结构如图 1-4 所示。如果阴离子是可以和电极发生短程相互作用的，那么这时“短程”（几个埃）这一前提就具备了，也就是可以发生特性吸附了。发生特性吸附时，界面的电荷分布和电势分布将与前面的结果明显不同，如图 1-5 所示。此时溶液一侧阴离子的剩余量大于电极一侧正电荷的剩余量，这种现象就叫阴离子在电极表面的超载吸附。当出现超载吸附时，双电层实际上具有“三电层”的性质。可以看出，超载吸附只能改变紧密层和分散层电势差的大小或符号，改变电势分布，但不能改变整个相间电势差。

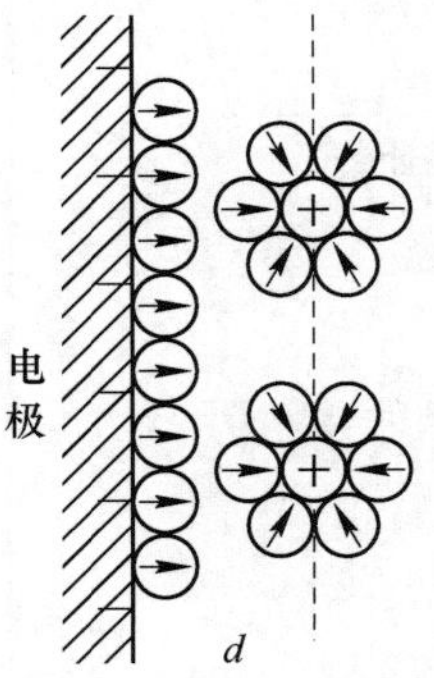

图 1-3　外紧密层结构

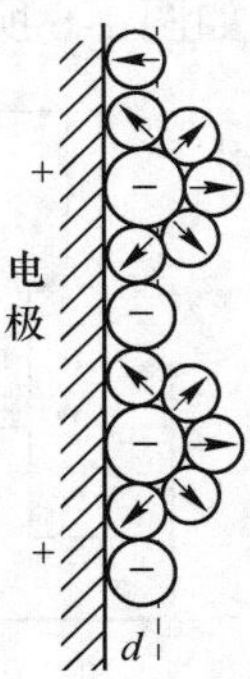

图 1-4　内紧密层结构

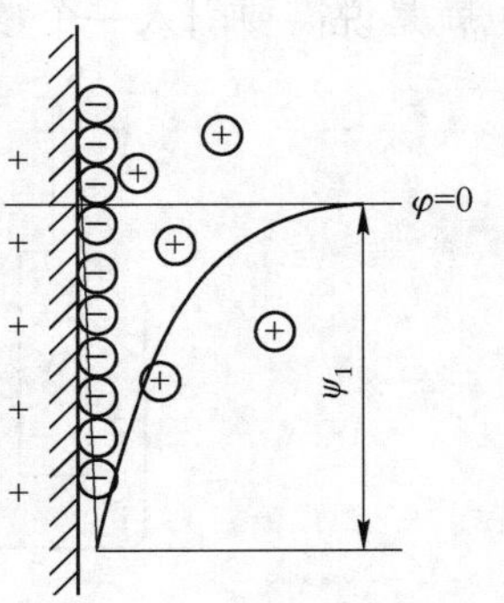

图 1-5　特性吸附时的界面电荷和电势分布

一般情况下，卤素离子（F 除外）会在电极表面发生特性吸附，形成三电层。个别的水化程度较低的无机阳离子（如 Tl^+ 等）也能在电极表面发生特性吸附。

C 影响双电层结构的因素

决定双电层结构的是静电作用与热运动。因此，凡能够影响静电作用和热运动的因素都将影响双电层结构，或者说影响电势的分布。

（1）浓度的影响。当 φ 等其他条件一定时，溶液浓度越小，双电层分散排布的趋势就越大，ψ_1 在 φ 中所占比例就越大。溶液浓度小到一定程度时，$\varphi \approx \psi_1$。溶液浓度越大，双电层紧密排布的趋势就越大，紧密层电势（$\varphi - \psi_1$）在 φ 中所占的比重将越大。溶液浓度大到一定程度时，$\psi_1 \approx 0$。

（2）温度的影响。温度升高、离子热运动加剧，导致双电层趋于分散排布；温度较低时，热运动则较平缓，这时稍有静电力就可以将离子吸引到电极表面，双电层趋于紧密排布。

（3）电极电势的影响。电极电势远离零电荷电势时，电极表面与溶液中离子之间的静电作用增强，使双电层趋向紧密排布；电极电势在零电荷电势附近时，静电作用较小，双电层趋于分散排布。这里的零电荷电势指电极表面剩余电荷为零时的电极电势，用 φ_0 表示。

（4）溶液组分与电极间相互作用的影响。如果溶液中含有可以在电极表面特性吸附的离子，则该离子易于和电极紧密结合，甚至可以脱掉水化膜，并穿透电极表面的水化层，直接靠在电极上，形成内紧密层。

1.1.1.2 绝对电极电势与相对电极电势

正是由于在电极/溶液界面形成了一定的电荷分布，从而也就产生了相间电势差，这个电势差可以理解为该电极的绝对电极电势。

在电化学中经常遇到相互接触的两相之间的电势差，往往要测一个研究电极 WE 在某溶液中的电极电势。而测得的 φ 并不是电极、溶液两相接触产生的绝对电势差 $\Delta^{M}\phi^{S}$。到目前为止，相接触的两相之间的绝对电势差 $\Delta^{M}\phi^{S}$ 仍是不可测的，也是无法通过计算得到的。

人们目前所说的某一电极的电极电势是该电极体系相对于另外电极体系的相对电极电势，也就是说需要引入一个参比电极 RE，如图 1-6 所示。

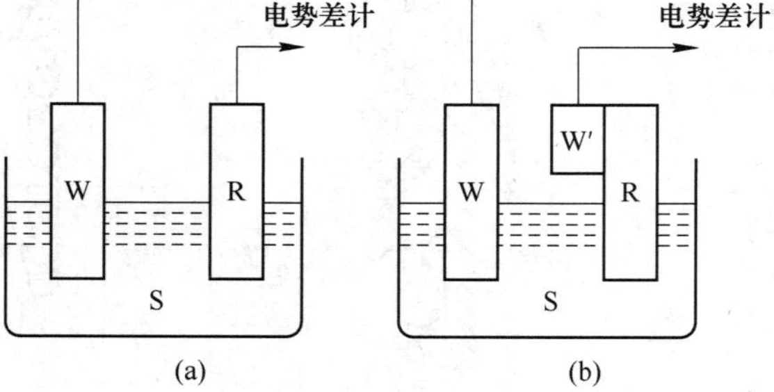

图 1-6 电极电势的测量

（a）电极电势测量示意；（b）电极电势测量等效电路

由理论推导可得：

$$V = \Delta^{M}\phi^{S} + \Delta^{S}\phi^{R} + \Delta^{R}\phi^{W} \tag{1-4}$$

式中　V——WE、RE 两个电极组成体系的电势差，也就是人们通常所说的电极电势 φ；

$\Delta^M\phi^S$，$\Delta^S\phi^R$，$\Delta^R\phi^W$——分别为 W|S、S|R、R|W 3 个界面的内部电势差。

即 φ 是 3 个界面的内部电势差之和。可证明 φ 也是 3 个外部电势差之和。而所谓“WE 的电极电势”既不是研究电极与溶液接触产生的界面绝对电势差，也不是 W|S与R|S两个界面绝对电势差之和，而是 3 个界面绝对电势差之和，只是约定俗成地称其为“某电极相对于某参比电极的电极电势”。就是说，φ 本质上是一种相对的电极电势（或称相对电势差），而不是绝对电势差。φ 的物理意义可理解为电子从 W 到 W′相转移过程中所做的电功，或电子从 $\bar{\mu}$ 较高的相转到 $\bar{\mu}$ 较低的相做的电功。

在式（1-4）中，参比电极是不极化电极，即 R|S界面的电势差是一定值。所以有：

$$\Delta^S\phi^R = 常数 \tag{1-5}$$

而当 WE 和 RE 电极材料不变时，$\Delta^R\phi^W$ 一项也为常数，从而有：

$$\varphi = \Delta^W\phi^S + 常数 \tag{1-6}$$

当 WE 发生极化时，电势的改变量，即过电势为：

$$\Delta\varphi = \Delta(\Delta^W\phi^S) \tag{1-7}$$

就是说，相对电势差的改变量等于研究电极绝对电势差的改变量。显然，绝对电势差不可测，但绝对电势差的改变 $\Delta(\Delta^W\phi^S)$ 是可测的。这一结论对研究界面性质随 $\Delta^W\phi^S$ 的变化是十分重要的。

1.1.1.3 电极电势和电池电动势

当通过一个可逆电池中的电流为零时，电池两端的电势差称为电池电动势，用 E 表示，对于可逆电池，其电池电动势的数值是与电池反应的自由能变化相关的。一个能自发进行的化学反应，若在电池中等温下可逆地进行，电池以无限小的电流放电即可做最大有用电功，有用电功等于电池电压与放电电量的乘积。所以有：

$$\Delta G = -nFE \tag{1-8}$$

在标准状态下，有：

$$\Delta G^{\ominus} = -nFE^{\ominus} \tag{1-9}$$

式中　ΔG——Gibbs 自由能的变化；

$\Delta G^{\ominus}$——标准状态时 Gibbs 自由能的变化；

n——电子转移数；

E——电池电动势；

$E^{\ominus}$——标准状态时电池电动势。

根据 IUPAC 的规定，用标准氢电极（SHE）作为负极与待测电极作为正极组成电池，这一电池电动势就是待测电极的相对电极电势，用 φ 表示。若待测电极处于标准状态（25 ℃，反应物和产物的浓度为单位活度）下则称为标准电极电势，用 $\varphi^{\ominus}$ 表示。

这里作为电势测量标准的标准氢电极是全球通用的基准电极，规定其电极电势为零，其上进行电化学反应为：

$$\frac{1}{2}H_2(p_{H_2}) \longrightarrow H^+(a_{H^+}) + e^- \tag{1-10}$$

标准氢电极是一块镀了铂黑的铂片，浸入 H^+的溶液中。在一定的温度下，当氢离子活度等于 1 mol/L、通入溶液的氢气压力为标准压力 $p^{\ominus}=101325$ Pa 时，达到平衡状态后，这个电极就是标准氢电极，其电化学性能十分稳定。对于任意给定的电极，使其与标准氢电极组合为原电池且以标准氢电极作为负极，则该电池的电动势即为给定电极的电极电势。例如若给定的电极为铜电极，则该电池的电动势为铜电极的电极电势。若溶液中 Cu^{2+} 的活度为 1，即 $a_{Cu^{2+}}=1$ mol/L，则该电池的电动势为铜电极的标准电极电势。

对于任意给定的一个电极，其电极反应可表示为：

$$O + ze^- \longrightarrow R \tag{1-11}$$

其平衡电极电势可采用标准氢电极测量得到，也可通过计算得到，计算式为：

$$\varphi_e = \varphi^{\ominus} + \frac{RT}{zF}\ln\frac{a_O}{a_R} \tag{1-12}$$

式中 φ_e——平衡电极电势；

z——电子转移数；

a_O——氧化态粒子的活度；

a_R——还原态粒子的活度。

这便是著名的能斯特（Nernst）公式，它给出了电极的平衡电极电势与氧化态和还原态粒子的活度以及温度的关系，是电化学领域重要的公式之一。通过该式，可以计算出任意电极的平衡电极电势，进而可以计算出任意两电极构成的电池的电动势。

例如，丹尼尔电池是由铜、锌两个可逆电极组成的电池，早年由英国化学家 J. F. Daniel 提出，它可表示为 $Cu\,|\,CuSO_4\,|\,ZnSO_4\,|\,Zn$。

该电池反应可正逆向进行，但电池内部存在液体接界（$CuSO_4/ZnSO_4$），界面的电荷迁移并不可逆。实验室中常用盐桥连接两液相以消除液接电势，使该电池的电势测量较易重现，常视作“可逆电池”的典型例子。该电池的电极及电池反应如下所述：

正极： $Cu^{2+}+2e^- \rightleftharpoons Cu$

负极： $Zn \rightleftharpoons Zn^{2+}+2e^-$

电池反应： $Zn+Cu^{2+} \rightleftharpoons Zn^{2+}+Cu$

电池的电动势为：

$$\begin{aligned}
E &= \varphi_{Cu^{2+}/Cu} - \varphi_{Zn^{2+}/Zn} \\
&= \left(\varphi^{\ominus}_{Cu^{2+}/Cu} + \frac{RT}{2F}\ln\frac{a_{Cu^{2+}}}{a_{Cu}}\right) - \left(\varphi^{\ominus}_{Zn^{2+}/Zn} + \frac{RT}{2F}\ln\frac{a_{Zn^{2+}}}{a_{Zn}}\right) \\
&= \varphi^{\ominus}_{Cu^{2+}/Cu} - \varphi^{\ominus}_{Zn^{2+}/Zn} + \frac{RT}{2F}\ln\frac{a_{Zn}\times a_{Cu^{2+}}}{a_{Cu}\times a_{Zn^{2+}}} \\
&= E^{\ominus} + \frac{RT}{2F}\ln\frac{a_{Zn}\times a_{Cu^{2+}}}{a_{Cu}\times a_{Zn^{2+}}}
\end{aligned} \tag{1-13}$$

因此，电池的电动势也可理解为两个电极的平衡电极电势之差。

此外，电池的电动势还可通过对消法测量得到。用伏特计直接测量原电池的电动势不能得到正确的结果。因伏特计与电池接通后，由于电池中发生了化学反应，有电流流出，电池中溶液的浓度不断改变，因而电动势也会有变化。此外，电池本身也有内电阻，因此用伏特计测出的只是电极上的电势降而不是电池的电动势。

要正确测定一个电池的电动势，必须在没有电流或仅仅有极小电流通过的情况下进行，一般采用对消法，亦称补偿法。即用一个大小近似相等而方向相反的工作电池并联相接，具体线路如图 1-7 所示。*AB* 为均匀的电阻线，E_W 为工作电池，经 *AB* 构成一个通路，在 *AB* 线上产生了均匀的电势降。*D* 为双刀双向开关，E_S 为已知的标准电池，E_X 为待测电池，E_S、E_X 与 E_W 并联，*G* 为检流计。当双刀双向开关向上时，与 E_S 相通。移动滑动接触点到 *H*，恰使检流计中没有电流通过，*AH* 线段的电势差等于标准电池的电动势 E'。将双刀双向开关向下与待测电池 E_X 相遇，移动滑动接触点到 *C*，使检流计中无电流通过，此时电池的电动势恰好和 *AC* 线段所代表的电势差相同而方向相反。由于电势差与电阻线的长度成正比，待测电池的电动势为：

$$E_X = E' \times \frac{AC}{AH} \tag{1-14}$$

电池电动势测量必须要有标准电池，常用的标准电池是 Weston（韦斯顿）标准电池，其结构如图 1-8 所示。在 Weston 标准电池中负极不是用纯金属镉，而是镉汞齐。使用纯金属镉会因为表面机械处理不一致，造成电极电势有波动。镉汞齐中用 12. 5%的镉是因为在此组成附近，镉汞齐成为固溶体与液态溶液的两相平衡，当镉汞齐的总组成改变时，这两相的组成并不改变，所以电极电势不会因为镉汞齐中的总组成略有变化而改变。这个可逆电池可表示如下：

$$\text{Cd(Hg)(12.5\%)} \mid CdSO_4 \cdot H_2O\ \text{饱和溶液} \mid Hg_2SO_4(s) \mid Hg(l)$$

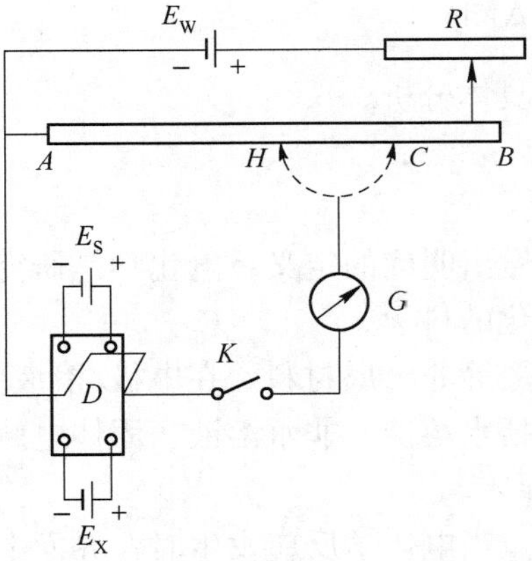

图 1-7 对消法测量电动势示意

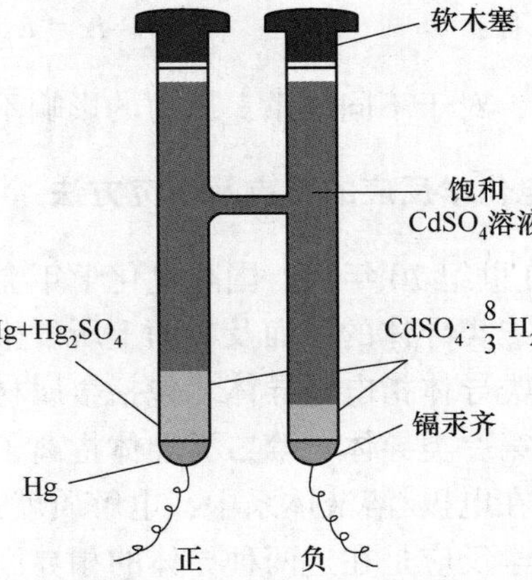

图 1-8 韦斯顿标准电池示意

该电池电极反应如下所述：

正极：$$Hg_2SO_4 + 2e^- \rightleftharpoons 2Hg + SO_4^{2-}$$

负极：$$\text{Cd(汞齐)} + SO_4^{2-} + \frac{8}{3}H_2O \rightleftharpoons Cd_2SO_4 \cdot \frac{8}{3}H_2O + 2e^-$$

电池反应：$$\text{Cd(汞齐)} + Hg_2SO_4 + \frac{8}{3}H_2O \rightleftharpoons 2Hg + Cd_2SO_4 \cdot \frac{8}{3}H_2O$$

Weston 标准电池除了电动势稳定外，另一个优点是电池的温度系数很小。英国 Wolff 提出的计算不同温度下 Weston 电池电动势的公式为：

$$E = 1.018646 - [40.6(T-293) + 0.95(T-293)^2 - 0.01(T-293)^3] \times 10^{-6}\ \text{V}$$

我国在 1975 年也提出了计算不同温度下 Weston 电池公式，该公式的计算值与实验值仅差 1 μV（293 K±5 K）。

$$E = E_{293\text{K}} - [39.94(T-293) + 0.929(T-293)^2 - 0.009(T-293)^3 + 0.00006(T-293)^4] \times 10^{-6}\ \text{V}$$

1.1.1.4 电池电动势与温度和压力的关系

温度和压力的变化会对电池的电动势产生影响。

由

$$\mathrm{d}G = -S\mathrm{d}T + V\mathrm{d}p$$

可知

$$\left(\frac{\partial \Delta G}{\partial T}\right)_p = -\Delta S \quad \left(\frac{\partial \Delta G}{\partial p}\right)_T = -\Delta V$$

即

$$\left(\frac{\partial \Delta E}{\partial T}\right)_p = \frac{\Delta S}{nF} \quad \left(\frac{\partial \Delta E}{\partial p}\right)_T = -\frac{\Delta V}{nF}$$

所以电池电动势的温度系数取决于电池反应熵变的符号。同时，若电池反应中无气体参与，则电池电动势的温度系数一般是很小的，由此得到电池电压与温度的关系式为：

$$E = E_{298\text{K}} + \frac{(T-298)\Delta S}{nF}$$

对于无气体参与的电池反应，电池的电动势基本上与压力无关。但当电池反应中气体的物质的量发生变化，则不能忽略压力的影响。

此时有：

$$E = E_{p^{\ominus}} - \frac{1}{nF}\int_{p^{\ominus}}^{p} \Delta V \mathrm{d}p$$

显然，对于不同体系，压力的影响不同，需要具体分析。

1.1.2 电化学反应的特点及研究方法

在 20 世纪 70 年代，国际电化学年会对电化学做出明确的定义：电化学是研究第一类导体与第二类导体的界面及界面上所发生的一切变化的科学。

第一类导体指电子导体。包括金属材料以及石墨等非金属材料。在电极/溶液体系中，电极就是第一类导体。第二类导体指离子导体，包括水溶液、非水溶液、固体电解质、熔融盐等。在电极/溶液体系中，电解质就是第二类导体。

电化学反应是在这两种导体的相界面上发生的。当电化学反应发生时，界面上将发生电子的转移，界面附近发生物质的传递，反应物或产物还有可能在电极表面发生某种转化。此外，界面结构、性质将对反应产生很大影响。这些方面都是电化学的研究对象。

1.1.2.1 电化学反应的特点

电化学反应是一种氧化还原反应，但与一般的氧化还原反应不同，其特点如下所述。

（1）电化学反应是一种特殊的氧化还原反应。电化学反应的特殊性在于氧化、还原两反应是在不同的位置上进行，即在不同的界面上发生的，在空间上是分开的。而基础化学中所了解的氧化还原反应则没有这种限制，常常是氧化态粒子和还原态粒子通过碰撞交换电荷，在同一地点完成氧化还原过程。

（2）电化学反应是一种特殊的异相催化反应。电化学反应发生在两类导体的界面，固相为电极，电极具备催化性质，但催化性质与电极电势有关。在有些情况下，当电极电势变化 1~2 V 时，电极反应速度可变化 10 个数量级。并且电极电势连续可变，所以催化性质也是连续可变的。

（3）氧化反应和还原反应是等当量进行的，即得电子数与失电子数相同。

（4）氧化反应和还原反应互相制约，又各具独立性。制约性体现在两个反应同时进行，且电子得失数相同。独立性体现在两个反应分别在不同位置进行。

1.1.2.2 电化学反应基本概念

电化学反应装置通常由两个（或以上）电极、电解质溶液、容器及其附件所构成。在电化学装置中，两个电极之间存在电势差，根据两者电势的高低把两个电极分别定义为正极和负极。正极指电势相对较高的电极，负极指电势相对较低的电极。当有电流流过电化学装置时，正、负极上将有电化学反应发生：一个电极上将发生氧化反应，另一个电极上将发生还原反应。我们把发生氧化反应的电极定义为阳极，把发生还原反应的电极定义为阴极。

正、负极与阴、阳极之间没有一定的对应关系。也就是说，正极上可以发生氧化反应，也可以发生还原反应，负极也是一样。正极到底是阳极还是阴极取决于当时电化学装置的工作状态。

对于电解类电化学装置，正极为阳极，负极为阴极。以硫酸盐镀铜为例，将插入电解液的铜板与直流电源的正极相连，将被镀件与电源负极相连，溶液主要成分是 $CuSO_4$。电源接通后，正极上的电子被迫向外流出，发生了 Cu 的氧化反应，生成了 Cu^{2+}。

$$Cu - 2e^- \longrightarrow Cu^{2+}$$

所以正极为阳极。正极上流出的电子到达负极，溶液中的 Cu^{2+} 在负极得到电子，被还原为 Cu。

$$Cu^{2+} + 2e^- \longrightarrow Cu$$

所以负极为阴极。

而对于电源类电化学装置，当其充电时，情况与电解池相向，即正极为阳极，负极为阴极。而当其放电时，情况正相反，正极为阴极，负极为阳极。以铅酸电池为例，其正极为 PbO_2，负极为 Pb。当电池接通负载后，开始放电，电子由负极流出，在负极上发生了 Pb 失去电子的氧化反应，即：

$$Pb + HSO_4^- - 2e^- \rightleftharpoons PbSO_4 + H^+$$

所以负极是阳极。负极流出的电子经负载流入正极，在正极上发生了 PbO_2 的还原反应，即：

$$PbO_2 + HSO_4^- + 3H^+ + 2e^- \rightleftharpoons PbSO_4 + 2H_2O$$

所以正极是阴极。

若电池处于开路状态，这时没有电流流过电极，此时只存在正、负极，而没有阴、阳极之分。也就是说，对于一个电化学装置，正、负极始终是存在的，而阴、阳极只有在反应发生时才存在，并且需根据反应的性质来判断阴、阳极。

当有电流 I 通过电化学装置时，将有电极反应发生，同时电极电势将偏离平衡值，这种现象叫作极化。根据反应的性质，电极被区分为阳极和阴极，相应地极化区分为阳极极化和阴极极化。

阳极极化指阳极的电极电势偏离平衡值的现象。

我们知道，在阳极进行的是氧化反应，即电极上的还原态粒子R被氧化成氧化态粒子O，而电子被输送到外电路。这时的电极表面就出现了电子缺乏，而正电荷过剩的状态，结果使电极电势高于平衡电极电势，即：

$$\varphi_A > \varphi_{e,A} \quad (1\text{-}15)$$

式中 φ_A——阳极极化电势；

$\varphi_{e,A}$——阳极平衡电极电势。

那么电极电势的改变量：

$$\Delta\varphi = \varphi - \varphi_e > 0 \quad (1\text{-}16)$$

这里略去了电极电势的下脚标A，φ 和 φ_e 泛指某一电极的极化电极电势和平衡电极电势。这个改变量就定义为过电势，也可称为超电势。

同样阴极极化是指阴极电极电势偏离平衡值的现象。

由于阴极是还原反应，电子将由外电路流入阴极，使O得到电子还原为R。这时显然电极表面的正电荷有所减少，所以导致电极电势向负方向变化。即：

$$\Delta\varphi = \varphi - \varphi_e < 0 \quad (1\text{-}17)$$

除 $\Delta\varphi$ 外，过电势还有另外一种表示方法，即用 η 表示，其定义如下：

$$\eta = |\varphi - \varphi_e| > 0 \quad (1\text{-}18)$$

即无论是阴极极化还是阳极极化，过电势都取正值，取电势变化的绝对值。不过这样就难以区分是阳极过电势还是阴极过电势，因此需给出 η 的下角标。

对于阳极极化，有：

$$\eta_A = \varphi - \varphi_e > 0 \quad (1\text{-}19)$$

对于阴极极化，有：

$$\eta_C = \varphi_e - \varphi > 0 \quad (1\text{-}20)$$

1.1.2.3 极化曲线及其测量方法

A 极化曲线

极化曲线是指电极在反应中的极化电势 φ 或过电势 η 与通过的电流密度 i 间的关系曲线，是研究电极反应规律最基本的方法之一。

i 和 $\varphi(\eta)$ 中可以任一个为横坐标，另一个为纵坐标，具体需视需要及测量方法来定。

例如，以 φ 为横坐标，$\varphi = \varphi_e$ 时，$i = 0$。若随着 φ 的增大，i 也增大；或随着 i 的增大，φ 也升高，这便是阳极极化曲线。相反，若随着 φ 的减小，i 反而增大；或随着 i 的增大，φ 降低，这便是阴极极化曲线。阴、阳极极化曲线如图1-9所示。

由式（1-19）和式（1-20）可知，η 和 φ 之间仅差一个常数，故用哪个都可以，以便利为原则。

对于一个电池体系，当电池中无电流流过时，两极间电势差理论上应为它们平衡电势之差，即：

$$U_{开} = \varphi_e^+ - \varphi_e^- = E \quad (1\text{-}21)$$

当电池对外进行工作，即放电时，正、负极的荷电状态改变，因此电极电势均会偏离平衡值。此外，溶液中欧姆内阻也会产生一个电势降。这时两电极间的电势差应该由两部分组成：两个电极电势之差（非平衡电极电势之差）和溶液的欧姆电势降。

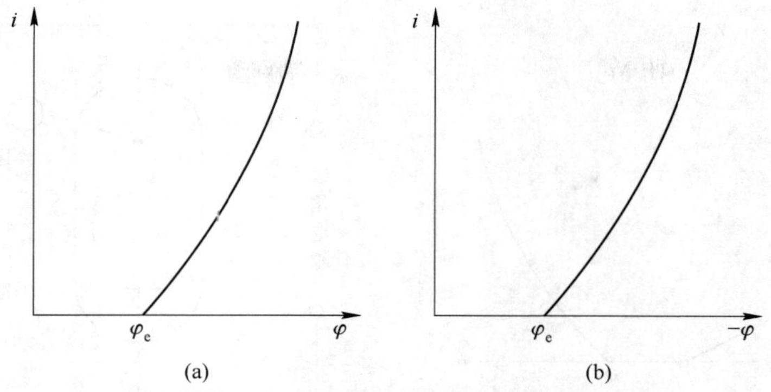

图 1-9 阳极极化曲线和阴极极化曲线
（a）阳极极化曲线；（b）阴极极化曲线

$$U_{工作} = \varphi^+ - \varphi^- - IR \tag{1-22}$$

式中 $U_{工作}$——电池工作电压；
φ^+——正极的电极电势；
φ^-——负极的电极电势；
IR——溶液的欧姆压降。

对于电池放电而言，正极为阴极，负极为阳极，因此其工作电压由式（1-19）、式（1-20）和式（1-22）得：

$$U_{工作} = (\varphi^+ - \eta_C) - (\varphi^- + \eta_A) - IR$$
$$U_{工作} = E - \eta_C - \eta_A - IR \tag{1-23}$$

也就是说，电池放电时，端电压将下降。上述关系式可用图 1-10 表示。显然随着放电电流的增大，正、负极上的极化增大，同时 IR 降也增大，因此导致电池的电压下降。即使维持放电电流不变，但随着放电时间的增加，正、负极上活性物质的量将减少，极化将增大，电池的电压也会随时间的增加而下降。

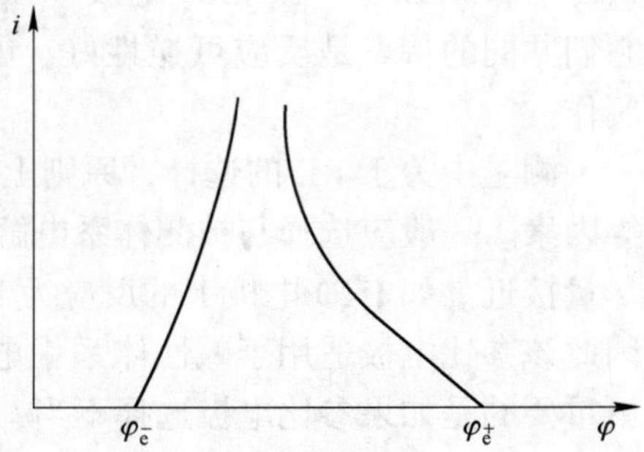

图 1-10 电池放电时的正、负极的极化曲线

电池充电的情况与放电正相反。电池的正极为阳极，负极为阴极。电池的欧姆内阻使电池的电压升高。

$$U_{工作} = \varphi^+ - \varphi^- - IR \tag{1-24}$$

由式（1-19）、式（1-20）和式（1-24）得：

$$U_{工作} = (\varphi^+ + \eta_A) - (\varphi^- - \eta_C) + IR$$
$$U_{工作} = E + \eta_A + \eta_C + IR \tag{1-25}$$

也就是说，正、负极极化以及欧姆内阻均使电池电压升高。电池充电时的正、负极的极化曲线如图 1-11 所示。

B 极化曲线的测量方法

目前测量极化曲线通常采用三电极法。也就是说要使极化曲线的测量得以实现，一般需有 3 个电极，采用三电极体系，其测量原理如图 1-12 所示。

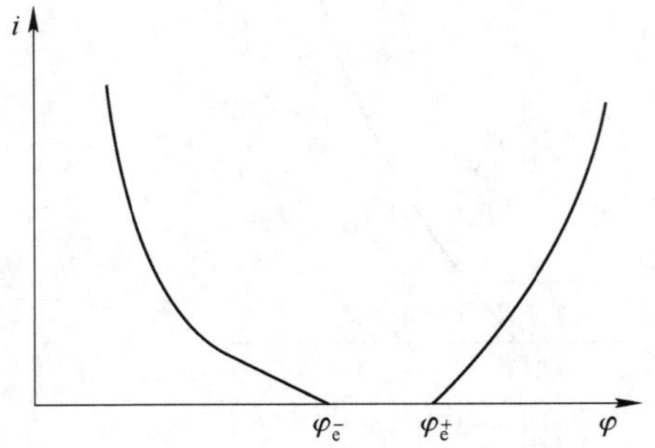

图 1-11 电池充电时的正、负极的极化曲线

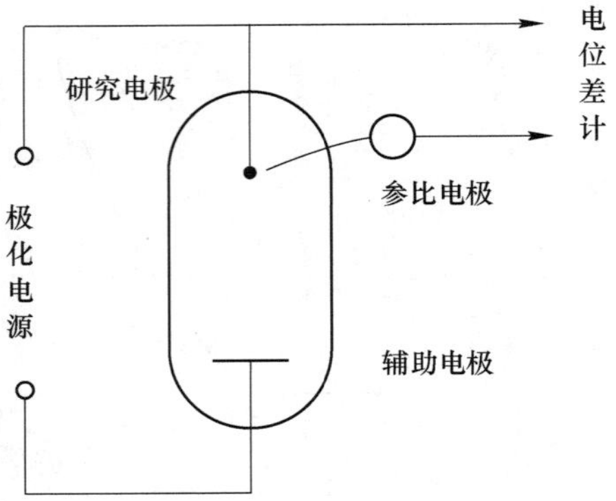

图 1-12 三电极电解池工作原理

3 个电极分别为研究电极 WE、辅助电极 CE 和参比电极 RE。WE 是研究的对象，要测的极化曲线就是 WE 的。换句话说，需要考察的正是 WE 上有 I 通过时，其 $\varphi(\eta)$ 变化情况。要使 WE 极上有电流通过，以使之极化，就必须构成完整的回路，故引入 CE。测量极化曲线时的测量对象是 I 和 φ，I 可以从极化回路的电流表中读出。根据式（1-7），φ 的测量则需要用到第 3 个电极 RE。RE 的电极电势是不变的，且是已知的，RE 是作为比较标准的。将 RE 通过一个连有鲁金毛细管的盐桥靠近 WE，用电位差计测量 RE、WE 间的电势差，就得到了 WE 的电极电势。所以在测量装置中存在两个回路：WE 和 CE 构成极化回路，WE 和 RE 构成测量回路。所以这种方法又称作“三电极二回路”法。

RE 的种类有很多，如标准氢电极、甘汞电极（$Hg|Hg_2Cl_2|KCl$）、AgCl 电极（$Ag|AgCl|Cl^-$）、Hg_2SO_4 电极（$Hg|Hg_2SO_4|SO_4^{2-}$）、HgO 电极（$Hg|HgO|OH^-$）等，它们共同的特点是反应可逆性好，电势稳定。它们当中有的有成品出售，有的则可自行制作。

测量中关于 RE 的选择，原则上说是任意的，但需考虑被测体系电解液的组成及浓度等因素。一般应选择与被测体系电解液含有相同阴离子的参比电极，且两种电解液的浓度尽量接近。如 HgO 电极上的反应为 $HgO+H_2O+2e^- \rightleftharpoons Hg+2OH^-$，电解液为 KOH 或 NaOH。因此该参比电极适用于碱性体系中电势的测量，否则将产生液接电势，使测量误差加大。更重要的是如果参比电极选择不当，将会给测量体系带来有影响的杂质，影响测量结果的准确性。

在实际测量过程中，可以采用恒电势法，也可以采用恒电流法。恒电势法是指控制电极电势按一定规律变化，同时记录各电势下对应的电流值，然后将两者关系绘制成曲线的方法。也就是以电极电势为自变量，电流为函数的方法。恒电流法是指控制电极上通过的电流按一定规律变化，同时记录各电流对应的电极电势值，然后将两者关系绘制成曲线的方法。也就是电流为自变量，电极电势为函数的方法。具体采用何种方法视情况而定。

1.1.3 气体电极过程

所谓气体电极过程是指涉及气体的电极反应。换句话说，反应物或产物为气体的电极反应就是气体电极过程。在有些新能源电池的充放电过程中，往往涉及氢、氧电极过程。

H_2—O_2 燃料电池、锌—空气、铝—空气电池等本身电极反应就是气体电极过程。

在气体电极过程中，研究得比较多、比较透彻的是氢、氧电极过程。尤其是氢电极过程研究得最多，重现性好，认识也比较一致，有关氢电极过程的一些理论也是比较成熟的。而氧电极过程研究得也不少，但认识不一致，提出的机理有几十种。

1.1.3.1 氢析出电极过程

在大多数金属电极表面，氢气析出反应均须在高过电势下进行，符合塔费尔方程。这说明氢气析出过程的控制步骤应为电荷转移步骤或随后转化步骤。对于不同体系而言，塔费尔斜率相差较小，一般均在 0.11~0.13。但不同体系的塔费尔截距相差较大，从 0.1 到 1.5 不等，见表 1-1。这说明不同电极材料对氢气析出的催化能力差别较大。i^0 越大，a 越小，反应的可逆性越好，也表现了对反应的催化能力很大，则在该电极上 H_2 析出只需较小的过电势；反之 i^0 越小，a 越大，反应的可逆性越差，说明该电极反应的催化能力小，则在该电极上 H_2 析出常需较大过电势，因此人们常根据塔费尔截距的大小，将金属电极划分成 3 类。

表 1-1 不同体系的 a 和 b 值

体系	a	b	体系	a	b
Pb | 0.5 mol/L H_2SO_4	1.56	0.110	Ag | 1 mol/L HCl	0.95	0.116
Hg | 0.5 mol/L H_2SO_4	1.415	0.113	Fe | 1 mol/L HCl	0.70	0.125
Hg | 1 mol/L HCl	1.406	0.116	Cu | 2 mol/L HCl	0.80	0.125
Cd | 0.75 mol/L H_2SO_4	1.40	0.12	Pt | 1 mol/L HCl	0.10	0.13
Zn | 0.5 mol/L H_2SO_4	1.24	0.118	Pd | 1 mol/L H_2SO_4	0.26	0.12
Sn | 1 mol/L HCl	1.24	0.116			

（1）高氢过电势金属（a=1.0~1.5）：Pb、Cd、Hg、Zn、Sb、Bi、Sn、Tl。

（2）中氢过电势金属（a=0.5~0.9）：Fe、Co、Ni、Cu、Ag、Au。

（3）低氢过电势金属（a=0.1~0.3）：Pt、Pd。

这种分类法虽然简单，但在电化学生产或研究中对选择电极材料还是有一定参考价值的。例如 H_2—O_2 燃料电池，其负极材料宜选低氢过电势的材料，使其上的 H_2 阳极氧化易于进行，所以常采用 Pt 做负极材料。

氢气析出过程由三个基本步骤组成：

$$H^+ + M + e^- \longrightarrow MH \quad \text{(A 步骤)} \quad (1\text{-}26)$$

$$MH + MH \longrightarrow H_2 + 2M \quad \text{(B 步骤)} \quad (1\text{-}27)$$

$$MH + H^+ + e^- \longrightarrow H_2 + M \quad \text{(C 步骤)} \quad (1\text{-}28)$$

即氢离子首先还原为吸附态的氢原子，然后通过复合方式或电化学方式进行脱附，生成氢分子。

若 A 步骤为速度控制步骤，这种机理称为缓慢放电机理或迟缓放电机理。

若 B 步骤为速度控制步骤，这种机理称为复合脱附机理。

若 C 步骤为速度控制步骤，这种机理称为电化学脱附机理。

人们认为Pt、Pd等低氢过电势金属上，H^+的还原在极化不太大时，可能是复合脱附控制；极化较大或电极表面被毒化时，则可能是电化学脱附控制。毒化是指杂质、污染等原因使催化能力大幅下降的现象。毒化后，催化能力大幅下降，不易复合脱附，故需靠增大极化来电化学脱附。

1.1.3.2 氧电极过程

氧电极过程由于涉及4个电子的转移，且反应的可逆性很差，所以研究起来比较困难，反应机理比较复杂，人们对其反应机理的看法也不一致。虽然如此，但仍可根据氧电极过程中中间产物的不同，将其反应机理分成两大类。

第一类：二电子机理，即中间产物为H_2O_2或HO_2^-。

在中性、酸性条件下，反应过程为：

$$O_2 + 2H^+ + 2e^- \longrightarrow H_2O_2$$

$$H_2O_2 + 2H^+ + 2e^- \longrightarrow 2H_2O$$

或

$$H_2O_2 \longrightarrow \frac{1}{2}O_2 + H_2O$$

在碱性条件下，反应过程为：

$$O_2 + H_2O + 2e^- \longrightarrow HO_2^- + OH^-$$

$$HO_2^- + H_2O + 2e^- \longrightarrow 3OH^-$$

或

$$HO_2^- \longrightarrow \frac{1}{2}O_2 + OH^-$$

第二类：四电子机理，即中间产物为吸附氧、金属氧化物、氢氧化物。

$$O_2 + 2M \longrightarrow 2(M-O)$$

在酸性条件下：

$$2(M-O) + 4H^+ + 4e^- \longrightarrow 2H_2O + 2M$$

在碱性条件下：

$$2(M-O) + 2H_2O + 4e^- \longrightarrow 4OH^- + 2M$$

通过表面氧化物（氢氧化物）进行转换的历程如下：

$$M + H_2O + \frac{1}{2}O_2 \longrightarrow M(OH)_2$$

$$M(OH)_2 + 2e^- \longrightarrow M + 2OH^-$$

即反应中不出现H_2O_2或HO_2^-中间粒子，连续得到4个电子。

对于氧电极反应机理的判别常采用旋转圆环圆盘电极（RRDE）。该电极可检测氧电极过程中的中间产物，若检测到H_2O_2或HO_2^-的存在，则表明反应机理为二电子机理。至于两个电子分别是如何转移的，限于篇幅，这方面的内容就不做介绍了。

1.2 化学电池的基础知识

现代文明和电的关系密不可分。为了获得电能，人们将化石燃料、水力、风能、太阳能、化学物质及核燃料等各种形式的能源释放的能量转换成电能。将化学反应产生的能量直接转换为电能的装置称为化学电池（简称为电池），例如常见的锂离子、镍氢和燃料电池等都属于化学电池。

1.2.1 化学电池的发展史

化学电池的发展史可以追溯到2000年前的“巴格达电池”。1936年9月，德国考古学家瓦利哈拉姆·年维尼格（Wilhelm König）在巴格达附近发掘出一些两千多年前随葬的陶制粗口瓶。这些粗口瓶瓶颈覆盖一层沥青，有根小铁棒插在铜制圆筒里；圆柱体铜管高约10 cm，底部固定一个以沥青绝缘的铜盘，顶部有一个涂沥青的瓶塞（见图1-13）。据专家考证，这些是古代电池，只要向陶瓶内倒入一些酸或碱水，便可以发出电来。在这种电池中，铁棒为负极，铜管为正极。在巴格达近郊还发现一些古代电镀物品，因而推测这些电池是用来在雕像或装饰品上电镀金。但是巴格达电池仍未被世界承认，仍然属于科学之谜。

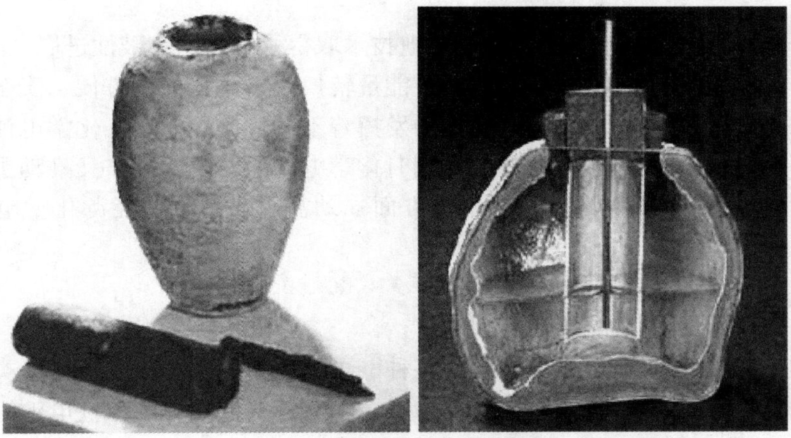

图1-13 巴格达电池

化学电池再度出现在科技史上却是在很多年以后。1791年，意大利生物学家伽尔瓦尼（Galvani）在解剖青蛙时首先发现了青蛙腿肌肉的收缩现象，他称之为生物电。1800年，意大利科学家伏打（Volta）根据伽尔瓦尼的试验，提出蛙腿的抽动是由于两种金属接触时产生的电流造成的，并根据这个假设，用锌片和银片交替叠放，中间用吸有盐水的皮革或呢子隔开，制成世界上第一个真正的化学电池，又称为伏打电堆（见图1-14）。1836年，英国人丹尼尔（Daniel）对伏打电堆进行了改进，设计出了具有实用性的丹尼尔电池（见图1-15）。1859年普兰特（Planté）发明铅酸蓄电池，蓄电池的发明对电池发展具有深远意义。

1969年飞利浦实验室发现了储氢性能很好的新型合金，1985年该公司研制成功金属氢化物镍蓄电池，1990年日本和欧洲实现了这种电池的产业化。20世纪80年代开始研究锂离子蓄电池，1991年索尼公司率先研制成功锂离子电池，目前已经广泛应用于各个领域。

燃料电池的开发历史悠久。1839年，格罗夫（Grove）通过将水的电解过程逆转发现了燃料电池的工作原理；20世纪60年代，基于培根型燃料电池的专利研制了第一个实用性的1.5 kW碱性燃料电池，可以为美国航天局的阿波罗登月飞船提供电力和饮用水；20世

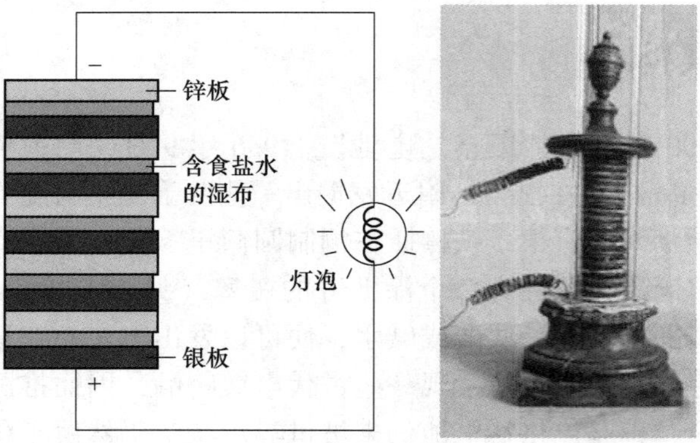

图 1-14 伏打电堆

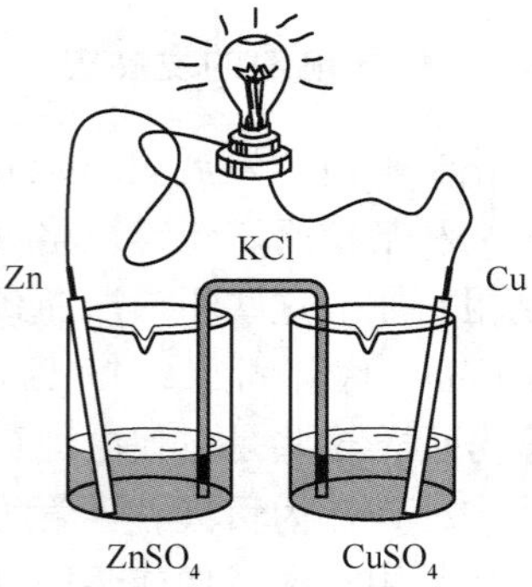

图 1-15 丹尼尔电池

纪 90 年代开始，新型的质子交换膜燃料电池技术取得了一系列突破性进展。

新能源化学电池与其他电池相比，具有能量转换效率高、使用方便、安全、容易小型化与环境友好等优点，在日常生活和生产中发挥着不可替代的作用。化学电池的发展是和社会的进步、科学技术的发展分不开的，同时化学电池的发展反过来又推动了科学技术和生产的发展。出于电子设备、电动汽车等方面强劲需求，将来新能源化学电池仍会快速发展。

1.2.2 化学电池的分类

化学电池品种繁多，其分类方法也有多种。可以按使用电解液的类型分类；电解液为酸性水溶液的电池称为酸性电池；电解液为碱性水溶液的电池称为碱性电池；电解液为中性水溶液的电池称为中性电池；电解液为有机电解质溶液的电池称为有机电解质溶液电池；采用固体电解质的电池称为固体电解质电池；采用熔融盐电解质的电池称为熔融盐电解质电池。

更常用的则是按化学电池的工作性质及储存方式分类，一般可分为 4 类：

（1）一次电池。一次电池也称原电池，是指放电后不能用充电方法使它恢复到放电前状态的一类电池。也就是说，一次电池只能使用一次。导致一次电池不能再充电的原因，或是电池反应本身不可逆，或是条件限制使可逆反应很难进行。常见的一次电池有锌锰电池、锌银电池、锂二氧化锰电池等。

（2）二次电池。二次电池也称为蓄电池，电池放电后可用充电方法使活性物质恢复到放电以前状态，从而能够再次放电，充放电过程能反复进行。二次电池实际上是一个电化学能量储存装置，充电时电能以化学能的形式储存在电池中，放电时化学能又转换为电能。常见的二次电池有镉镍电池、铅酸电池、金属氢化物镍电池、锂离子电池等。

（3）储备电池。储备电池也称为激活电池，在储存期间，电解质和电极活性物质分离或电解质处于惰性状态，使用前注入电解质或通过其他方式使电池激活，电池立即开始工作。这类电池的正、负极活性物质储存期间不会发生自放电反应，因而电池适合长时间储存。常见的储备电池有锌银电池、热电池、镁氯化铜电池等。

（4）燃料电池。燃料电池也称为连续电池，电池中的电极材料是惰性的，是活性物质进行电化学反应的场所，而正、负极活性物质分别储存在电池体外，当活性物质连续不断地注入电池时，电池就能不断地输出电能。常见的燃料电池有质子交换膜燃料电池、碱性燃料电池等。

上述分类方法并不意味着一个电池体系只能属于其中一类电池，恰恰相反，可以根据需要设计成不同类型，如锌银电池可以设计为一次电池，也可设计为二次电池，还可以作为储备电池。

1.2.3 化学电池的工作原理及组成

1.2.3.1 化学电池的工作原理

化学电池是一个能量储存与转换的装置。放电时，电池将化学能直接转变为电能；充电时则将电能直接转化成化学能储存起来。电池中的正、负极由不同的材料制成的，插入同一电解液的正负极均将建立自己的电极电势。此时，电池中的电势分布如图 1-16 中折线 *ABCD* 所示（虚线和电极之间的空间表示双电层）。正、负极平衡电极电势之差，构成电池的电动势 *E*。当正、负极与负载接通时，正极物质得到电子发生还原反应，产生阴极极化使正极电势下降；负极物质失去电子发生氧化反应，产生阳极极化使负极电势上升。外线路有电子流动，电流方向由正极流向负极。电解液中靠离子的移动传递电荷，电流方向由负极流向正极。电池工作时，电势的分布如 *A′B′C′D′* 折线所示。

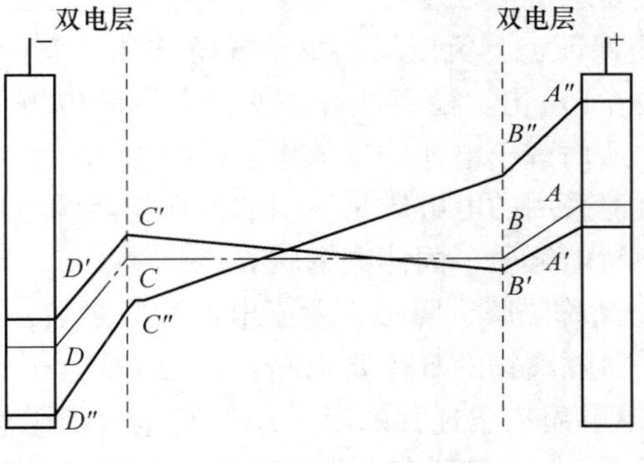

图 1-16 化学电池的工作原理

上述的一系列过程构成了一个闭合通路，两个电极上的氧化、还原反应不断进行，闭合通路中的电流就能不断地流过。电池工作时电极上进行的产生电能的电化学反应称为成流反应，参加电化学反应的物质叫活性物质。

电池充电时，情况与放电时相反，正极上进行氧化反应，负极上进行还原反应，溶液中离子的迁移方向与放电时相反，充电电压高于电动势。

化学电池在实现将化学能直接转换成电能的过程中，必须具备两个必要的条件。

（1）化学反应中失去电子的过程（即氧化过程）和得到电子的过程（即还原过程）必须分隔在两个区域中进行。这说明电池中进行的氧化还原反应和一般化学的氧化还原反应不同。

（2）物质在进行转变的过程中电子必须通过外电路。这说明化学电池与电化学腐蚀过程的微电池不同。

放电时，电池的负极上总是发生氧化反应，此时是阳极，电池的正极总是发生还原反应，此时是阴极；充电时进行的反应正好与此相反，负极进行还原反应是阴极，正极进行氧化反应是阳极。

1.2.3.2 化学电池的组成

任何一个电池都应包括4个基本组成部分：电极、电解质、隔离物和外壳。

（1）电极。电极（包括正极和负极）是电池的核心部件，它是由活性物质和导电骨架组成的。

活性物质是指电池放电时，通过化学反应能产生电能的电极材料，活性物质决定了电池的基本特性。活性物质多为固体，但是也有液体和气体。对活性物质的基本要求是：1）正极活性物质的电极电势尽可能正，负极活性物质的电极电势尽可能负，组成电池的电动势就高；2）电化学活性高，即自发进行反应的能力强；电化学活性与活性物质的结构、组成有很大关系；3）重量比容量和体积比容量大；4）在电解液中的化学稳定性好；其自溶速度应尽可能小；5）具有高的电子导电性；6）资源丰富，价格低；7）环境友好。要完全满足以上要求是很难做到的，必须要综合考虑。目前，广泛使用的正极活性物质大多是金属的氧化物，例如二氧化铅、二氧化锰、氧化镍等，还可以用空气中的氧气。而负极活性物质多数是一些较活泼的金属，例如锌、铅、镉、铁、锂、钠等。

导电骨架的作用是能把活性物质与外线路接通并使电流分布均匀，另外还起到支撑活性物质的作用。导电骨架要求机械强度好、化学稳定性好、电阻率低、易于加工。

（2）电解质。电解质保证正、负极间的离子导电作用，有的电解质还参与成流反应。电池中的电解质应该满足：1）化学稳定性好，使储存期间电解质与活性物质界面不发生速度可观的电化学反应，从而减小电池的自放电；2）电导率高，则电池工作时溶液的欧姆电压降较小。不同的电池采用的电解质是不同的，在新能源电池和特种电池中，一般采用有机溶剂电解质、熔融盐电解质、固体电解质等。

（3）隔离物。隔离物又称隔膜、隔板，置于电池两极之间，主要作用是防止电池正极与负极接触而导致短路。对隔离物的具体要求是：1）应是电子的良好绝缘体，以防止电池内部短路；2）隔膜对电解质离子迁移的阻力小，则电池内阻就相应减小，电池在大电流放电时的能量损耗就减小；3）应具有良好的化学稳定性，能够耐受电解液的腐蚀和电极活性物质的氧化与还原作用；4）具有一定的机械强度及抗弯曲能力，并能阻挡枝晶的生长和防止活性物质微粒的穿透；5）材料来源丰富，价格低。常用的隔离物有棉纸、浆层纸、微孔塑料、微孔橡胶、水化纤维素、尼龙布、玻璃纤维等。

（4）外壳。外壳也就是电池容器。根据情况选择合适的材料作外壳。电池的外壳应该具有良好的机械强度，耐震动和耐冲击，并能耐受高低温环境的变化和电解液的腐蚀。常见的外壳材料有金属、塑料和硬橡胶等。

1.2.4 化学电池的电性能

1.2.4.1 电池的电动势

在外电路开路时，即没有电流流过电池时，正、负电极之间的平衡电极电势之差称为电池的电动势。电动势的大小是标志电池体系可输出电能多少的指标之一。根据热力学原理，应有：

$$-\Delta G = nFE \tag{1-29}$$

$$E = \frac{\Delta G}{nF} \tag{1-30}$$

电池的电动势只和参与化学反应的物质本性、电池的反应条件（即温度）及反应物与产物的活度有关，而与电池的几何结构、尺寸大小无关。

电池的电动势 E 与电池反应的焓变（ΔH）之间的关系，可以用吉布斯-亥姆霍兹方程式描述：

$$E = -\frac{\Delta H}{nF} + T\left(\frac{\partial E}{\partial T}\right)_p \tag{1-31}$$

结合 $\Delta G = \Delta H - T\Delta S$，可以得到：

$$\left(\frac{\partial \Delta G}{\partial T}\right)_p = -nF\left(\frac{\partial E}{\partial T}\right)_p = -\Delta S \tag{1-32}$$

所以电池的温度系数为：

$$\left(\frac{\partial E}{\partial T}\right)_p = \frac{\Delta S}{nF} \tag{1-33}$$

等温条件下，可逆反应的热效应为：

$$Q_R = T\Delta S = nFT\left(\frac{\partial E}{\partial T}\right)_p \tag{1-34}$$

当电池在可逆条件下放电时，如果电池的温度系数是正值，则温度升高时电池的电动势增大，这时 $Q_R > 0$，除电池反应的反应热全部转变成电功之外，还要从环境中吸热来做电功。当电池的温度系数是负值，温度升高，电池的电动势将降低，这时 $Q_R < 0$，电池反应时的反应热一部分转变为电功，另一部分以热的形式传给环境。当电池的温度系数为 0 时，$Q_R = 0$，说明电池反应时释放的反应热全部转换成电功，电池与环境之间没有热交换。

1.2.4.2 电池的开路电压

电池的开路电压是两极间所连接的外线路处于断路时两极间的电势差。正、负极在电解液中不一定处于热力学平衡状态，因此电池的开路电压总是小于电动势。

电池的电动势是从热力学函数计算得出，而开路电压是实际测量出来的，两者数值相近。测开路电压时，测量仪表内不应有电流通过。一般使用高阻电压表。

标称电压是表示或识别一种电池的适当的电压近似值，也称为额定电压，可用来鉴别电池类型。例如镍氢电池标称电压为 1.2 V，锂离子电池标称电压为 3.6 V。

1.2.4.3 电池的内阻

电池的内阻 $R_{内}$ 是指电流流过电池时所受到的阻力，它包括欧姆内阻和电化学反应中相当于电极极化的极化内阻。

欧姆内阻 R_{Ω} 的大小与电解液、电极材料、隔膜的性质有关。电解液的欧姆内阻与电解液的组成、浓度、温度有关。一般来说，电池用的电解液浓度值大都选在电导率最大的区间，另外还必须考虑电解液浓度对电池其他性能的影响，如对极化电阻、自放电、电池容量和使用寿命的影响。隔膜微孔对电解液离子迁移所造成的阻力也称为隔膜电阻，即电流通过隔膜时微孔中电解液的电阻。隔膜的欧姆内阻与电解质种类、隔膜的材料、孔率和孔的曲折程度等因素有关。电极上的固相电阻包括活性物质粉粒本身的电阻、粉粒之间的接触电阻、活性物质与导电骨架间的接触电阻及骨架、导电排、端子的电阻总和。放电时，活性物质的成分及形态均可能变化，从而造成电阻阻值发生较大的变化。为了降低固相电阻，常常在活性物质中添加导电组分，例如乙炔黑、石墨等，以增加活性物质粉粒间的导电能力。

电池的欧姆内阻还与电池的尺寸、装配、结构等因素有关。装配越紧凑，电极间距就越小，欧姆内阻就越小。一只中等容量启动型铅酸蓄电池的欧姆内阻只有 10^{-4}~10^{-2} Ω 左右，而一只 R20 型锌锰干电池的欧姆内阻可达到 0.2~0.3 Ω。

极化内阻 R_f 是指化学电池的正极与负极在进行电化学反应时因极化所引起的内阻，它包括电化学极化和浓差极化所引起的电阻之和。极化内阻与活性物质的本性、电极的结构、电池的制造工艺有关，特别是与电池的工作条件密切相关，所以极化内阻随放电制度和放电时间的改变而变化。如果用 η_+ 和 η_- 分别表示正、负极的过电势值，则总极化值为：

$$\Delta\varphi = \eta_+ - \eta_- = IR_f \tag{1-35}$$

1.2.4.4 电池的工作电压

电池的工作电压又称负载电压、放电电压，是指有电流流过外电路时电池两极之间的电势差。当电池内部有电流流过时，由于必须克服极化内阻和欧姆内阻所造成的阻力，工作电压总是小于开路电压。

当 $E = U_{开}$ 时，有：

$$U = E - IR_{内} = E - I(R_\Omega + R_f) \tag{1-36}$$

式中 U——放电电压；
E——电动势；
I——放电电流；
R_Ω——欧姆内阻；
R_f——极化内阻。

由式（1-36）可以看出，电池的内阻越大，电池的工作电压就越低，实际对外输出的能量就越小，显然内阻越小越好。损失的能量均以热量的形式留在电池内部，如果电池升温激烈可能使电池无法继续工作。

在研究电池的放电性能时，经常需要测量电池的放电曲线，即放电电压随时间变化的曲线。电池放电制度不同，其放电曲线也会发生变化。放电制度通常包括放电方式、放电电流、终止电压、放电的环境温度等。

电池放电基本上有两种方式：一种是恒电流放电，另一种是恒电阻放电。恒电阻放电时，电池的工作电压和放电电流均随着放电时间的延长而下降。恒电流放电时，其工作电压也随着放电时间的延长而下降。电池的工作电压随着放电时间的延长而逐渐下降主要是由于两个电极的极化造成的。在放电过程中，由于传质条件变差，浓差极化逐渐加大；此外，随着活性物质的转化，电极反应的真实表面积越来越小，造成电化学极化的增加。特别是在放电后期，电化学极化的影响更为突出。电池的欧姆内阻也是工作电压逐渐下降的原因之一。在电池放电时，通常欧姆内阻是不断增加的。

随着现在电动工具、电动车辆等电池功率驱动应用的增加，电池恒功率放电的应用也越来越多。随放电进行，电池电压不断下降，根据 $P = IV$，则电池的放电电流会不断增大。

恒电阻、恒电流、恒功率 3 种放电方式时的电流、电压、功率随时间变化曲线如图 1-17 所示。

放电电流就是电池工作时的输出电流。在大电流放电时，电池正、负极上的电化学极化和浓差极化都会增大，电池内的欧姆压降也增大，这是某些电池的工作电压迅速下降的主要原因之一。放电电流通常也称为放电率，经常用时率（又称小时率）和倍率表示。

时率是以放电时间表示的放电速率，或者说是以一定的放电电流放完全部容量所需的时间（h）。例如额定容量为 10 A·h 的电池，以 2 A 的电流放电时，时率为 10 A·h/2 A=5 h，即电池是以 5 小时率放电。

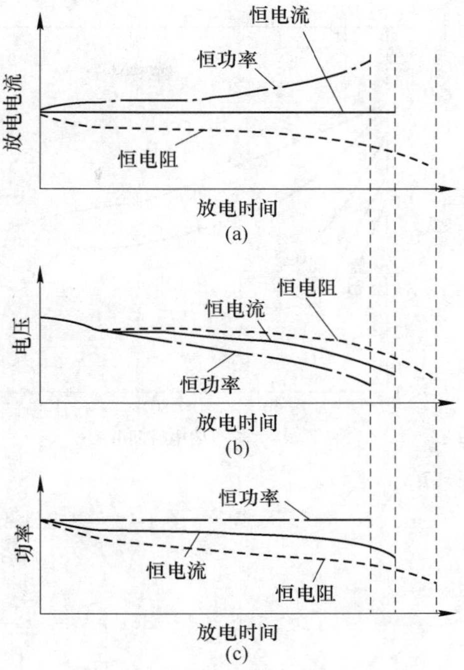

图 1-17　不同放电方式时的放电曲线
(a) 放电电流；(b) 放电电压；(c) 放电功率

倍率是电池在规定时间内放完全部容量时，用电池容量数值的倍数表示的电流值。例如，2 倍率放电就是指放电电流是电池容量数值的 2 倍，通常用 $2I_t$A 表示（I_t 是电池放电电流；A 是电流单位；以前常用电池额定容量 C 来表示，$1C/1h = 1I_t$A）。一只 10 A·h 的电池，$2I_t$A（或 $2C$）放电是指放电电流为 2×10 = 20 A，对应的时率则为 10 A·h/20 A=0.5 h，即电池是以 0.5 小时率放电。根据电池类型和结构设计的不同，有的电池适合小电流放电，有的电池适合大电流放电。一般规定，放电率在 $0.5I_t$A 以下称为低倍率；$0.5\sim3.5I_t$A 称为中倍率；$3.5\sim7I_t$A 则称为高倍率；大于 $7I_t$A 则为超高倍率。

通常将电池放电刚开始的电压称为初始工作电压，电压下降到不宜再继续放电的最低工作电压称为终止电压。根据不同放电条件和对容量、寿命的要求，规定的终止电压数值略有不同，低温或大电流放电的情况下，规定的终止电压可低些，小电流放电则规定值较高。例如镍氢电池，5 小时率放电终止电压为 1.0 V，1 小时率放电终止电压为 0.9 V。因为当 1 小时率放电时，放电电流较大，电压下降也较快，活性物质的利用不充分，所以把放电终止电压适当规定得低一些，有利于输出较多的能量。而 5 小时率或更小的电流放电时、活性物质的利用比较充分，放电终止电压可适当提高一些，这样可以减轻深度放电引起的电池寿命下降。

由图 1-18 中放电曲线可以清楚地看出电池的工作电压特性和容量情况，一般总是希望放电曲线越平坦越好。有时为了分析和研究电池电压下降的原因，还需要测量单个电极的放电曲线，借以判断电池容量、寿命下降发生在哪一个电极上。

放电温度对某电池放电曲线的影响如图 1-19 所示。放电温度较高时放电曲线变化比较平缓，温度越低，曲线变化越大。这是因为温度越低，离子运动速度减慢，欧姆内阻增大，温度过低时，电解液甚至会结冰而无法放电。同时，温度降低电化学极化和浓差极化也将增大，所以放电曲线下降较快。

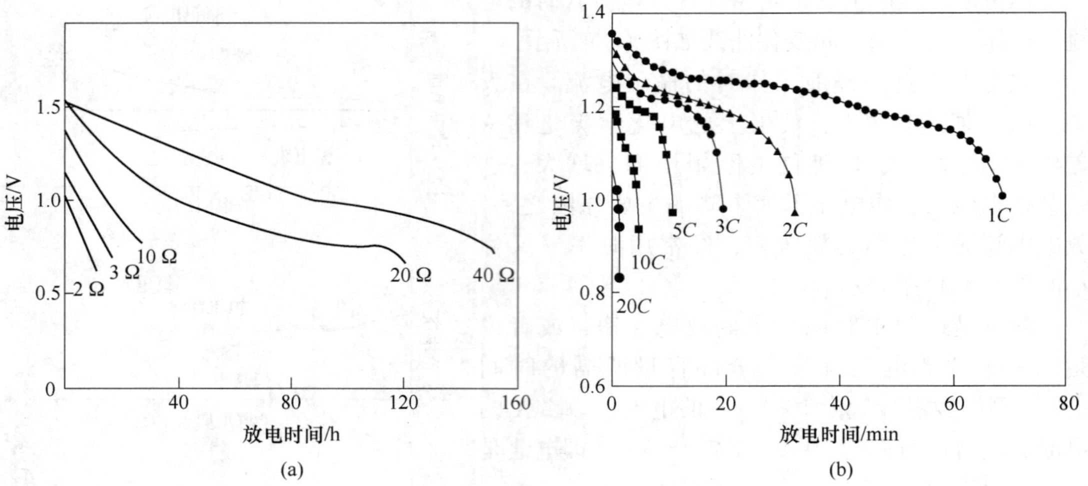

图 1-18 某电池不同恒电阻和不同恒电流的放电曲线

（a）恒电阻；（b）恒电流

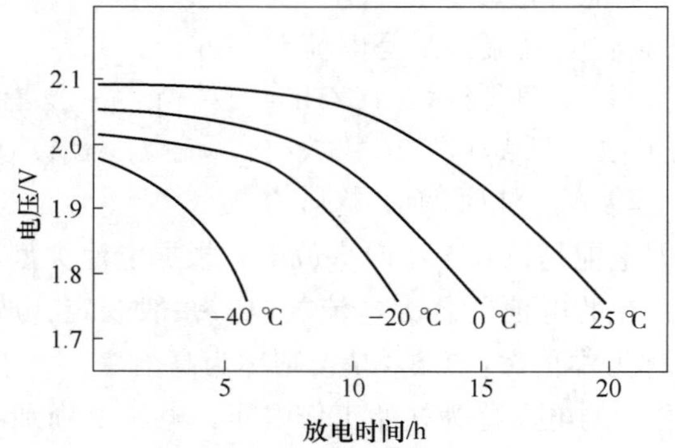

图 1-19 某电池不同温度下的放电曲线

1.2.4.5 电池的容量与比容量

电池的容量是指在一定的放电条件下可以从电池获得的电量，单位常用安培小时(A · h)表示，它又可分为理论容量、实际容量和额定容量。

理论容量（C_0）是假设活性物质全部参加电池的成流反应时所给出的电量，它是根据活性物质的质量按照法拉第定律计算求得的。

法拉第定律指出：电极上参加反应的物质的质量与通过的电量成正比，即 1 mol 的活性物质参加电池的成流反应所释放出的电量为 1 F=96500 C=26.8 A · h。因此，电极的理论容量计算公式如下：

$$C_0 = 26.8n\frac{m}{M} \tag{1-37}$$

式中 m——活性物质完全反应时的质量；

n——成流反应时的得失电子数；

M——活性物质的摩尔质量。

令
$$K = \frac{M}{26.8n}$$

则
$$C_0 = \frac{m}{K} \tag{1-38}$$

式中 K——活性物质的电化当量，g/(A·h)。

由式（1-38）可以看出，电极的理论容量与活性物质质量和电化当量有关。在活性物质质量相同的情况下，电化当量越小的物质，理论容量就越大。表 1-2 列出了部分常用电极材料的密度和电化当量。从表 1-2 的数据可知，同是输出 1 A·h 的电量，消耗锂为 0.259 g，而铅是 3.87 g，后者约是前者的 15 倍。

表 1-2 部分电极材料的电化当量

负极材料			正极材料		
物质	密度/g·cm^{-3}	电化当量/g·(A·h)$^{-1}$	物质	密度/g·cm^{-3}	电化当量/g·(A·h)$^{-1}$
H_2	—	0.037	O_2	—	0.30
Li	0.534	0.259	$SOCl_2$	1.63	2.22
Mg	0.74	0.454	AgO	7.4	2.31
Al	2.699	0.335	SO_2	1.37	2.38
Fe	7.85	1.04	MnO_2	5.0	3.24
Zn	7.1	1.22	NiOOH	7.4	3.42
Cd	8.65	2.10	Ag_2O	7.1	4.33
$(Li)C_6$	2.25	2.68	PbO_2	9.3	4.45
Pb	11.34	3.87	I_2	4.94	4.73

实际容量（$C_{实际}$）是指在一定放电条件下，电池实际能输出的电量。电池实际容量除受理论容量的制约外，还与电池的放电条件有很大关系。

实际容量的计算方法如下所述。

电池在恒电流放电时：

$$C_{实际} = It \tag{1-39}$$

电阻在恒电阻放电时：

$$C_{实际} = \int_0^t I\mathrm{d}t = \frac{1}{R}\int_0^t U\mathrm{d}t \tag{1-40}$$

式（1-40）可近似计算：

$$C_{实际} = \frac{1}{R}U_{平均}t \tag{1-41}$$

式中 I——放电电流；

$U_{平均}$——平均放电电压；

R——放电电阻；

t——放电到终止电压所需的时间。

额定容量（$C_{额定}$）是指设计和制造电池时，规定电池在一定的放电条件下应该放出的最低容量，也称为标称容量。

由于活性物质不能百分之百地被利用，因而电池的实际容量总是低于理论容量。实际容量决定于活性物质的数量和利用率（k）。

利用率的计算方法：

$$k = \frac{C_{实际}}{C_0} \times 100\% \quad (1\text{-}42)$$

式中　$C_{实际}$——实际容量；

C_0——根据法拉第定律计算出的理论容量。

当设计电池时，要求电池放出一定的容量，则利用率也可以表示为：

$$k = \frac{m_0}{m} \times 100\% \quad (1\text{-}43)$$

式中　m——活性物质实际质量；

m_0——按电池实际容量根据法拉第定律计算出的活性物质质量。

提高正、负极活性物质的利用率是提高电池容量、降低电池成本的重要途径。利用率是与电池的放电制度、电池的结构及制造工艺密切相关的。相同结构和类型的电池，如果放电制度不同，它们给出的容量就不相同，活性物质的利用率也就不一样。显然，在相同的放电制度下，活性物质的利用率越高就说明电池结构设计得越合理。影响容量的因素都将影响活性物质的利用率。当电池的结构、活性物质的数量及质量和制造工艺被确定下来之后，电池的容量就与放电制度有关，其中放电电流的大小对电池容量的影响较大，因此在谈到电池容量时，必须指明其放电电流强度。

电池的容量由电极的容量决定，当正极和负极的容量不相等时，电池的容量取决于容量小的那个电极，而不是正极与负极容量之和。因为电池充放电时通过正、负极的电量总是一样的，即正极放出的容量等于负极放出的容量等于电池的容量。考虑到经济、安全、密封等问题，电池往往被特意设计得电极容量稍大，通常是正极容量控制整个电池的容量，而负极容量过量。正、负极活性物质有各自的利用率和比容量，可以分别测定和计算。实际电池的比容量是用电池的容量除以电池的质量或体积计算出来的。

电池容量是电池电性能的重要指标，影响它的因素很多，归纳起来主要是两大方面：一是活性物质的数量，二是活性物质的利用率。通常，电池中活性物质的数量越多，电池放出的容量越大，但它们并不是严格地成正比关系。电池中的活性物质数量越大，电池的总质量和体积也就越大，所以，就同一类电池而言，大电池放出的容量要比小电池多。在一种电池被设计制造出来以后，电池中活性物质的质量确定，理论容量也就确定。而实际上能放出多少容量，则主要取决于活性物质的利用率。

影响活性物质利用率的因素主要有以下几个方面。

（1）活性物质的活性。活性物质的活性是指它参加电化学反应的能力。活性物质的活性大小与晶型结构、制造方法、杂质含量以及表面状态有密切关系，活性高的利用率也高，放出容量也大。

（2）电极和电池的结构对活性物质的利用率有明显的影响，也直接影响到电池的容量。电极的结构包括电极的成型方法，极板的孔径、孔率、厚度，极板的真实表面积等。

在大多数电池中，电极是由粉状活性物质制成，电极中存在很多微孔，电解液在微孔中扩散和迁移都要受到阻力，容易产生浓差极化，影响活性物质的利用率。有时电池的反应产物在电极表面生成并覆盖电极表面的微孔，很难使内部的活性物质充分反应，影响到活性物质的利用率，从而影响到电池的容量。

在活性物质相同的情况下，极板越薄，活性物质的利用率越高。电极的孔径、孔率大小都影响电池的容量。电极的孔径大、孔率高，有利于电解液的扩散。同时电极的真实表面积增大，对于同样的放电电流，则它的电流密度大幅减小，可以减轻电化学极化，有利于活性物质利用率的提高。但孔径过大、孔率过高，极板的强度要降低，同时电子导电的电阻增大，对活性物质利用率的提高不利，因此极板的孔径和孔率要适当，才能有较高的利用率。正、负极之间在不会引起短路的条件下，极板间距要小，离子运动的路程短，有利于电解液的扩散。

电池的结构不同，如圆筒形、方形、纽扣形，其活性物质的利用率也不同。

(3) 电解液的数量、浓度和纯度对容量也有明显的影响。这种影响是通过活性物质的利用率体现的。如果电解质参与电池反应，则可视其为活性物质。若电解质数量不足，正、负极活性物质就不可能充分利用。对于不参加反应的电解质溶液，只要它的数量能保证离子导电就行了。任何一种电解质溶液，都存在一个最佳浓度，在此浓度下导电能力最高。同时还要考虑电极在此浓度下的腐蚀和钝化，若腐蚀严重，造成活性物质浪费，利用率下降。另外，电解液中的杂质，特别是有害杂质，也会使活性物质利用率降低，影响到电池的容量。

(4) 电池的制造工艺对电池的容量有很大影响。活性物质种类与组成、添加剂的应用都会影响利用率，生产过程中的工艺参数变化也会影响电池性能。

(5) 当电池制造出来以后，放电制度不同也会影响活性物质利用率。

放电电流密度 $i_{放}$ 对电池的容量影响很大。$i_{放}$ 越大，电池放出的容量越小，因为，$i_{放}$ 大表示电极反应速度快，则电化学极化和浓差极化也就越严重，阻碍了反应的深度，使活性物质不能充分被利用。同时 $i_{放}$ 大，欧姆电压降也增大，特别是放电的反应产物是固态时，可能将电极表面覆盖，阻碍离子的扩散，影响到电极内部活性物质的反应，使利用率下降，容量降低。

放电温度对容量的影响也很大。放电温度升高时，一方面电极的反应速度加快，另一方面溶液的黏度降低，离子运动的速度加快，使电解质溶液的导电能力提高，有利于活性物质的反应。放电温度升高，放电产物的过饱和度降低，可以防止生成致密的放电产物层，这就减轻了颗粒内部活性物质的覆盖，有利于活性物质的充分反应，提高了活性物质的利用率。放电温度升高还可能防止或推迟某些电极的钝化（特别是片状负极），这些都对电池的容量有利。所以放电温度升高，电池放出的容量增大；反之，放电温度降低，电池放出的容量减小。

放电终止电压对容量的影响，一般是终止电压越高，放出的容量越小；反之，终止电压越低，放出的容量越大。

为了对同一系列的不同种电池进行比较，常常用比容量这个概念。单位质量或单位体积电池所给出的容量称为质量比容量（A·h/kg）或体积比容量（A·h/L）。

对于电池来说，除了作为核心的电极与电解液之外，还包括外壳、隔膜以及导电部件，其中对于储备电池和连续电池，除了电池本身，还要包括为使电池放电所需的全部附件的质量和体积，如储备电池的储液罐、激活装置等以及连续电池的活性物质储存和供给系统、控制系统、加热系统等的质量和体积。

有了比容量的概念，就可以对不同类型、不同大小的电池进行比较，以区别电池性能的优劣。电池的容量有理论容量和实际容量之分，所以对应也有理论比容量和实际比容量之别。

1.2.4.6 电池的能量与比能量

电池的能量是指电池在一定放电条件下对外做功所能输出的电能，通常用瓦时（W·h）表示，电池的能量有理论能量与实际能量之分。

假设电池在放电过程中始终处于平衡状态，其放电电压始终保持其电动势的数值。且活性物质全部参加反应，则此时电池应该给出的能量为理论能量 W_0，可表示为：

$$W_0 = C_0 E \tag{1-44}$$

电池的理论能量就是电池在恒温、恒压、可逆放电条件下所作的最大非体积功。

$$W_0 = -\Delta G = nFE \tag{1-45}$$

实际能量（W）是电池在一定放电条件下实际输出的能量，在数值上它等于实际容量和平均工作电压的乘积。因为活性物质不可能100%地被利用，电池工作电压也不可能等于电动势，所以实际能量总是低于理论能量。其值可用式（1-46）表示：

$$W = CU_{平均} \tag{1-46}$$

比能量是指单位质量或单位体积的电池所放出的能量。电池放出的能量多少和放电制度有关，因此同一只电池的比能量大小与放电制度有关。单位质量的电池输出的能量称为质量比能量，常用“瓦时/千克”（W·h/kg）表示。单位体积的电池输出的能量称为体积比能量，常用“瓦时/升”（W·h/L）表示。比能量也分为理论比能量（W'_0）和实际比能量（W'）。

电池的理论质量比能量可以根据正、负极两种活性物质的电化当量（如果电解质参加反应，也需要加上电解质的电化当量）和电池的电动势来计算。

$$W'_0 = \frac{1000}{K_+ + K_-} E \tag{1-47}$$

式中 K_+——正极活性物质的电化当量；

K_-——负极活性物质的电化当量；

E——电池的电动势。

实际比能量（W'）可根据电池的实际质量或体积和实际输出的能量求出。

$$W' = \frac{CU_{平均}}{G} \quad 或 \quad W' = \frac{CU_{平均}}{U} \tag{1-48}$$

由于各种因素的影响，电池的实际比能量远小于理论比能量。实际比能量与理论比能量的关系可表示如下：

$$W' = W'_0 K_E K_C K_G \tag{1-49}$$

式中 K_E——电压效率，$K_E = U_{平均}/E$；

K_C——活性物质利用率，$K_C = C/C_0$；

K_G——质量效率，$K_G = m_0/(m_0 + m_S) = m_0/G$。

电池放电时，工作电压总是低于电动势，因此K_E总是小于1。因为活性物质不可能百分之百地被利用，K_C也是一个小于1的值。同样，电池的质量效率也是小于1的，因为电池中除了活性物质（质量为m_0）外，必然要包含一些不参加电池反应的物质（质量为m_S），因而使实际比能量减小。这些物质有过剩的活性物质、电解质溶液、电极的添加剂、电池的外壳、电极的板栅、骨架等。

电池的比能量是电池性能的一个重要指标，是比较各种电池优劣的重要技术参数。尽管有许多体系理论比能量很高，但电池的实际比能量却远小于理论比能量。

1.2.4.7 电池的功率与比功率

电池的功率是指在一定放电制度下，单位时间内电池所输出的能量，单位为瓦（W）或千瓦（kW）。单位质量或单位体积电池输出的功率称为比功率，质量比功率的单位用W/kg，体积比功率的单位用W/L表示。

功率、比功率表示电池放电倍率的大小，电池的功率越大，意味着电池可以在大电流或高倍率下放电。与电池的能量相类似，功率有理论功率和实际功率之分。

电池的理论功率可表示为：

$$P_0 = \frac{W_0}{t} = \frac{C_0 E}{t} = \frac{ItE}{t} = IE \tag{1-50}$$

式中 t——时间；

C_0——理论容量；

I——电流。

而电池的实际功率应该是：

$$P = \frac{W}{t} = \frac{CV}{t} = IU_{平均} = I(E - IR_{内}) = IE - I^2R_{内} \tag{1-51}$$

式中 $I^2R_{内}$——消耗于电池全内阻上的功率，这部分功率对负载是无用的，它转变成热能损失掉了。

放电制度对电池输出功率有显著影响，当以高放电率放电时，电池的比功率增大。但由于极化增大，电池的电压降低很快，因此比能量降低；相反，当电池以低放电率放电时，极化小，电压下降缓慢，电池的比功率降低，而比能量却增大。

图1-20表示电流强度对电池功率和电压的影响。随着放电电流强度的增大，电池的功率逐渐升高，达到最大功率后，如再继续增大电流，则消耗于电池内阻上的功率显著增加，电池电压会迅速下降，电池的功率也随之下降。原则上，当外电路的负载电阻等于电池的内阻时，电池的输出功率最大。

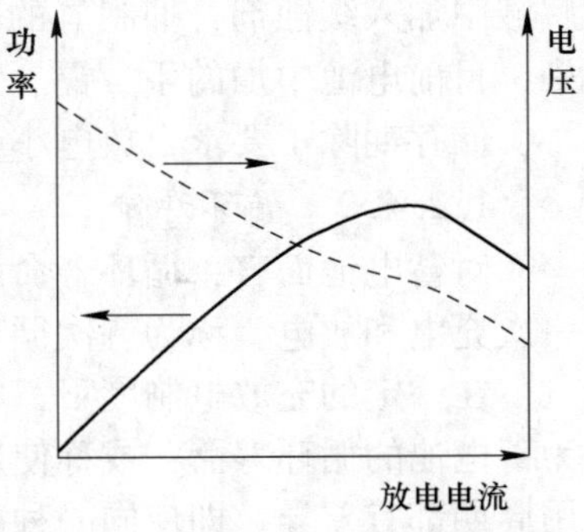

图1-20 电流强度对电池功率和电压的影响

这可以由下面的推导来证明：假设$R_{内}$为常数，把式（1-51）对电流微分：

$$\frac{dP}{dI} = E - 2IR_{内} \tag{1-52}$$

因为$E = I(R_{外} + R_{内})$，代入式（1-52），并令$\frac{dP}{dI} = 0$，得：

$$IR_{外} + IR_{内} - 2IR_{内} = 0$$

$$R_{内} = R_{外} \tag{1-53}$$

所以 $R_{内} = R_{外}$ 是电池功率达到极大值的条件。

1.2.4.8　电池的储存性能与自放电

电池储存性能是指电池开路时，在一定的条件下（如温度、湿度等）储存一段时间后，容量自行降低的性能，也称自放电。容量降低率小就说明储存性能好。

电池开路时，没有对外输出电能，但是电池总是会发生自放电现象。自放电的产生主要是由于电极在电解液中处于热力学的不稳定性，电池的两个电极自行发生了氧化还原反应的结果。即使电池干储存，也会由于密封不严，进入空气、水分等，使得电池发生自放电。

自放电速率用单位时间内容量降低的百分数表示：

$$x\% = \frac{C_{前} - C_{后}}{C_{前}t} \times 100\% \tag{1-54}$$

式中　$C_{前}$，$C_{后}$——电池存储前后电池的容量；

t——存储时间，常用天、月、年表示。

自放电的大小也可用电池搁置至容量降低到规定值时的天数表示，称为搁置寿命。有干搁置寿命和湿搁置寿命之分。如储备电池，在使用前不加入电解液，电池可以储存很长时间，这种电池干搁置寿命可以很长。电池带电解液储存时称为湿储存，湿储存时自放电较大，湿搁置寿命相对较短。

化学电池中，通常负极的自放电比正极严重，因为负极活性物质大多为活泼金属，在水溶液中它们的标准电极电势比氢电极还负，从热力学的观点来看就是不稳定的，特别是当有正电性的金属杂质存在时，这些杂质和负极活性物质形成腐蚀微电池，发生负极金属的溶解和氢气的析出。如果电解液中含有杂质，这些杂质又能够被负极金属置换出来沉积在负极表面上，而且氢气在这些杂质上的过电势又较低的话，会加速负极的腐蚀。在正极上，主要是可能会有各种副反应发生（如逆歧化反应、杂质的氧化、正极活性物质的溶解等），消耗正极活性物质，而使电池的容量下降。

影响自放电的因素有储存温度、环境的相对湿度，以及活性物质、电解液、隔板和外壳等带入的有害杂质。

防止电池自放电的措施，一般是采用纯度较高的原材料或将原材料预先处理，除去有害杂质，或者在负极材料中加入氢过电势较高的金属，如镉、汞、铅等。也有在电极或电解液中加入缓蚀剂，抑制氢的析出，减少自放电反应的发生。汞、镉对环境有较大的污染，目前电池中加的汞、镉、铅已逐步被其他缓蚀剂所代替。

储存期除了要求自放电小，还不能出现漏液或爬液，以及气胀等现象。

1.2.4.9　循环寿命

对蓄电池而言，循环寿命或使用周期也是衡量电池性能的一个重要参数。蓄电池经历一次充电和放电，称为一次循环，或叫一个周期。

在一定的充放电制度下，电池容量降至某一规定值之前，电池所能耐受的循环次数称为蓄电池的循环寿命，或称使用周期。循环寿命越长，则电池性能越好。各种蓄电池的使用周期都有差异。即使同一种电池，如果其结构不同，循环寿命也不同。

影响蓄电池循环寿命的因素很多，除正确使用和维护外，主要有以下几点：

（1）活性表面积在充放电循环过程中不断减小，使工作电流密度上升，极化增大；

（2）电极上活性物质脱落或转移；

（3）在电池工作过程中，某些电极材料发生腐蚀；

（4）在循环过程中电极上产生枝晶，造成电池内部短路；

（5）隔离物的损坏；

（6）活性物质晶形在充放电过程中发生改变，因而使活性降低。

1.2.5 化学电池中的多孔电极

化学电池大多采用粉末多孔电极。采用多孔电极的结构是化学电池发展过程中的一个重要革新，为研制高比能量和高比功率的电池提供了可行性和现实性。

多孔电极是将高比表面积的粉状活性物质与具有导电性的惰性固体微粒混合，然后通过压制、烧结、涂膏、粘接等方法制成。多孔电极具有较大的孔率，可以大幅提高电极的真实表面积，减小工作时的真实电流密度，减小电化学极化；多孔电极可以改善扩散传质情况，减小浓差极化；采用粉状活性物质可以方便地改变物料组成、形貌、尺寸等，也可以方便地改变电极结构和制造工艺；电极反应在微孔内表面进行，减少了物质脱落和枝晶形成。采用多孔电极使得电池性能获得显著的改善，特别是对于具有钝化倾向的电极，使用多孔电极可以避免或推迟钝化，因而具有更重要的意义。

按照电极反应的特点，多孔电极可分为两大类，即固-液两相多孔电极和固/液/气三相多孔电极。在两相多孔电极中，电极的内部孔隙中充满了电解液，电化学反应是在固-液两相的界面上进行的。而对于三相多孔电极，电极的孔隙中既有充满电解液的液孔，又有充满气体的气孔，在气-液界面上进行气体的溶解，而在固-液界面上进行电化学反应。例如燃料电池中的氢电极和氧电极都属于三相多孔电极。

习题和思考题

1-1 什么是双电层，双电层有哪几种形式？

1-2 什么是标准氢电极，什么是基准电极，什么是 Weston 标准电池？

1-3 电化学反应的特点是什么？

1-4 什么是阳极，什么是阴极，阳极是否就是正极？

1-5 什么是阳极极化，什么是阴极极化？

1-6 电池充放电时，其工作电压由哪几部分构成？

1-7 简述三电极法的测试原理。

1-8 化学电池的分类有哪些？简述化学电池的工作原理及化学电池的构成。

1-9 电池的电动势是否是其开路电压，什么是标称电压？

1-10 什么是电池的内阻，欧姆内阻和极化内阻的影响因素是什么？

1-11 电池的放电制度有哪些，什么是时率，什么是倍率？以 5C 倍率放电的电池，对应的放电时率是多少？

1-12 什么是初始工作电压，什么是终止电压，放电温度对放电曲线有何影响？

1-13 什么是理论容量，什么是实际容量，什么是额定容量，什么是比容量，影响活性物质利用率的因素有哪些？

1-14 什么是电池的自放电，影响电池自放电的因素有哪些？

2 新能源电池研究中的检测技术

2.1 电池测试技术的发展历程和未来趋势

电池测试技术与电化学测试技术、现代仪器分析技术密切相关，并随之发展。早期的电池测试装置是由可变电阻、直流电源和基于电磁效应原理制成的指针式电压表、X-Y 记录仪等组成。随着电子技术的发展，电压表和电流表由简单指针式变成数字式。示波器的产生使电化学暂态测试技术得以实现，并由早期的拍照存档变成了现代电脑显示屏和信息储存。早期的电压（电位）-电流极化曲线通过逐点测试获得数据并绘制而成，电路是自组建的桥式电路，测试结果重现性差。近代电子技术和计算机技术的发展极大地推动了化学电池测试技术的发展，新型测试和分析仪器应运而生。包括电化学综合测试仪、电化学界面频谱响应仪、光谱电化学和电化原位测试技术等。在电极材料测试方面，也由以往的光学显微镜发展到扫描电镜，高分辨率场发射扫描电镜以及分辨率在 1 nm 级的高分辨率透射电镜。在扫描探针显微术基础上发展起来的电化学扫描隧道显微术（electrochemical scanning tunneling microscopy，ECSTM）使得电化学工作者可以对固液界面实行实时、原位、三维空间观测，监视并控制电化学反应和过程，以及对材料进行原子级加工等。在新能源电池领域，ECSTM 可在原子尺度上观测和研究电极界面膜的形貌、结构、形成过程以及金属负极的沉积和溶解等。

2.1.1 测试技术发展历程

2.1.1.1 早期的电压测量法

蓄电池的性能状态最终体现在电池组的容量上，电池的电压可以在一定程度上反映电池性能的好坏。当电池放电到一定程度后，电压开始明显下降。在早期的电池测试中，由于仪器匮乏，普遍采用万用表测量电池电压，通过电压高低简单判断电池性能的好坏。而电池的实际放电能力只能通过电池的实际容量反映出来，通过测量电池电压只能在一定程度上反映电池的落后情况。实际操作中，经常会发现在满充电状态下，坏电池或落后电池与正常电池没有明显的区别，也没有太好的规律性可言。大量研究实践证明，即使在浅放电状态，单纯通过电压高低不足以判断电池性能的好坏。

2.1.1.2 核对容量测试法

测试原理是对电池组进行加载放电，经过数小时后，找出最落后的电池，以落后电池达到终止电压的放电时间和放电电流计算出容量，并以该电池的容量为基数，计算出整个电池组的容量。早期的核对容量试验设备普遍采用电阻丝（或采用更简单水阻）进行放电试验，过程烦琐，需要人工操作，存在一定人身危险，这种传统的核对容量测试法正被逐步淘汰。目前，国内外普遍采用新型的智能核对容量放电技术，该技术利用脉宽调制

(pulse width modulation, PWM) 控制原理，根据放电过程中电池组放电电压的变化，对放电假负载进行实时调整，以保证电池组恒流放电。

核对容量放电法具有容量测试最直接并准确可靠的优点，因此仍然是目前世界上检测蓄电池性能的最可靠方法，加上核对容量放电本身可以对电池组起到一定程度的维护作用，近几年内，容量测试法是其他方法暂时不能替代的。但也存在如下一些突出的缺点：

(1) 放电时间长，风险大，蓄电池需要脱离系统，此时如果突然停电，另一组电池又不能独撑整个系统供电，可能造成整个系统瘫痪。

(2) 容易因人员操作疏忽造成过度放电。

(3) 工作量过大，难以对每个电池组进行全面操作。

此外，核对容量法仍然只能测试整组容量，不能测算电池组单个电池的实际容量，以容量最低的一只电池作为基数计算整组电池容量，会造成其他电池放电深度不够，其劣化或落后程度还不能充分暴露出来。

2.1.1.3 在线快速容量测试法（巡检法）

该方法实质是结合上述电压和电流测试，即在电池放电状态下，对电池组中各单体电池的端电压进行巡检，找出端电压下降最快的电池，将其确认为落后电池，根据电流和放电时间计算出容量，并以之为基数计算整个电池组的容量。这种方法的优点是操作简单，风险系数小，并可以快速查找到落后电池，不过最大的缺点还是检测精度低，只能作为电池组落后状态判断依据，不能准确测算电池组的好坏程度以及容量指标。

2.1.1.4 电导（内阻）测量法

电导测量是向电池组两端加一个已知频率和振幅的交流电压信号，测量出与电压同相位的交流电流值，其交流电压和电流的比值即为电池组的电导。电导是频率的函数，不同的测量频率有不同的电导值。随着电子器件技术的发展，现在的电导测试仪可以“在线不放电”来判断电池的容量状况，不存在任何风险，也没有复杂的连线及操作，而且时间短，几秒钟就可以测试一只电池；测试仪体积小，质量轻，使用方便，实现了轻便、快速和实用的检测。采用目前的电化学交流阻抗仪，可以在 100 μHz~1 MHz 测试电池的交流阻抗谱，并且很方便地分辨出电池电阻中电化学极化电阻、电解质溶液电阻、界面吸附电阻等。

2.1.2 未来趋势

目前人们利用的能源大致有化石能源、风能、水能、潮汐能、氢能、核能和太阳能等。石油、煤和天然气属于化石能源，是一种不可再生的能源，全世界目前正面临着化石能源枯竭。因此，取之不尽、周而复始的可再生能源——新能源在不久的将来会占据能源领域的主导地位。电力又是人们生产生活中不可或缺的必需品。由此可见，发展高性能的新能源电池以及与之相配套的先进的测试技术是未来新能源应用的主要发展方向。

2.1.2.1 智能化电池

智能化是电子化、信息化发展的新动向和新阶段，智能化意味着人工智能高度发展和广泛应用，是研究开发机器智能与智能机器，模拟、延伸、扩展人的思维、感知、行为智能的理论、方法和应用技术，为电子世界提供新方法、新技术，为各种电子装备、电子设备、电子产品的智能化提供设计方法和实现技术，为智能电子世界的开发提供策略和技术手段。落实到新能源电池方面，要求能及时准确地测试出各个单体电池的特征，包括电化学性能、安全性能、力学性能等，并预测电池的容量、电压等，甚至包括对电池突发事件，如漏气（如燃料电池中串气）、短路、过热、反极（锂离子电池）等潜在引起安全事故的现象进行及时处理与调控，为各种电子化、信息化器件提供安全、可靠、高效的电池。这些都需要对新能源电池进行智能化管理。通过设计管理策略和技术方案，将电池与电子芯片结合或集成，组成智能化电池。提供动力的电池和对电池进行智能化管理是未来电动汽车需要解决的两个主要问题。

2.1.2.2 计算机模拟预测和评估电池性能

根据电池这种特殊的能源转换装置的特征，建立相应的数学模型，对电池的机理和性能进行模拟和仿真。数学模型通常分为两种：一种是通过理论分析建立的机理模型；另一种是经验模型，它是在试验的基础上提出的，能够在一定程度上解释电池行为，模拟电池性能。前者常用于描述各种因素影响电池性能的机理，后者常用于电池组中单体电池性能的简单模拟。此外，还有二者相结合的半经验模型。在混合动力汽车或电动汽车领域，通过神经网络技术进行模拟仿真，可以优化系统结构设计，对电池进行实时、可靠的智能化管理。

2.1.2.3 先进测试技术

随着人们认识领域的不断拓展，纳米科技已经深入到各个领域。纳米科技是在纳米尺度范围（0.1~100 nm）研究物质，包括分子和原子的特性和相互作用。纳米科技为新能源电池的发展注入了新的活力，包括纳米电极材料、燃料电池催化剂、锂离子电池纳米孔结构的隔膜、具有纳米孔结构的储氢材料等，为新能源电池带来了革命性的进步，并将引领未来的高性能新能源电池的发展。纳米科技离不开先进的测试技术，纳米科学的不断发展是与以扫描探针显微术（scanning probe microscopy，SPM）为代表的多种纳米尺度的研究和测试技术的产生及发展密不可分的，SPM 是一个包括扫描隧道显微术（scanning tunneling microscopy，STM）、原子力显微术（atom force microscopy，AFM）等在内的多种显微技术的大家族。科学家利用 SPM 技术，在超高真空及大气环境下进行原子操作，观测识别原子分子，研究物质表面结构，其技术已趋成熟，在众多研究领域取得了丰硕成果。与此同时，将此技术应用于溶液环境下的各种研究，是科学家们的热切愿望和需要。例如电化学扫描隧道显微术等一系列的新检测技术在此背景下应运而生。ECSTM 技术是 20 世纪 80 年代产生的，将电化学研究系统与扫描探针显微术相结合的一门新的研究技术。在未来的电池测试中，可以实现实时、原位、三维空间观测、控制电化学反应过程，并对材料进行原子级加工等。

2.2 电极材料的分析测试与评估

在新能源电池中，电极一般包括活性物质、黏结剂、导电剂、集流体四部分。由于种类不同，燃料电池中电极组成区别较大，但都含有催化剂、离子和电子导体、集流体等，而活性物质是由电池外部连续供应的。活性物质是电极的核心部分，是进行化学能与电能之间转换的物质。在燃料电池中，催化剂是化学能与电能之间进行转换的场所。按照电池中电压高低不同，电化学活性物质分为正极和负极活性材料。材料的主要研究内容是探讨材料的组成与结构、制备与加工工艺、材料的性质、材料的使用效能以及它们四者之间的关系。材料结构与性能分析测试技术主要包括X射线衍射法、光电子能谱法、红外光谱和拉曼光谱、电镜法、比表面积测量、差热法、固体核磁共振谱等材料表征技术，在研究活性材料的相结构、结晶度、表面形态和粉体颗粒度，以及这些参数在充放电过程中的变化等方面的应用；电池电性能测试技术，如恒电流充放电测试、循环伏安法、交流阻抗谱仪、电位阶跃法和电化学石英晶体微量天平，测定和评估电极材料的电化学性能，如容量和倍率特性、开路和极化电位、可逆性和极化、离子扩散等。

2.2.1 电极活性材料的结构测试技术

在新能源电池中，电极活性物质结构对其电化学性能有很大的影响，在选定化学种类后，材料的结构决定性能。如不同结晶状态的碳材料在锂离子电池中表现出完全不同的电化学性能。储氢材料的颗粒大小及分布对电池的寿命具有很大的影响。检测活性物质的结构特征对研究和开发电池具有十分重要的意义。一般材料的结构特征包括材料的形貌、结晶状况、颗粒大小及分布、材料中成分分布、比表面积、结构的热稳定性能、化学键合情况等。下面介绍电极活性物质研究过程中常用材料结构测试技术的原理，同时结合新能源电池研究中的实例进行简要分析。

2.2.1.1 X射线衍射法（XRD）

X射线衍射（X-ray diffraction）利用X射线在样品中的衍射现象分析材料的结晶程度、晶体参数、晶体缺陷、不同结构相的含量及内应力等，是确定物质结构的一种简单而有效的试验手段。入射晶体的原始X射线会使晶体内原子中的电子发生频率相同的强制振动，产生强度非常微弱、与原始X射线有相同波长的次生X射线。晶体中大量的原子所产生的次生X射线会发生干涉现象，使射线相互叠加或抵消。当射线之间的行程差等于整数波长时，次生X射线可以叠加起来，使胶片感光。当满足布拉格（Bragg）方程时，一定晶格面对一定波长的X射线在一定角度会产生相互加强的反射：

$$2d\sin\theta = n\lambda \quad (n = 1, 2, 3, \cdots) \tag{2-1}$$

式中 λ——X射线的波长；

d——晶格面层间距，是相邻平面间的垂直距离；

θ——入射X射线和晶格面间的夹角。

原子和分子有规则的排列可形成7种结构的晶体，它们有着不同的对称性，例如点对称、面对称、反轴等。用给定的3个米勒（Miller）指数（h，k，l）可区别每一个空间点阵面，标志具有相同层间距d的一组平面。

由谢尔（Schemer）公式可以估算材料颗粒的晶粒尺度：

$$\Lambda = K\lambda/(B\cos\theta) \tag{2-2}$$

式中 Λ——晶粒尺度；

K——形状因子，是与晶体有关的常数；

B——XRD谱峰的半高宽（FWHM）；

θ——布拉格角，以弧度为单位；

λ——X射线的波长。

X射线衍射仪及其原理如图2-1所示。

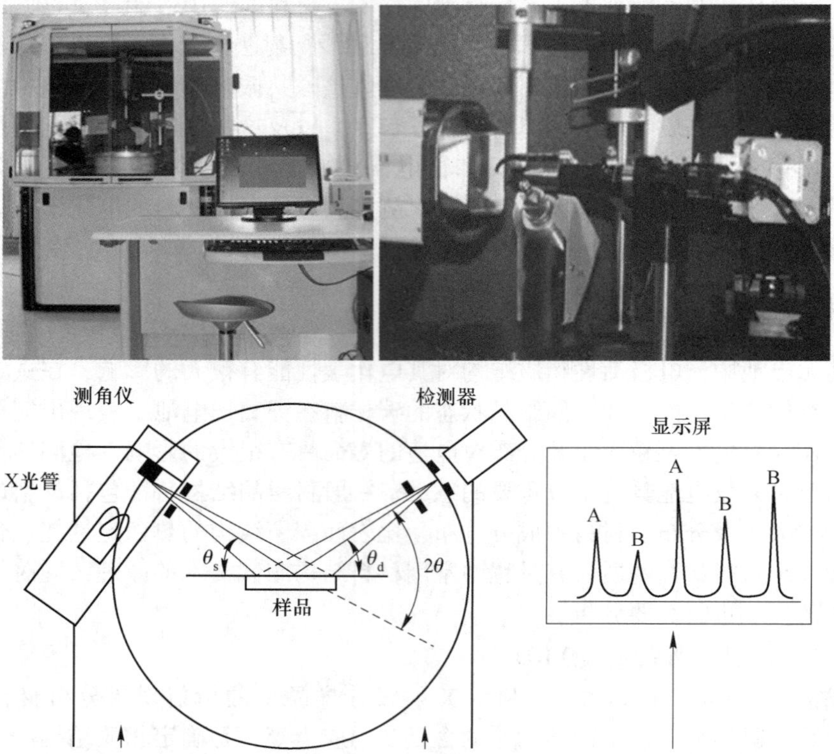

图 2-1 X 射线衍射仪

使用 XRD 可以确定活性材料的相结构和结晶度。一般认为，XRD 图谱中衍射峰的强度越高，表明材料晶型越好。图 2-2 为多晶硅薄膜太阳能电池中，不同退火温度下硅的结晶程度。从图中可以看出，未经退火处理的试样（a）只是在 $2\theta=28°$处有一包络峰，说明此时为非晶硅（a-Si）；随着退火温度的升高，$2\theta=28°$处出现衍射峰（111）并迅速增强，说明 a-Si 的晶化逐渐明显，并且在其他衍射角处出现了 Si 的（200）、（311）等多晶硅衍射峰。

2.2.1.2 X 射线光电子能谱法（XPS）

X 射线光电子能谱（X-ray photoelectron spectroscopy，XPS），又称化学分析电子能谱（electron spectroscopy for chemical analysis，ESCA）。X 射线光电子能谱法具有定性、定量分析元素的能力。X 射线光电子能谱是利用波长在 X 射线范围的高能光子照射被测试样，测量由此引起的光电子能量分布的一种谱学方法。虽然在 X 射线的作用下，试样各种轨道的电子都有可能从原子中激发出光电子，但由于各种原子的电子结合能是一定的，因此 XPS 可用来测量试样表面的电子结构和化学组分。此外，因为 X 射线能量较大，而价电子对 X 光子的光电效应响应远远小于内层电子，所以 XPS 主要研究内层电子的结合能，并根据结合能的数值及变化，对试样中的元素价态进行鉴定。可研究试样表面的元素种类、含量、化学状态、结构，同时还能感受该元素周围其他元素、官能团、原子团对其内壳层电子的影响所产生的化学位移，是表面化学分析最有效的分析方法，在所有表面分析能谱中获得的化学信息最多。

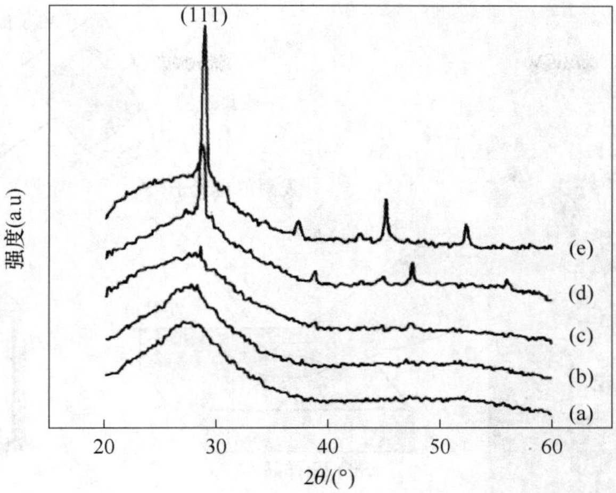

图 2-2 样品在不同退火温度下退火处理 60 min 后的 XRD 图谱

（a）a-Si；（b）200 ℃；（c）350 ℃；（d）400 ℃；（e）500 ℃

电子结合能是指一个原子在光电离前后的能量差，即原子的始态和终态之间的能力差。周期表中每一种元素的原子结构互不相同，原子内层能级上电子的结合能是元素特性的反映，具有标识性。根据爱因斯坦光电效应定律，原子中的电子结合能 E_b 应服从下列关系：

$$E_b = h\nu - E_K \tag{2-3}$$

式中 h——普朗克常数；

$h\nu$——入射光子的能量；

E_K——光电过程中电子克服结合能后获得的动能。

因为 $h\nu$ 已知，通过对 E_K 的测定，就可以计算出 E_b 。E_K 的测定可以通过电子能量分析器来完成。E_b 的不同表明原子所处的键合状态不同，从而可以表明原子所处的结构。原子中的内层电子受原子核库仑引力和核外其他电子斥力作用，任何核外电荷分布的变化都会影响内层电子的屏蔽作用，当外层电子密度减小时，屏蔽作用减弱，内层电子的结合能增加、反之结合能将减小，故在 XPS 谱图上体现出谱峰位置的移动。这就是 XPS 根据谱峰位置鉴定物质元素种类以及谱峰位置的移动鉴定元素价态、结构，甚至元素含量的理论依据。

XPS 的特点是理论数据较完整、谱图容易解析。有效探测深度：金属为 0.5~2.0 nm；氧化物为 2.0~4.0 nm；有机物和聚合物为 4.0~10.0 nm。检测灵敏度较高，虽然绝对灵敏度很高，但是相对灵敏度不高，一般只能检测出样品中 0.1%以上的组分。X 射线光电子能谱分析仪及其原理如图 2-3 所示。

在新能源电池中，XPS 可以用来分析电极材料中各元素的计量、掺杂元素的状态、掺杂后各元素含量的变化、电极表面的化学变化、充放电循环过程中元素化合价的变化，研究电极反应机理。图 2-4 中氧化锡（SnO_2）-氧化石墨烯（GO）纳米复合材料为锂离子电池负极材料时，制备的 SnO_2-rGO 样品的 XPS 谱。从图 2-4 中可以看出复合材料中含有 C、O 和 Sn 三种元素。根据 C 的 1s 谱（图 2-4（b））可知，主要存在 4 种 C 元素的化合物，

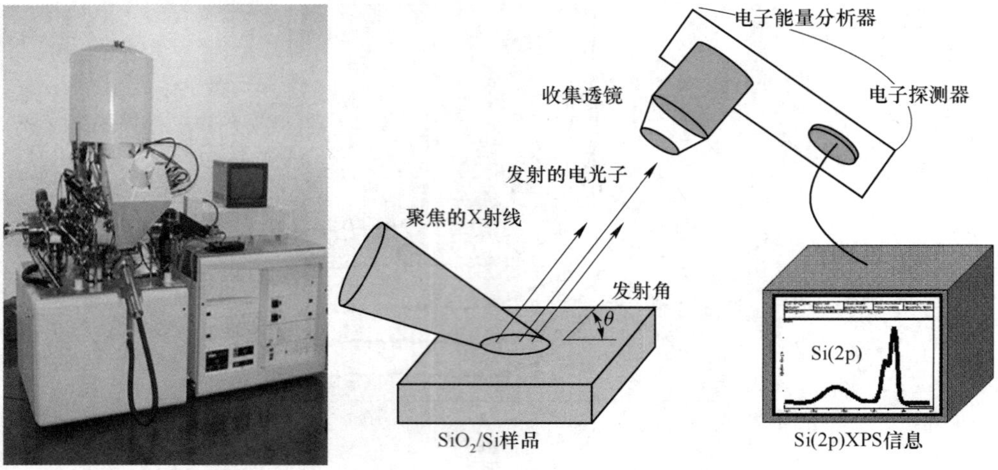

图 2-3　X 射线光电子能谱分析仪

分别为 C—C（284.6 eV）、C—OH（285.3 eV）、C—O—C（286.4 eV）和 O—C ═O（288.8 eV）。说明在微波溶剂热过程中 GO 被还原成 rGO，但仍有少量的含氧基团未被还原。根据 Sn 的 3d 谱（图 2-4（c））可知，锡元素全部处于氧化物的状态。

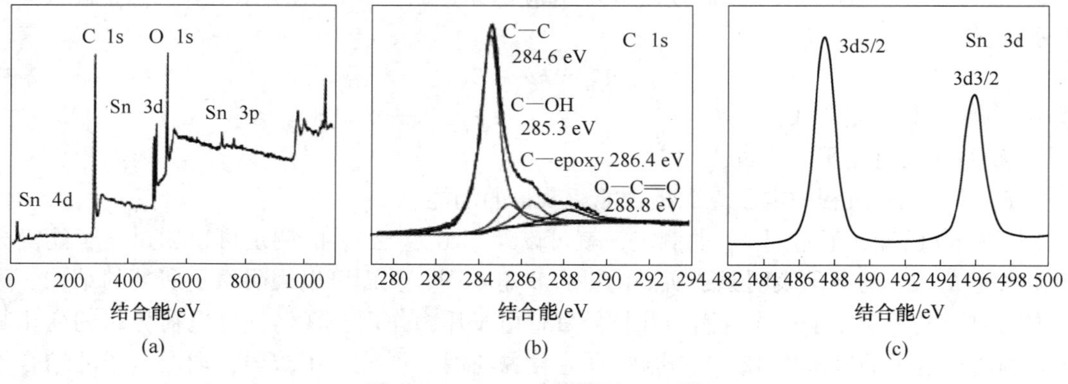

图 2-4　SnO_2-rGO 样品的 XPS 谱

（a）总谱；（b）C 的 1s 谱；（c）Sn 的 3d 谱

2.2.1.3　红外光谱和拉曼光谱

傅里叶变换红外光谱（Fourier transform infrared spectroscopy，FTIR）和拉曼光谱（Raman spectroscopy）均利用分子振动光谱的不同特性，前者主要对应于极性基团的非对称振动，后者则主要对应于非极性基团与骨架的对称振动。两种方法相互配合可用于研究电池材料的结构及其在充放电过程中的变化。

A　红外光谱

在分子中存在着许多不同种类的振动，其振动自由度与原子序数有关。含 N 个原子的分子有 $3N$ 个自由度，除去分子的平动和转动自由度以外，振动自由度应为 $3N-6$（线性分子为 $3N-5$）。这些振动可分为两大类：一类是原子沿轴向伸缩使键长发生变化的振动，称为伸缩振动，用 ν 表示，这种振动又分为对称伸缩振动 ν_s 和非对称伸缩振动 ν_{as}；另一类是原子垂直于价键方向的振动，此类振动会引起分子内键角发生变化，称为弯曲（或变形）振动，用 δ 表示。这类振动又可分为面内弯曲振动（包括平面及剪式两种振动）、面外弯曲振动（包括摇摆及弯曲两种振动）。在分子中每一种简正振动都对应一定的振动频率，但并不是每一种振动都会和红外辐射发生相互作用而产生红外吸收光谱，只有能引起分子偶极矩变化的振动（称为红外活动振动），才能产生红外吸收光谱。也就是说，当分子振动引起分子偶极矩变化时，就能形成稳定的交变电场，其频率与分子振动频率相同，可以和相同频率的红外辐射发生相互作用时，使分子吸收红外辐射的能量跃迁到高能态，从而产生红外吸收光谱。

对聚合物来说，每个分子包含的原子数目是相当大的，这似乎应产生相当数量的简正振动，从而使聚合物光谱变得极其复杂。但实际情况并非如此，某些聚合物的红外光谱比其单体更简单，这是因为聚合物链是由许多重复单元构成的。每个重复单元又具有大致相同的键力常数，因而其振动频率是接近的。而且由于严格的红外选择率，只有一部分振动具有红外活性。对聚合物红外光谱的解释必须考虑到所研究的聚合物的分子链结构和聚集态结构，对应不同的结构特征产生相应的吸收带。聚合物的取样有流延薄膜法、热压薄膜法和溴化钾压片法。

红外吸收峰的强度与分子跃迁概率和分子偶极矩有关。跃迁概率是指激发态分子所占分子总数的百分数。基频峰的跃迁概率大，倍频峰的跃迁概率小，组频峰的跃迁概率更小。而分子的偶极与分子的极性、对称性及基团的振动方式等因素有关。一般极性较强的分子或基团，它的吸收峰也较强，例如 C═O、OH、C—O—C、Si—O、N—H、NO_3 等均为强峰，而 C═C、C═N、C—C、C—H 等均为弱峰。分子的对称性越低，则所产生的吸收峰越强。基团的振动方式不同时，电荷分布也不同，其吸收峰的强度一般为 $\nu_{as} > \nu_s > \delta$。

红外光谱图通常是以吸收光带的波长或波数为横坐标，而以透过百分率为纵坐标表示吸收强度。

傅里叶变换红外光谱测量时间短、分辨率高、测定的光谱范围宽，在电化学体系中得到了广泛应用。傅里叶变换红外光谱仪及其原理如图 2-5 所示。

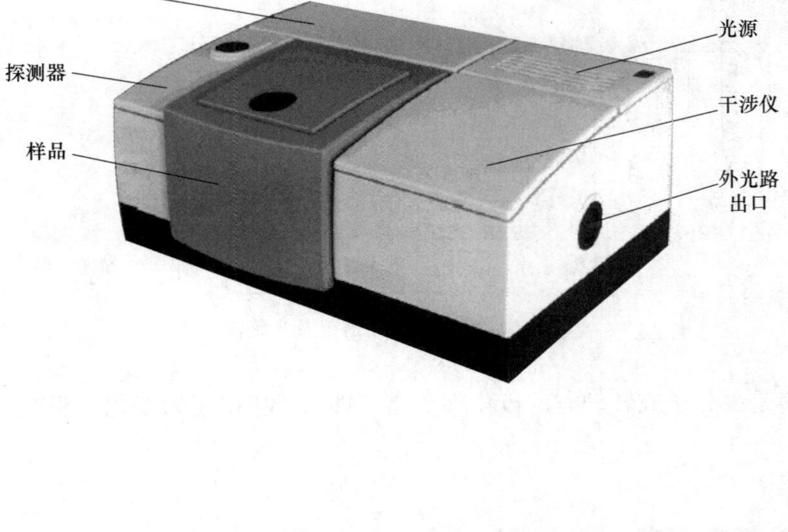

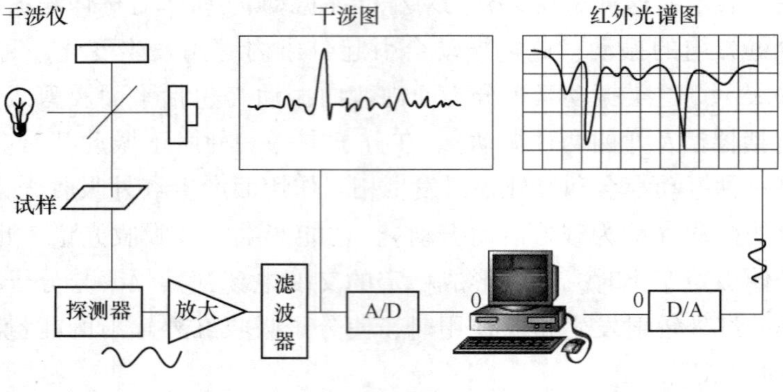

图 2-5　傅里叶变换红外光谱仪及其原理

B　拉曼光谱

拉曼光谱是一种散射光谱，当一束频率为 ν_0 的入射光照射到气体、液体或透明晶体样品上时，绝大部分可以透过，大约有 0.1%的入射光与样品分子之间发生非弹性碰撞，在碰撞时有能量交换 ΔE ，可以检测到频率为 $\nu_0 - \Delta E/h$ 的线，称为拉曼位移。拉曼位移与入射光的频率无关，只与分子的能级结构有关，每种物质（分子）有自己的特征拉曼光谱，从而成为研究分子结构的有效手段。与红外光谱一样，拉曼光谱也存在一定的选择率特性，只有入射光照射引起分子极化度发生变化的分子振动模式才能有拉曼活性，产生拉曼散射。激光拉曼光谱仪及光路图如图 2-6 所示。

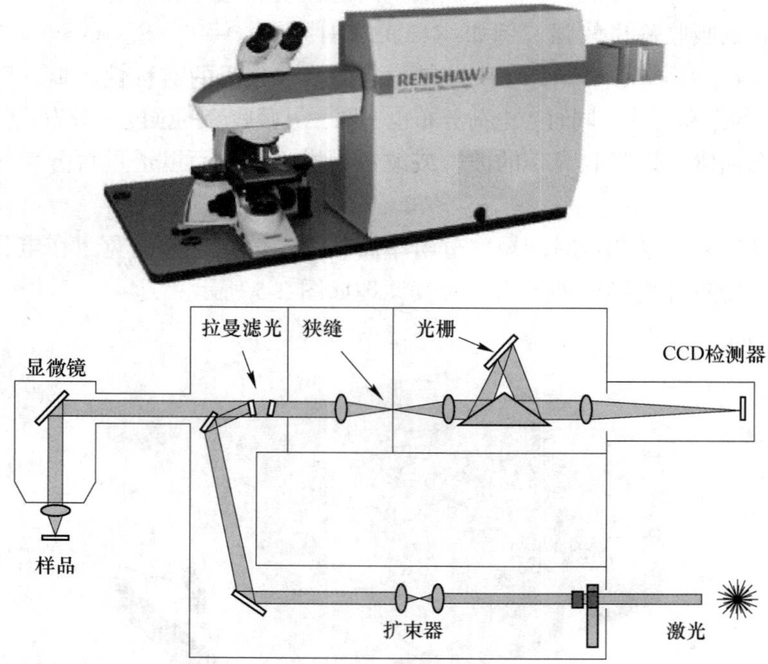

图 2-6　激光拉曼光谱仪及光路图

拉曼光谱是由分子或转动时的极化率变化（即分子中电子云变化）引起的，它是一种散射现象，而红外光谱是吸收现象，它是由分子振动或转动时的偶极矩变化引起的。

C 对阴极材料化合物进行结构定性分析

红外光谱和拉曼光谱是材料结构精细分析的有效手段，尤其是300~1000 cm^{-1}波数段的远红外或拉曼光谱适用于研究金属氧化物电极材料中的金属—金属键振动、金属—非金属键振动以及金属离子的配位等化学环境及变化，在表征阴极活性物种的结构特性时往往需要综合利用XRD、FTIR和Raman进行分析。另外，应该指出的是，由于振动光谱所用光源的波长在200 nm~10 μm，其穿透深度有限，基本上属于材料表面层物种的结构分析。

$LiMO_2$（M=Co、Ni、Cr等）在400~650 cm^{-1}有2个拉曼活性振动，有4个红外活性谱带，具体谱峰数据，如表2-1所示。

表2-1 $LiMO_2$（M=Co、Ni、Cr）的振动频率

项目	$LiCoO_2$	$LiCrO_2$	$LiNiO_2$	对应振动
拉曼谱中振动频率/cm^{-1}	595	581	544	$\nu(MO_6)$
	485	478	465	δ(O—M—O)
红外谱中振动频率/cm^{-1}	646	—	—	—
	602	604	541	$\nu(MO_6)$
	539	465	451	δ(O—M—O)
	418	310	370	δ(O—M—O)
	269	243	234	$\nu(LiO_6)$

图2-7表明，当用Ni替代少量Co后，$LiMO_2$的拉曼与红外谱形状基本没有变化，仅是替代量的不同导致相应谱峰发生些许位移，这归因于材料结构向六方密堆积转化，$LiNi_{1-y}Co_yO_2$相晶胞参数c/a比值的改变。

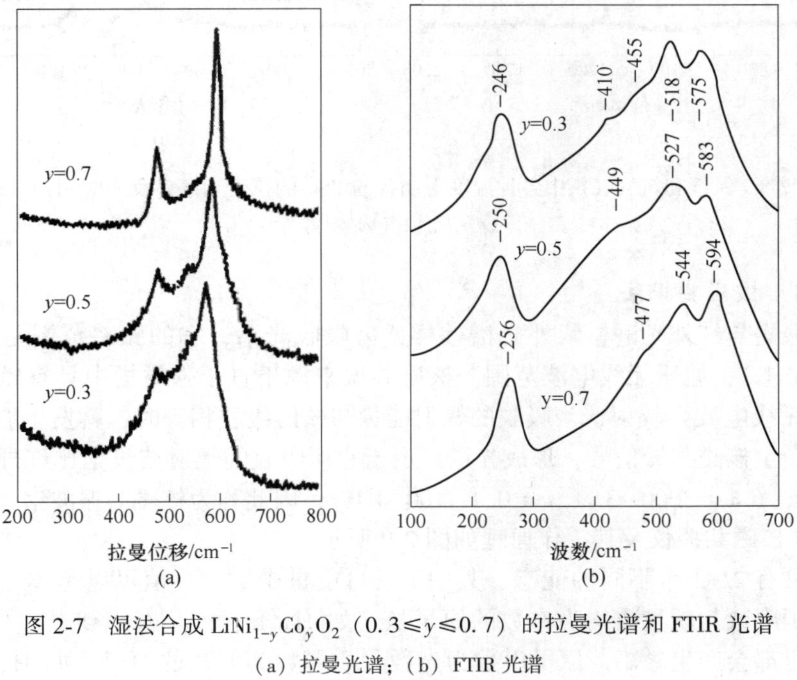

图2-7 湿法合成$LiNi_{1-y}Co_yO_2$（0.3≤y≤0.7）的拉曼光谱和FTIR光谱

（a）拉曼光谱；（b）FTIR光谱

谱图显示 3 个特征：700~800 cm^{-1}区显示复杂的振动光谱宽带形状；高频区谱峰强度明显强于低频区；红外谱给出了一些群论分析所没有给出的谱峰。

D 对阳极材料进行结构定性分析

电池中电极材料的反应通常是不均匀的，这可部分归属于活性材料分布的不均匀或电极中使用的添加剂（如导电剂或黏结剂等）的不均匀。因而显微光谱在研究电极表面的微区性能有其独到之处。由于拉曼光谱是一种对化学键极化度敏感的谱学手段，尤其对具有共轭大 π 键的石墨碳材料，更是一种有效的研究手段。由于现代的拉曼光谱技术均采用激光作为激发光源（亦称激光拉曼光谱技术），作为单色光的激光光源适合于作为聚焦光源使用（在合适条件下，激光可聚至 1~2 μm），因而它不仅适合分析碳材料的结构性质，同时还可以提供碳电极微区结构的丰富信息。图 2-8 为氮气和氢气气氛中在不同温度下制备热解碳（PSC）的拉曼谱图。热处理温度与处理气氛对材料的表面结构、形貌和电池的性能均有影响。每个光谱均在 1580 cm^{-1}和 1360 cm^{-1}处出现峰。1580 cm^{-1}为石墨化碳 sp^2 电子结构对应的 E_{2g}振动模式；1360 cm^{-1}为金刚石结构碳（或称非晶态碳）sp^3 电子结构对应的 A_{1g}振动模式。

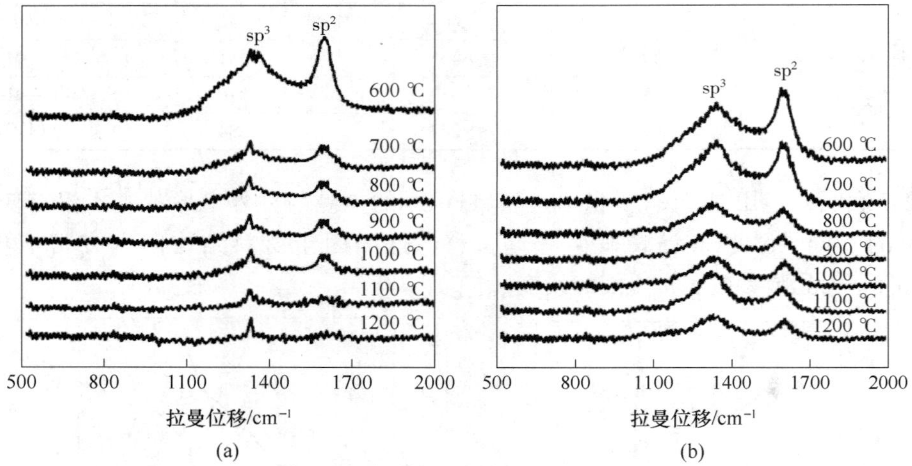

图 2-8 氮气和氩气气氛中各种温度下制备的 PSC 的拉曼光谱（反应时间为 1 h）
（a）氮气；（b）氩气

2.2.1.4 核磁共振法

核磁共振谱与红外光谱、紫外光谱一样，为吸收光谱，它的频率范围是兆周（MC）或兆赫兹（MHz），属于无线电波范围。核磁共振来源于置于强磁场中具有磁矩的原子核吸收射频（无线电波）辐射，当吸收的辐射能量与核能级差相等时，就发生能级跃迁，即能级分裂，产生核磁共振信号，形成光谱。由于它所吸收的辐射波长是比红外光波长长得多的无线电波（λ =3000~3 m，ν =0.1~100 MHz），因此称为核磁共振波谱，简称核磁共振（NMR）。核磁共振仪及其工作原理如图 2-9 所示。

原子核可有 $2I+1$ 个不同的能态，其中 I 是自旋量子数，其值可以是零、半整数或整数。凡是原子序数与质量数均为奇数的原子核，如^1H、^7Li、^{13}C、^{15}N、^{17}O、^{19}F、^{31}P 等，它们在自旋运动时都会产生磁矩。原子序数为奇数，质量数为偶数的原子，如^2H、^{10}B、^{14}N 等，

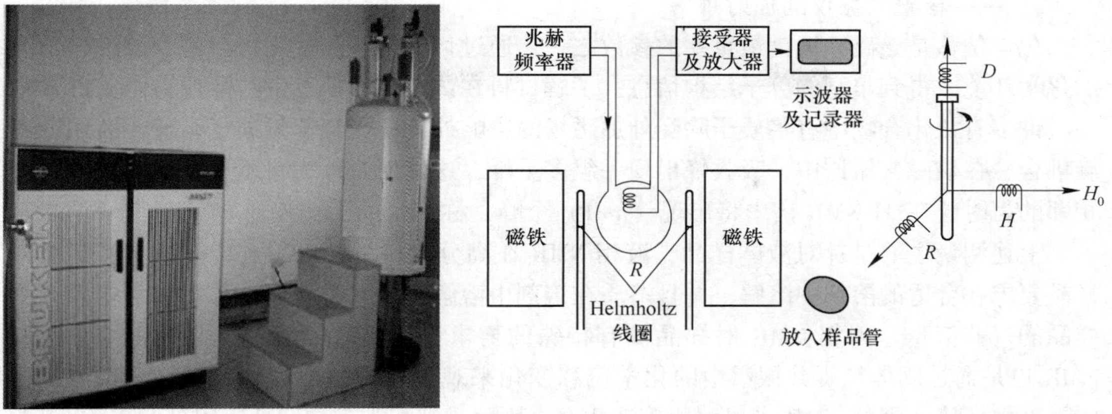

图 2-9　核磁共振仪及其工作原理

它们均有自旋现象，也有自旋磁矩；而 $I=0$，包括所有原子序数和原子量两者都是偶数的原子核，如 ^{12}C、^{16}O、^{32}S 等均无自旋现象，也无自旋磁矩，因而不出现 NMR 现象。对于高分子材料，很幸运的是 H 和 C 都是自旋量子数 $I=1/2$ 的原子核。核磁共振谱不仅给出基团的种类，而且能提供基团在分子中的位置。高分辨 ^1H NMR 还能根据磁偶合规律确定核及电子所处环境的细小差别，从而研究高分子构型和共聚序列分布等结构问题，而 ^{13}C NMR 主要提供高分子碳–碳骨架的结构信息。

NMR 按测定的核分类有：氢谱又称质子磁共振谱（PMR 或 ^1H NMR）、测定碳–13 的碳谱（^{13}C NMR）、^{15}N NMR、^{31}S NMR 等，其中氢谱应用最广泛。按照被测样品的状态分液相 NMR 和固相 NMR（试验结果中对比液相和固相原材料的 NMR 谱）。

一个氢原子核及质子是带有王电荷的自旋单体，在无外加磁场的环境中，所产生的磁矩取向是杂乱无章的。当处于外电场时，它的磁矩取向则与外磁场方向一致或相反，分别对应于两种能级差很小的低能态和高能态。若用波长很长（能量很低）的无线电波（射频）照射处于磁场中的质子，当电磁波能量与质子的两个能级差能量相等时，处于低能态的质子就可以吸收能量跃迁至高能态，这对质子的磁矩取向由与外磁场平行转变为反平行，这种现象称为“核磁共振”。此时，射频辐射波的频率 ν 与外磁场 H 的关系为：

$$\nu = \frac{\gamma H}{2\pi} \tag{2-4}$$

式中　γ——比例常数，是各种原子核的特征数值，称为磁旋比，质子的 $\gamma=26750$。

在实际操作中常采用辐射频率不变（通常为 60 MHz、100 MHz、300 MHz 等频率），改变磁场强度的方法。当磁场达到一定强度时，处于磁场中样品的质子即可发生共振吸收，核磁共振仪接收到此吸收信号。处于不同的化学环境中的质子（或原子核）受到的屏蔽效应不同，从而在不同磁场强度下产生共振，其核磁共振谱线的位置不同，称为化学位移，以 δ 表示。

$$\delta = (\nu - \nu_{TMS}) \times 10^{-6}/\nu_0 \tag{2-5}$$

式中　ν——样品质子峰的频率；

ν_{TMS}——内标准物质四甲基硅（TMS）的质子峰频率（固相 NMR 采用金刚烷作内标）；

ν_0——核磁共振仪的辐射频率。

化学位移是核磁共振谱最重要的参数之一。通过化学位移的变化可以考察研究核所处的化学环境，得到丰富的分子结构信息，了解材料在试验过程中发生的微观结构变化。

许多有机化合物中有些质子除受外加磁场的影响外，还受到邻近质子自旋干扰引起自旋耦合，在核磁共振谱中，吸收峰出现一组多重峰，这种现象称为自旋裂分。如果有 n 个相邻的氢时，在^{1}H NMR 谱中将出现（n+1）个峰，称为（n+1）规则。

上述测量主要是针对液体样品，液相 NMR 在高分子科学中已得到广泛应用，但其对样品要求在合适的溶剂中溶解，并且溶质在溶剂中溶解后将发生溶解化作用，可能会改变样品的一些信息。固相 NMR 对样品没有特殊的要求，且能完全反映样品的信息。固相 NMR 也是通过固体核磁共振谱中的化学位移变化来观察原子核之间的相互作用及各原子的局部微环境。固相 NMR 谱线一般较液相宽，原因是液相为各向同性，得到的 NMR 谱为比较尖锐的峰，而固相样品，分子不能运动或其运动明显受约束，因此其化学位谱表现出各向异性。但当样品在高速旋转且旋转轴倾斜至与磁场方向夹角 B 为 54°44′（$1-3\cos^2\theta=0$）时，上述各向异性就会完全消失，称为魔角旋转，从而产生固体核磁共振仪。

近年来，固体核磁共振技术在锂离子电池电极材料的研究方面得到了广泛的重视和应用。图 2-10 为锂离子电池正极材料是 $Na_3V_2(PO_4)_2F_3$ 时第一周充放电到不同容量时（对应不同的 Na/Li 的脱嵌量）的^{7}Li MAS NMR 谱图。从谱图可以看出，$Na_3V_2(PO_4)_2F_3$ 在原始材料状态未产生锂核的核磁共振信号，这与原始材料中不含锂是一致的。而材料与电解

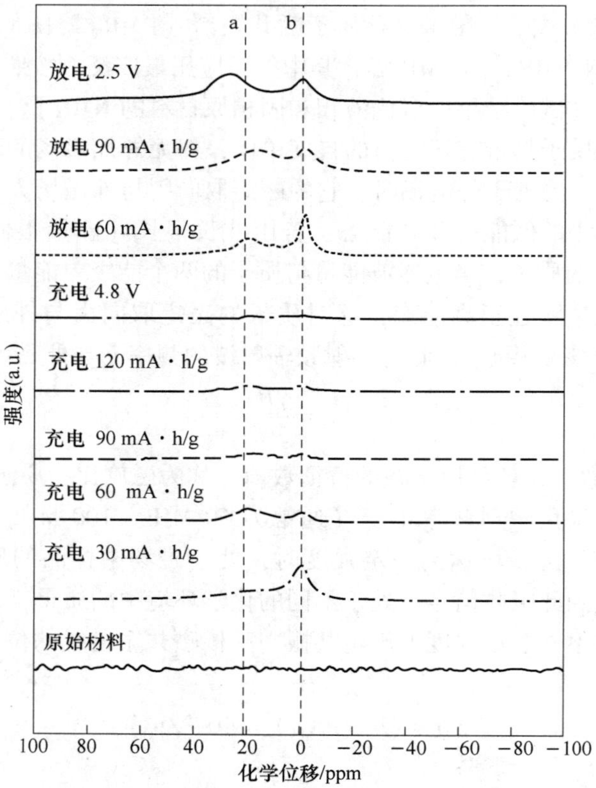

图 2-10 第一周充放电过程中的^{7}Li MAS NMR 谱图（1 ppm = 10^{-6}）

液接触后（如充电 30 mA · h/g 时），^{7}Li MAS NMR 谱图在 20 ppm（a）和 0 ppm（b）处出现了两个明显的锂的化学位移峰，说明 $Na_3V_2(PO_4)_2F_3$ 与电解液中的 Li^+发生了部分 Li^+-Na^+交换。a 和 b 处两峰随着充电进行，谱峰强度逐渐减弱最后基本消失，而随着放电进行谱峰重新出现并随放电进行强度逐渐增强，说明与 Na^+交换进入晶格的 Li^+随着充放电的进行和 Na^+一起从晶格中嵌入-脱出。

2.2.1.5 电镜法

自 1933 年德国 Ruska 和 Knoll 等人在柏林制成第一台电子显微镜以来，有许多用于表面结构分析的现代仪器先后问世。如透射电子显微镜（transmission electron microscope，TEM）、扫描电子显微镜（scanning electron microscopy，SEM）、场电子显微镜（FEM）、场离子显微镜（FIM）、电子探针等。这些技术在表面科学各领域的研究中起着重要的作用。但任何一种技术在应用中都会存在这样或那样的局限性，例如，SEM 的分辨率不足以分辨出表面原子，高分辨 TEM 主要用于薄层样品的体相和界面研究，FEM 和 FIM 只能探测在半径小于 100 nm 的针尖上的原子结构和二维几何性质，且制样过程复杂，可用作样品的研究对象十分有限。此外，上述一些分析技术对测量环境也有特殊要求，例如真空条件等。

使用电镜法可以确定活性材料的表面形态和粉体颗粒度，以及这些参数在充放电过程中的变化。

A 透射电子显微镜

在光学显微镜下无法看清小于 0.2 μm 的细微结构，这些结构称为亚显微结构或超微结构。要想看清这些结构，就必须选择波长更短的光源，以提高显微镜的分辨率。1933 年 Ruska 发明了以电子束为光源的透射电子显微镜，电子束的波长要比可见光和紫外线短得多，并且电子束的波长与发射电子束的电压平方根成反比，也就是说电压越高波长越短。目前 TEM 的分辨率可达 0.2 nm，能提供材料及其细微的组织结构信息。

电子显微镜与光学显微镜的成像原理基本一样，所不同的是前者用电子束作光源，用电磁场作透镜。另外，由于电子束的穿透力很弱，因此用于电镜的标本需制成厚度约 50 nm 的超薄切片。这种切片需要用超薄切片机（ultramicrotome）制作。电子显微镜的放大倍数最高可达近百万倍，由电子照明系统、电磁透镜成像系统、真空系统、记录系统、电源系统等 5 部分构成。透射电镜外形和结构如图 2-11 所示。

电子显微镜按成像原理不同有透射电子显微镜和扫描电子显微镜两类。透射电镜成像原理与透射式光学显微镜完全相同，只不过是将可见光照明换成电子束照明，将玻璃透镜换成电磁透镜，将成像的毛玻璃换成荧光屏。由于成像透镜总是对通过它的光波有衍射效应（相当于小孔衍射），衍射效应会使像变得模糊，影响透镜的分辨率。可以计算照明源的波长越短，衍射效应的影响越小。电镜中使用的电子波的波长只是可见光的十万分之一，这样电镜的分辨率极大提高了。

透射电子显微镜已经广泛应用于新能源电池材料的开发和研究。图 2-12 是锂离子电池多孔电极材料——单晶磷酸钛锂（LTP）纳米线的 TEM 图像。从高分辨图片（a）和对应的傅里叶变换图像（c）可以看出，单晶的磷酸钛锂纳米线，对应于［$1\bar{2}0$］和［$\bar{1}02$］方向的点阵格子，沿着［$\bar{1}02$］方向，面间距为 0.602 nm，对应（$\bar{1}02$）面的面间距，纳

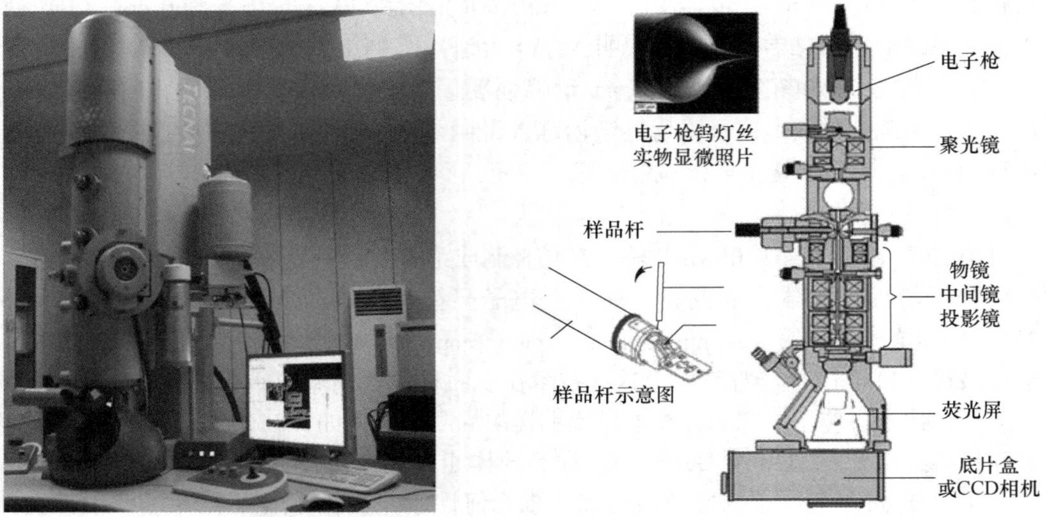

图 2-11　透射电子显微镜外形和结构

米线的生长方向近似沿着 [$\bar{1}$02] 方向。在高分辨照片对应的傅里叶变换图像中，白色圆圈圈出的斑点位置本来应该消光，但是却很明显地出现对应于 (0$\bar{1}$1) 面的斑点。这与 $Li_xTi_2(PO_4)_3$ 的两种相态之间的结构有关。

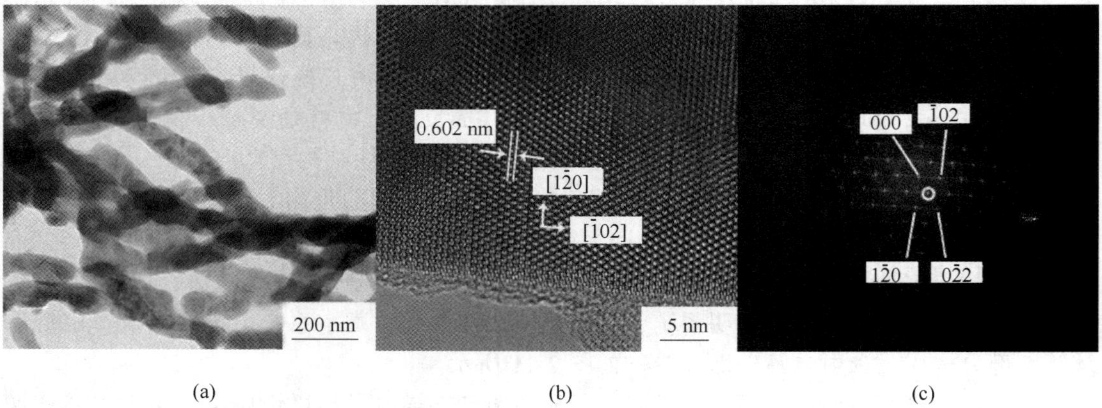

图 2-12　LTP 纳米线的透射、高分辨及对应的傅里叶变换图像

B　扫描电子显微镜

扫描电子显微镜于 20 世纪 60 年代问世，是用聚焦电子束在试样表面逐点扫描成像，成像信号可以是次级电子、背散射电子或吸收电子。其中次级电子是最主要的成像信号，可用来观察块状或粉末颗粒试样的表面结构和形貌。

扫描电镜及其工作原理（见图 2-13）是由电子枪发射能量为 5~35 keV 的电子，以其交叉斑作为电子源，经第二聚光镜及物镜的缩小形成具有一定能量、一定束流强度和束斑直径的微细电子束，在扫描线圈驱动下，于试样表面按一定时间、空间顺序作栅网式扫描。聚焦电子束与试样相互作用，产生二次电子发射以及其他物理信号，在试样表面激发出次级电子，次级电子的多少与电子束入射角有关，也就是说与试样的表面结构和形貌有关，次级电子信号由探测体收集，并在那里被闪烁器转变为光信号，再经光电倍增管和放大器转变为电信号，经视频放大后输入到显像管栅极，控制荧光屏上电子束的强度，显示出与电子束同步的扫描图像。图像为立体形象，反映了试样的表面结构和形貌。由于信号的强度与样品表面的形貌、成分有对应关系，那么逐点在样品上扫描一个面积，在显像管上就相应获得该面积样品表面的形貌或成分的一幅图像。扫描的面积越小，放大倍数就越高。为了使试样表面发射出次级电子，试样在固定、脱水后，要喷涂上一层重金属微粒，重金属在电子束的轰击下发出次级电子信号。

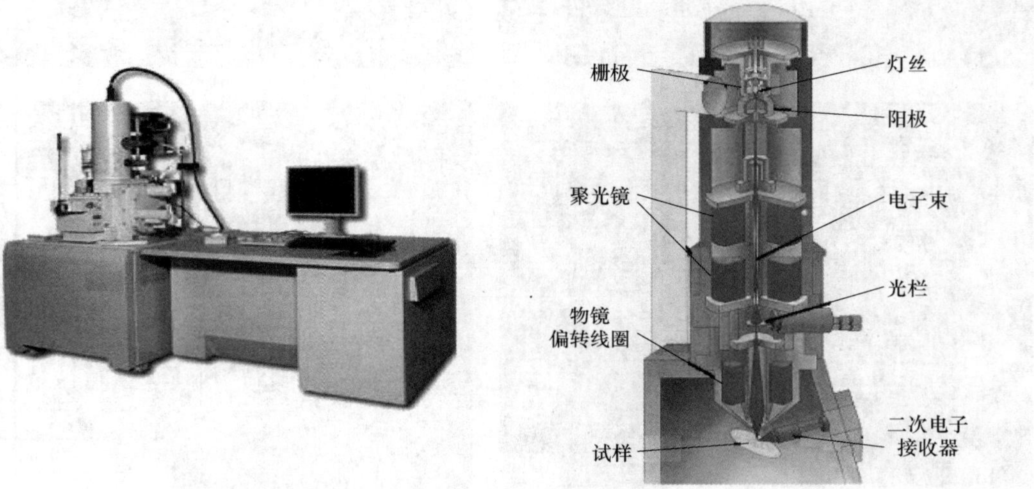

图 2-13 扫描电镜及其工作原理

近年来，扫描电子显微镜在电池电极材料的研究方面得到了广泛的重视和应用，可用来确定活性材料的表面形态和粉体颗粒度。图 2-14 为添加不同的有机物作辅助模板和不添加有机物制备的锂离子正极材料的 SEM 图片。从图 2-14（e）和（f）中可以看出，采用 PVA 作为凝胶剂和碳源，得到了均匀的二次颗粒团聚的结构，样品为平均粒径为 5 μm 的均匀微球，而这些微球是由 100~200 nm 的纳米颗粒团聚成的。这种特殊的一次纳米颗粒团聚成微球结构能提高正极材料的性能。首先球形颗粒可以减小材料的堆积空隙和提高振实密度，而小的一次纳米颗粒可以减小 Li^+ 在固相中的扩散路程，这种特殊结构将有利于材料与电解液的接触和减小电荷转移阻抗。结果表明：添加有机添加剂对形成特殊形貌起到重要作用，添加 PVA 做有机添加剂是形成具有微/纳米结构的均匀球形 $LiFePO_4/C$ 的关键因素。这种结构在几何学上具有提高振实密度、便于电子和离子的转移等优点。

C 扫描隧道显微镜

1982 年，国际商业机器公司苏黎世实验室的葛·宾尼（Gerd Binnig）博士和海·罗雷尔（Heinrich Rohrer）博士及其同事们共同研制成功了世界第一台新型的表面分析仪器——扫描隧道显微镜（scanning tunneling microscope，STM）。它的出现，使人类第一次能够实时地观察单个原子在物质表面的排列状态和与表面电子行为有关的物理、化学性质，在表面科学、材料科学、生命科学等领域的研究中有着重大的意义和广阔的应用前

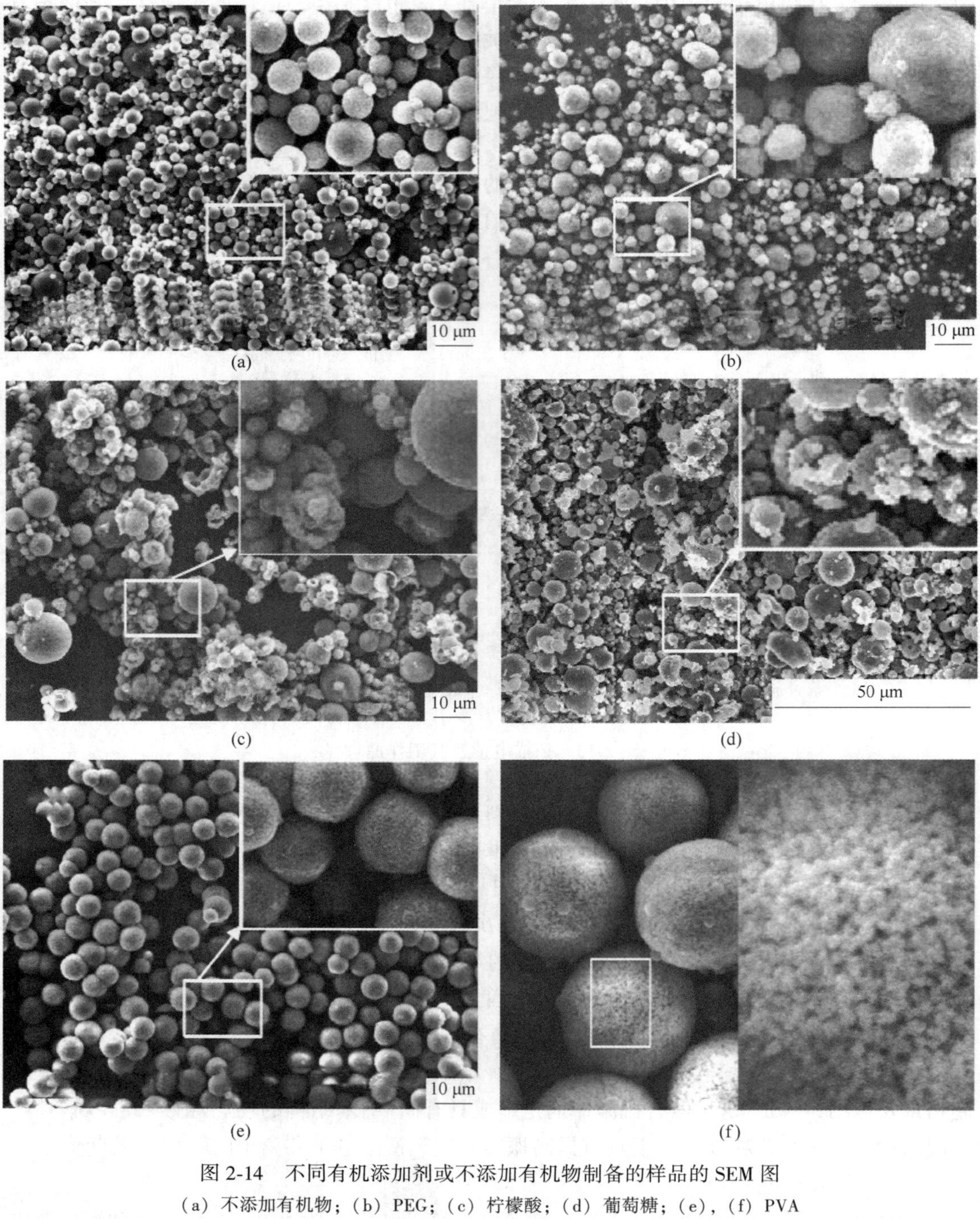

图 2-14 不同有机添加剂或不添加有机物制备的样品的 SEM 图
（a）不添加有机物；（b）PEG；（c）柠檬酸；（d）葡萄糖；（e），（f）PVA

景，被国际科学界公认为 20 世纪 80 年代世界十大科技成就之一。扫描隧道显微镜及其工作原理如图 2-15 所示。

STM 的基本原理是利用量子理论中的隧道效应。当原子尺度的针尖在不到一个纳米的高度上扫描样品时，此处电子云重叠，在外加电场（2 mV~2 V）的作用下，针尖与样品

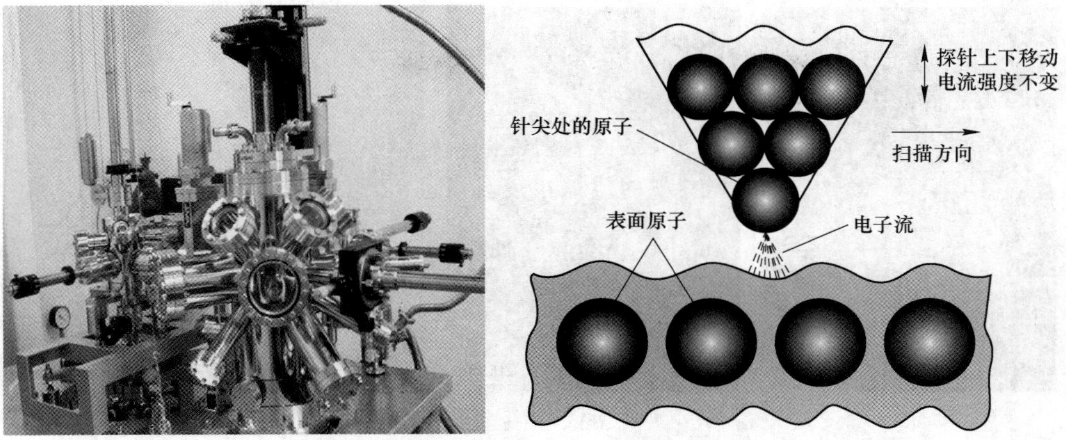

图 2-15 扫描隧道显微镜及其工作原理

之间产生隧道效应而有电子逸出，形成隧道电流。隧道电流 I 是电子波函数重叠的量度，与针尖和样品之间距离 S 和平均功函数 Φ 有关：

$$I \propto V_b e^{-AS\Phi^{1/2}} \tag{2-6}$$

式中 V_b——加在针尖和样品之间的偏置电压；

Φ——平均功函数，$\Phi=(\Phi_1+\Phi_2)/2$，Φ_1 和 Φ_2 分别为针尖和样品的功函数；

A——常数，在真空条件下约等于 1。

扫描探针一般采用直径小于 1 mm 的细金属丝，如钨丝、铂-铱丝等；被观测样品应具有一定导电性才可以产生隧道电流。当探针沿物质表面按给定高度扫描时，因样品表面原子凹凸不平，使探针与物质表面间的距离不断发生改变，从而引起电流不断发生改变。将电流的这种改变图像化即可显示出原子水平的凹凸形态。扫描隧道显微镜的分辨率很高，横向为 0.1~0.2 nm，纵向可达 0.001 nm。

图 2-16 为 CIGS 薄膜太阳能电池中 $In_{0.86}Ga_{0.14}As$ 薄膜的 STM 图像。从图 2-16 可以看出，使用 STM 可以清晰地观测在 InAs（001）基片上分别生长 5、10、20 原子单层（ML）厚度的 $In_{0.86}Ga_{0.14}As$ 薄膜的表面结构。外延层厚度为 5 ML 的薄膜表面（图 2-16（a）），沿 [$1\bar{1}0$] 晶向有长条形的岛与很小的坑存在；在外延层厚度为 10 ML（图 2-16（b））时，薄膜表面长条岛与台阶边缘合并以后消失，表面只有零星小坑，平台边缘锯齿变得更大更宽，部分锯齿点与邻近的锯齿点和平滑段合并，使得表面变得平整；外延层厚度为 20 ML（图 2-16（c））时，表面平台上出现许多大的“裂开”的坑，表面单层原子层破裂。

D 原子力显微镜

原子力显微镜（atomic force microscopy，AFM）是由 IBM 公司的 Binnig 与斯坦福大学的 Quate 于 1985 年所发明的，其目的是使非导体也可以采用扫描探针显微镜（SPM）进行观测。这种显微镜的放大倍数远远超过以往的任何显微镜：光学显微镜的放大倍数一般都超不过 1000 倍；电子显微镜的放大倍数极限为 100 万倍；而原子力显微镜的放大倍数能高达 10 亿倍，比电子显微镜分辨率高 1000 倍，可以直接观察物质的分子和原子，这为人类对微观世界的进一步探索提供了理想的工具。图 2-17 是原子力显微镜及其工作原理。

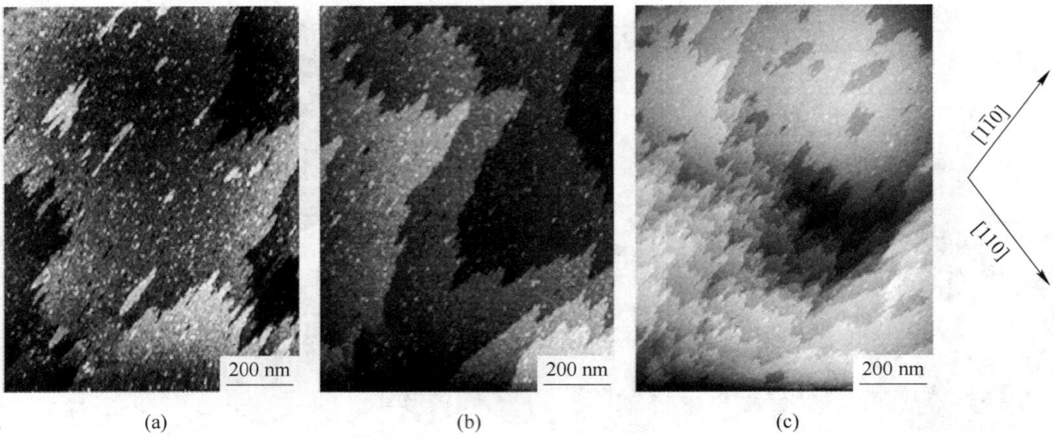

图 2-16 不同厚度 $In_{0.86}Ga_{0.14}As$ 1000 nm ×1000 nm STM 图

(a) 5 ML；(b) 10 ML；(c) 20 ML

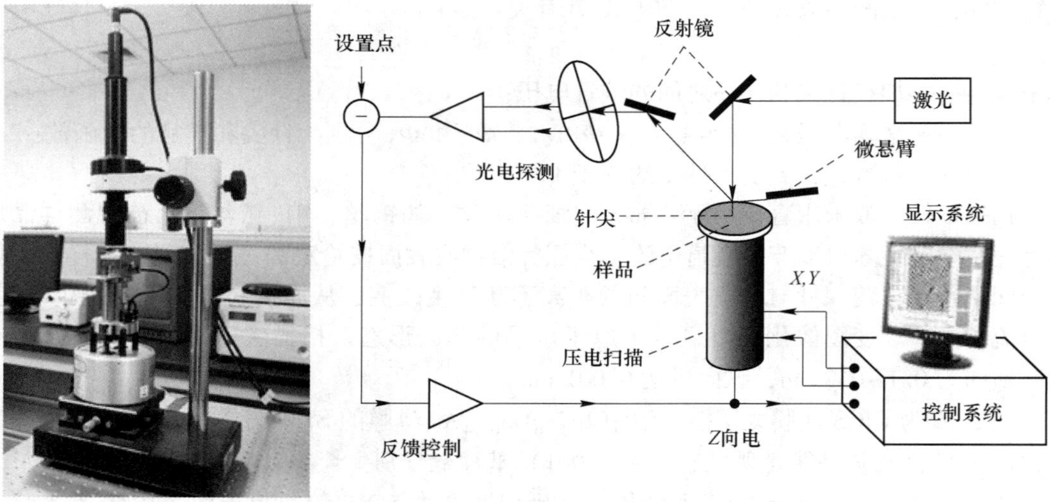

图 2-17 原子力显微镜及其工作原理

原子力显微镜与扫描隧道显微镜最大的差别在于并非利用电子隧道效应，而是利用原子之间的范德华力作用来呈现样品的表面特性。假设两个原子中，一个是在悬臂的探针尖端，另一个是在样本的表面，它们之间的作用力会随距离的改变而变化。当原子与原子很接近时，彼此电子云斥力的作用大于原子核与电子云之间的吸引力作用，所以整个合力表现为斥力的作用，反之若两原子分开有一定距离时，其电子云斥力的作用小于彼此原子核与电子云之间的吸引力作用，故整个合力表现为引力的作用。原子力显微镜的基本原理是：将一个对微弱力极敏感的微悬臂（氮化硅）一端固定，另一端有一微小的针尖，针尖与样品表面轻轻接触，由于针尖尖端原子与样品表面原子间存在极微弱的排斥力。通过在扫描时控制这种力的恒定，带有针尖的微悬臂将对应于针尖与样品表面原子间作用力的等位面而在垂直于样品的表面方向起伏运动。利用光学检测法或隧道电流检测法，可测得微悬臂对应于扫描各点的位置变化，从而可以获得样品表面形貌的信息。点状物或原子之间的相互作用力通常用 Lennard-Jone 电位描述：

$$U(r) = -U_0[(r_0/Z)_{12} - (r_0/Z)_6] \tag{2-7}$$

式中 Z——原子间距；

U_0，r_0——平衡状态下原子间的能量和距离。

当原子间距小于 r_0 时，原子间作用力由吸引力变为排斥力。探针与表面之间的吸引力和排斥力被用于扫描力试验。不同表面方位的探针作用力给出关于表面形态和一些其他表面特征的信息。

图 2-18 为在低频脉冲恒定电压条件下 $LiCoO_2$ 正极层中 Li^+ 的再分配。图中（a）和（b）均为 $LiCoO_2$ 表面的形貌，其中（a）为原始像，（b）为偏移（边缘强化）像。从（b）中可以清楚地看到晶粒和台阶边缘。（c）和（d）为同一位置施加偏压脉冲信号前（c）、后（d）的偏移像。从图中可以明显地看出锂离子在再分配的同时保持连续的台阶结构。（e）为基于（a）~（d）所观察到的台阶层（假设（001）面取向层）而创建的一个 $LiCoO_2$ 颗粒单电池示意图。当探针针尖经过台阶 1 时将引起锂离子沿锂层的流动；而经过台阶 2 时由于氧的密堆积不引起锂离子的流动。这说明 $LiCoO_2$ 正极材料中锂离子的扩散和其导致的材料的变形，锂离子的扩散和晶粒晶界存在一定关系。

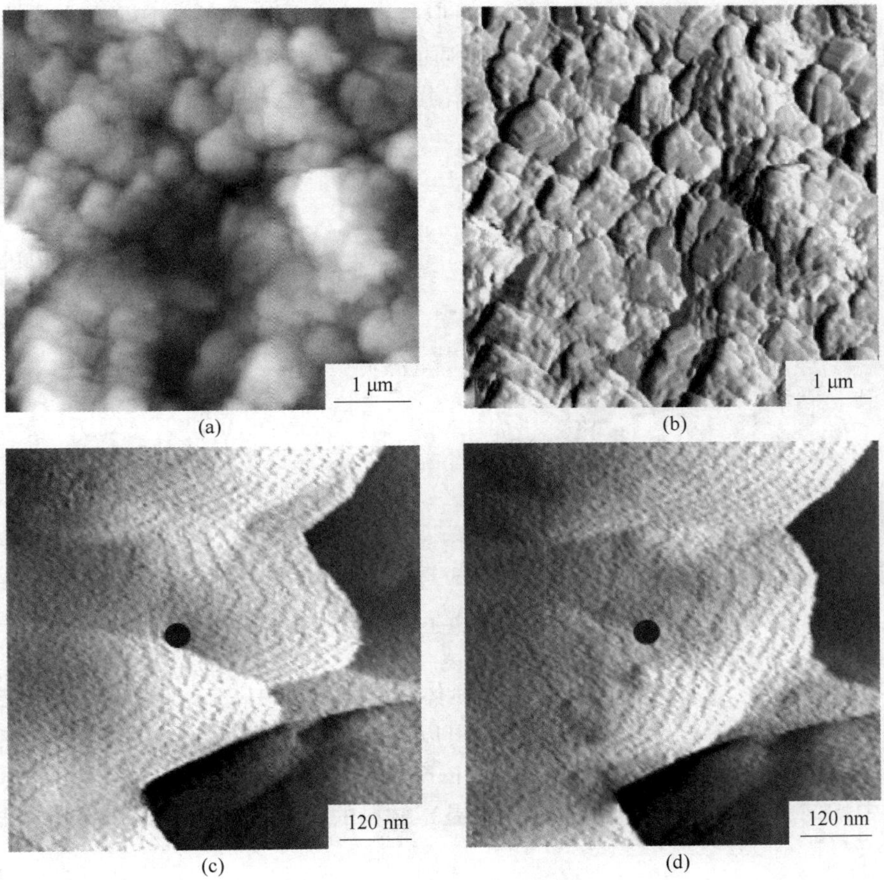

(a) (b) (c) (d)

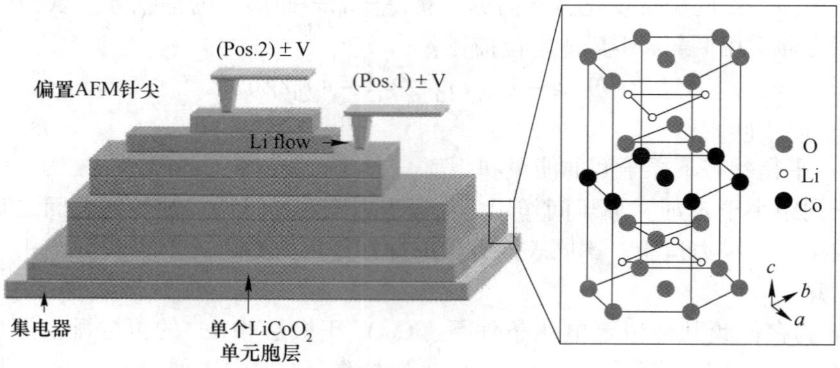

(e)

图 2-18 在低频脉冲恒定电压条件下 $LiCoO_2$ 正极层中 Li^+ 的再分配

E 背散射电子

背散射电子（back scattering electron，BSE）指入射电子在试样表层经弹性和非弹性散射，改变运动方向，最终又从试样表面反射出来。较深层的背散射电子也能逸出表面，所有 BSE 的检测深度比 SEM 更大，约为 100 nm。反射角的大小取决于离核的距离和原子的能量，即散射强度的大小，与样品的表面形貌以及成分均有关。其形貌部分与 SEM 相当，不过图形正好相反；样品成分部分，物质的原子序数越大，背散射电子数量越多，从而可以通过 BSE 的衬度分析试样表层的元素分布情况，这种衬度称为原子序数衬度。图 2-19 为背散射电子显微镜及其原理。

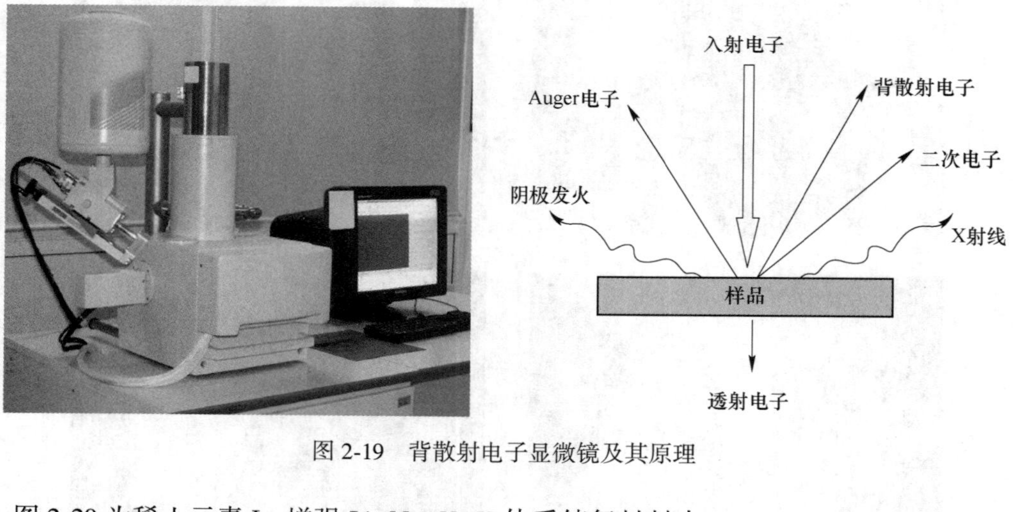

图 2-19 背散射电子显微镜及其原理

图 2-20 为稀土元素 La 增强 Li-Mg-N-H 体系储氢材料中 $2LiNH_2+MgH_2+0.05LaH_3$ 复合材料的 BSE 图和 EDS 结果。从 BSE 图中可以看出，细小的白色颗粒均匀分布在材料中，对白色颗粒进行 EDS 分析。白色的颗粒为 LaH_3 相。LaH_3 为脆性相，容易细化，并能在复合材料中均匀分布。同时，添加 LaH_3 能提高材料的球磨效率，增加体系中的缺陷和内应力。

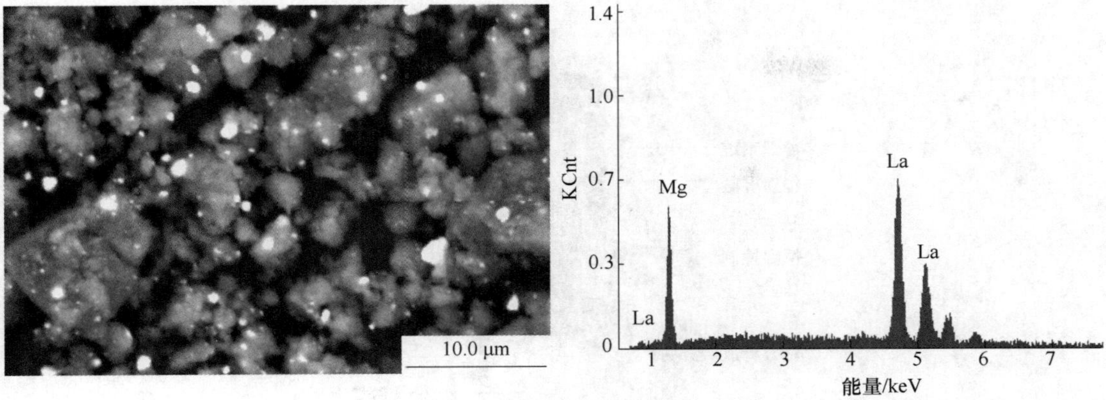

(a) (b)

图 2-20 $2LiNH_2+MgH_2+0.05LaH_3$ 复合材料的 BSE 图和 EDS 结果

（a）BSE 图；（b）EDS 结果

2.2.1.6 热分析

热分析技术是指在等速升温（或等速降温）条件下连续测定试样的某种物理性质随温度变化的技术。根据所测定的物理性质不同，热分析技术可分为若干种，表 2-2 为常见的热分析技术分类及命名。

表 2-2 常见的热分析技术分类及命名

测定的物理量	命名	缩写符号	测定的物理量	命名	缩写符号
质量	热重分析	TGA	热量差	差示扫描量热分析	DSC
质量变化速度	微分热重分析	DTG	热膨胀系数、模量	热机械分析	TMA
温差	差热分析	DTA	挥发组分的成分及数量	释出气体分析	EGA

A 热重分析法

热重分析法（thermogravimetric analysis，TGA 或 TG）是通过控温条件下材料质量（w）的变化来测量材料的组分和热稳定性，用来研究与质量变化相关的物理过程和化学反应。TGA 在研发和质量控制方面都是比较常用的检测手段，广泛应用于塑料、橡胶、涂料、药品、催化剂、无机材料、金属材料与复合材料等各领域。

在热重分析中，将样品放在样品池中程序升温，样品杆与天平梁的一端连接，升温之前，利用调节砝码及控制电路使天平平衡，然后以一定速度升温。如果样品无质量变化，则天平保持平衡，记录笔走直线（基线）。若在某温度时，样品开始有质量变化，如热分解使样品失重时，天平梁失去平衡，梁的另一端向下倾斜，则透过光闸照射到光电池上的光能量发生变化，光电流改变，输入线圈中的电流改变，使磁铁芯向下移动，于是天平又恢复平衡。因此，在测定过程中，天平将始终保持平衡位置；而控制线圈中电流强度的变化，即相当于样品的失重或失重百分数。同时用连接在样品池底部的热电偶连续测定样品的温度，并用另一支记录笔记录。图 2-21 是热重分析仪的结构图。

利用热重分析法可以研究物质的热稳定性、热分解温度、分解反应温度等。如果同时将分解产生的挥发组分输入气相色谱仪，测定分解产物的组成，则可以研究物质的热降解

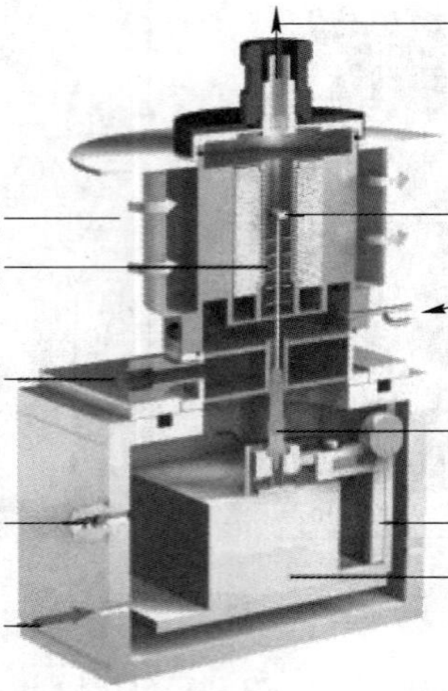

图 2-21 热重分析仪及其结构

机理。记录 TG 曲线对温度或时间的一阶导数，也就是质量的变化率与温度或时间的函数关系为 DTG（differential TG）曲线，可以进一步得到质量变化速率等更多信息。从失重曲线上各点的斜率可以计算在各温度下的失重速度（dw/dt），从而可以计算分解速度常数（K）及反应活化能。此外，热重分析法还可研究各种添加剂对热稳定性的影响。

B 差热分析法

差热分析法（differential thermal analysis，DTA）是测量与材料内部热转变相关的温度、热流的关系，研究样品在可控温度程序下的热效应。通过差热分析仪，能够快速而准确地分析样品的熔点、相转变温度等各种特征温度。应用范围非常广，特别是材料的研发、性能检测与质量控制。

DTA 测量仪一般由 3 部分组成：加热炉及温度程序控制、样品容器及温差检测部分、记录仪，如图 2-22 所示。

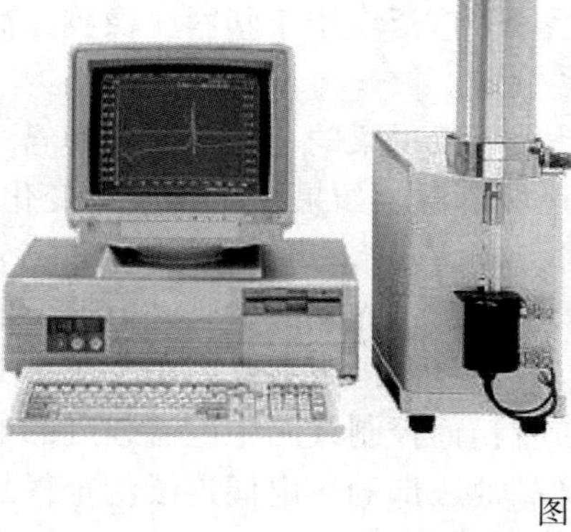

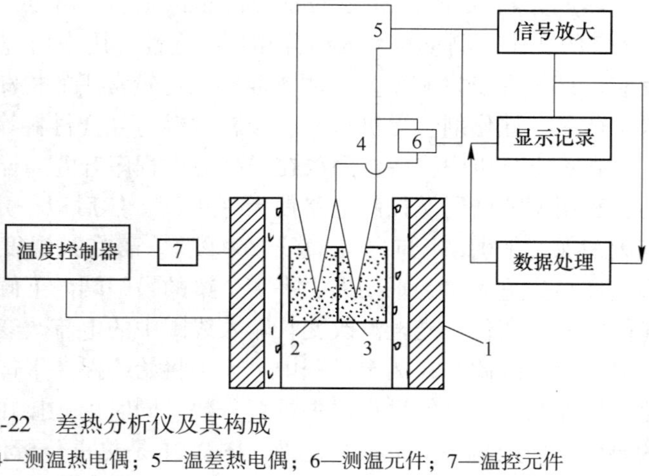

图 2-22 差热分析仪及其构成

1—加热炉；2—试样；3—参比物；4—测温热电偶；5—温差热电偶；6—测温元件；7—温控元件

将样品及参比物（所谓参比物是指在测定的温度范围内不发生任何热效应的物质，通

常选用 Al_2O_3）分别放在样品池和参比池中，以一定速度等速升温。当样品无热转变时，此时记录笔走直线（称为基线）。如果样品在某温度开始发生热转变，例如样品发生熔融，则在熔融过程中，外界供给的热量作为熔融潜热被吸收，样品本身温度不变，但参比物的温度却继续上升，因此二者产生温差，即在熔融过程中样品温度低于参比物温度。因此，向下记录绘出吸热峰，熔融过程结束后，样品温度逐渐与参比物相同，重新变为零，记录笔又回到基线。根据峰的位置可以判断熔融温度。由于熔融峰的面积与熔融热成正比，所以可以计算熔融热。

同理，当样品发生放热反应时，即样品温度高于参比物温度，将绘出向上的放热峰。从 DTA 曲线的形状及峰位置，可以确定热转变的类型及转变温度。

TGA 和 DTA 通常相结合来确定材料合成所需要的反应温度并帮助确定反应过程的机理。图 2-23 为通过喷雾干燥方法制备 $LiCoO_2$ 的 TGA 和 DTA 结果。可以看成，前驱物在 300 ℃后基本没有质量损失。在 180 ℃、187 ℃、231 ℃、241 ℃分别有 4 个质量损失区。在 180 ℃以下的热重行为是吸附水和结构水的损失，并伴随有吸热反应。在 180~300 ℃的温度区域，TGA 曲线中有 3 个明显的质量损失峰，同时在 DTA 曲线中对应有 3 个强的放热峰，这些峰对应于前驱物中有机和无机组分的燃烧和分解。

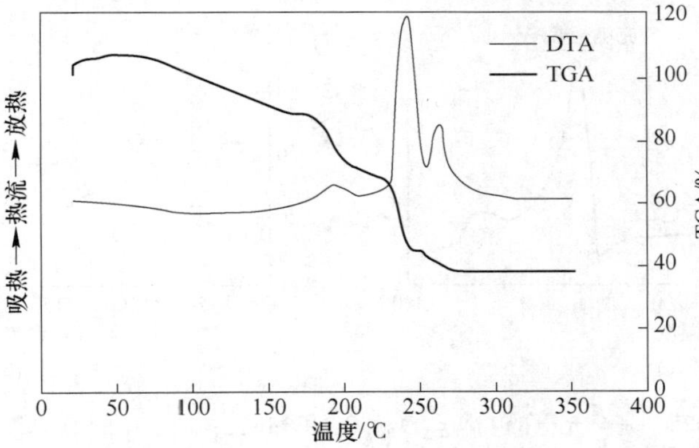

图 2-23　喷雾干燥方法制备 $LiCoO_2$ 的 TGA 和 DTA 结果

C　差示扫描量热法

差示扫描量热法（differential scanning calorimetry，DSC）是使样品处于程序控制的温度下，观察样品和参比物之间的热流差随温度或时间的函数。广泛应用于塑料、橡胶、涂料、食品、医药、生物有机体、无机材料、金属材料与复合材料等领域。材料的特性，如玻璃化转变温度、冷结晶、相转变、熔融、结晶、产品稳定性、固化/交联、氧化诱导期等，都是 DSC 的研究领域。图 2-24 是差示扫描量热仪及其工作原理。

电极材料的热稳定性可由 DSC 确定。图 2-25 为完全充电的锂离子正极材料 $LiNi_{0.5}Co_{0.5}O_2$ 和 $LiNi_{0.8}Co_{0.2}O_2$ 的 DSC 图谱。$LiNi_{0.5}Co_{0.5}O_2$ 仅在 270 ℃观测到有一个小的放热峰，而对相同充电状态的 $LiNi_{0.8}Co_{0.2}O_2$ 则在 210 ℃较低的温度处出现一个大的放热峰。说明 $LiNi_{0.8}Co_{0.2}O_2$ 材料分解产生的氧量更多，会导致电解液较高的反应活性。$LiNi_{0.5}Co_{0.5}O_2$ 材料则表现出较好的热稳定性，会有较好的安全性能。

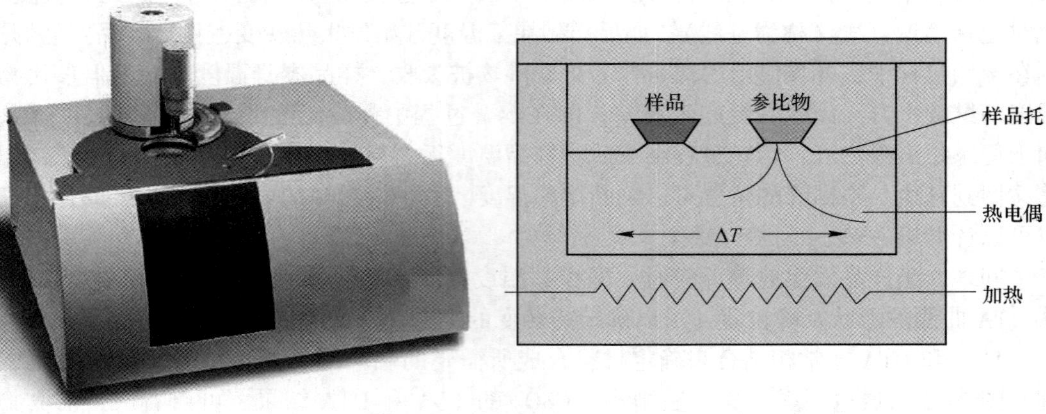

图 2-24 差示扫描量热仪及其工作原理

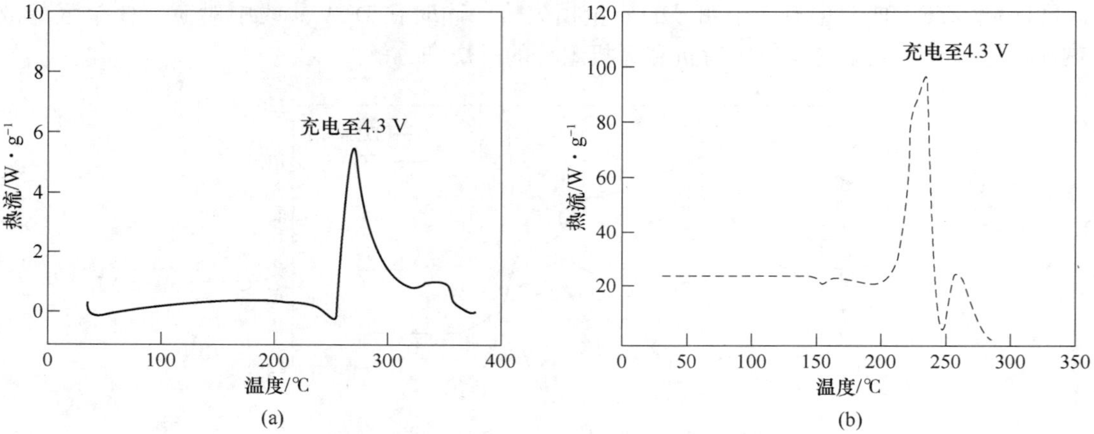

图 2-25 完全充电的 $LiNi_{0.5}Co_{0.5}O_2$ 和 $LiNi_{0.8}Co_{0.2}O_2$ 的 DSC 图谱

(a) $LiNi_{0.5}Co_{0.5}O_2$；(b) $LiNi_{0.8}Co_{0.2}O_2$

2.2.1.7 比表面积测量

比表面积的测量方法主要是基于 Brunauer-Emmett-Teller（BET）三人提出的多分子层吸附理论。根据该理论，有下述关系：

$$\frac{p}{V(p_0-p)}=\frac{1}{V_m C}+\frac{(C-1)p}{p_0 V_m C} \tag{2-8}$$

式中 p——不同吸附量时液氮的饱和蒸气压；

p_0——总气压；

V——加入液氮的体积；

V_m——固态吸附单层容量；

C——仪器常数。

然后用 $\frac{p}{V(p_0-p)}$ 对 $\frac{p}{p_0}$ 作图，在直线性范围内求出斜率 a 和截距 b，而 $V_m=1/(a+$

b)，$S = 4.35V_m/W$。这样可以求出材料的比表面积 S。一般而言，该法比表面积测量范围为 0.1～1000 m^2/g。

对电极材料来说，颗粒粒径小，BET 表面积大，则与电解液有较多的反应位，可能会导致材料的热稳定性较差。

2.2.2 电极活性材料的电化学测试与评估

电极活性材料的电化学性能是化学电池领域研究的核心内容，活性材料的电化学性能直接决定了电池的性能。电极活性材料的电化学性能由动力学和热力学两大因素控制。热力学因素决定活性材料电化学参数的上限，如材料的理论比容量和电极电位，以正负极活性材料的理论电极电位差值为电池的理论电压，这主要是由材料的种类决定的。动力学因素包括活性材料进行电子交换的快慢，即交换电流密度，以及离子在材料中的扩散速度等。动力学因素体现在活性材料的实际电化学性能方面，由材料的结构、制备工艺等决定，也是电池领域研究的重点。

2.2.2.1 充放电测试

通过半电池（仅用于研究电池的正极或负极材料电化学性能的装置，例如锂离子电池的正极或负极材料为一个电极，锂片为另一个电极所构成的电池就是半电池，不是真正商业应用的电池）的充放电测试，可以确定电极材料的充放电曲线、容量、倍率特性、开路和极化电位等基本电化学性能参数。

目前半电池的充电方式主要为恒流充电。在充电过程中，起始电压升高较快，容量一般随时间线性增加，内阻也不断增加。对正极材料常常先采用恒流充电，然后采用恒压充电。电池的放电方式主要采用恒流放电方式，也可采用负荷固定的方式。

半电池的充放电电压随时间（或容量）变化关系即为电极材料的充放电曲线。电极材料的容量是指半电池获得电量的值，单位可用“mA · h”表示，也常用比容量（mA · h/g)，即单位质量活性物质的容量表示。容量是电极材料电性能的重要指标。电极材料的容量通常分为理论容量和实际容量。在电极材料容量的表征中常常会出现可逆容量与不可逆容量，可逆容量是指电极材料在循环过程中容量稳定达到的值，对锂离子电池电极材料来说，通常是指第二次循环后的容量；而不可逆容量中包括部分副反应所消耗的电量，为第一次充电过程中的容量。充放电效率=放电容量/充电容量×100%。

锂离子电池中常用的负极材料石墨的理论容量为 372 mA · h/g。图 2-26 为中间相微碳球（MCMB）的第一次充放电曲线。这里需要指出的是，锂离子负极材料的放电曲线对应于充电过程（即锂离子的嵌入过程），而充电曲线对应于放电过程（即锂离子的脱出过程）。从图中可以得出，MCMB 的第一次充电容量为 360 mA · h/g，第一次放电容量为 338 mA · h/g，不可逆容量为 22 mA · h/g，充放电效率为 93%。

2.2.2.2 循环伏安法

循环伏安法（cyclic voltammetry，CV）可以探测物质的电化学活性、测量物质的氧化还原电位、考察电化学反应的可逆性和反应机理，以及用于反应速率的半定量分析等，因此 CV 法已成为现在研究电化学性质和进行电化学分析的最基本手段之一。循环伏安法是选择不会起电极反应的某一电位为初始电位 φ_1，控制电极电位按指定的方向和速度随时

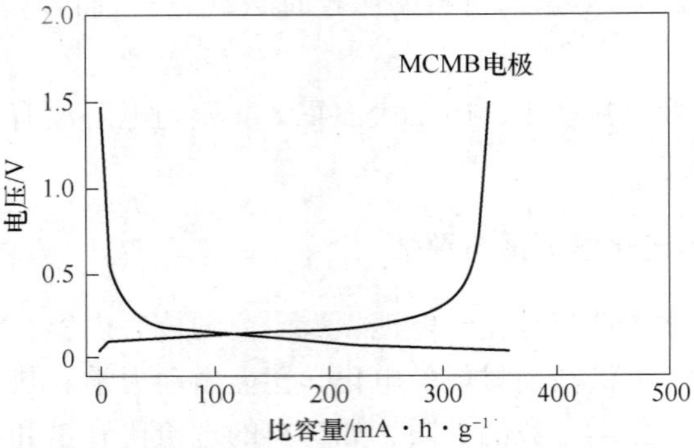

图 2-26 锂离子电池负极材料 MCMB 的第一次放电充电曲线

间线性变化，当电极电位扫描至某一电位 φ_2 后，再以相同的速度逆向扫描至 φ_1，同时测定响应电流随电极电位的变化关系。对循环伏安曲线进行数据分析，可以得到峰电流（I_p）、峰电势（φ_p）、反应动力学参数、反应历程等诸多化学信息。由于该法具有迅速、方便、提供信息较多的重要技术，因此，它是电化学研究的重要测试方法，也是电化学分析的重要技术。

对于符合 Nernst 方程的电极反应（可逆反应），其阳极和阴极峰电位差（在 25 ℃时）为：

$$\Delta\varphi_p = \varphi_{pa} - \varphi_{pc} = \frac{57 \sim 63}{n} \tag{2-9}$$

式中 φ_{pa}，φ_{pc}——阳极和阴极峰电位；

n——电子转移数。

$\Delta\varphi_p$ 确切的大小与扫描过阴极峰电位之后的毫伏数有关，一般在扫描过阴极峰电位之后有足够的毫伏数之后再回扫，$\Delta\varphi_p = \frac{58}{n}\text{mV}$。根据氧化还原峰电位差，可以判断反应的可逆性。若反应速度常数小，偏离 Nernst 方程，则 $\varphi_{pa} - \varphi_{pc} > \frac{58}{n}\text{ mV}$。速率常数越小，两峰电位的差别越大。峰电位响应还与扫描速率有关。对于一定的电极反应速率常数，当扫描速率比较慢时，φ_p 与 v 无关；当 v 越来越大时，则 φ_p 不再恒定，而是与 v 有关：

$$\varphi_p = 常数 + \frac{20}{\alpha n}\lg v \tag{2-10}$$

式中 α——迁移系数。

峰电位与标准电极电势 $\varphi^{\ominus}$ 的关系如下：

$$\varphi^{\ominus} = \frac{\varphi_{pa} + \varphi_{pc}}{2} + \frac{0.029}{n}\lg\frac{D_{Ox}}{D_{Red}} \tag{2-11}$$

式中 D_{Ox}，D_{Red}——氧化态物种和还原态物种的扩散系数。

由于 $\frac{D_{Ox}}{D_{Red}}$ 接近于 1，则 $\frac{0.029}{n}\lg\frac{D_{Ox}}{D_{Red}}$ 这一项很小。所以只要反应符合 Nernst 方程，反应产物势稳定（$I_{pa} = I_{pc}$），则循环伏安法是测量标准电极电位较方便的方法。在 25 ℃

时，峰电位 φ_p 与半波电位 $\varphi_{1/2}$ 的关系为：

$$\varphi_p - \varphi_{1/2} = -\frac{28.5}{n} \tag{2-12}$$

通常 φ_p 与 $\varphi_{1/2}$ 的关系可表达为：

$$\varphi_p - \varphi_{1/2} = -1.109\frac{RT}{nF} \tag{2-13}$$

有时，扫描的响应电流峰较宽，直接确定峰电位值有困难，常采用半峰电位（half-peak potential）——$\varphi_{p/2}$，它与半波电位 $\varphi_{1/2}$ 的关系是：

$$\varphi_{p/2} = \varphi_{1/2} + 1.09\frac{RT}{nF} = \varphi_{1/2} + \frac{28}{n}(25\ ℃) \tag{2-14}$$

若氧化和还原过程均存在峰电流，应注意的是峰电流的大小不是从零电流处进行测量，而应从背景电流进行测量。峰电流 I_p 的大小如下：

$$I_p = 0.4463nFAc_{Ox}^0 v^{1/2}\sqrt{\frac{nFD_{Ox}}{RT}} \tag{2-15}$$

此为 Randles-Sercik 方程。其中，n 为发生氧化还原反应的电荷转移数；A 为电极面积；c_{Ox}^0 为氧化物的起始浓度；ν 为循环伏安的扫描速度；D_{Ox} 为氧化物物种的扩散系数。依式（2-15）可求解物种在溶液中的扩散系数。

φ_p、$\varphi_{1/2}$、$\varphi_{p/2}$ 的关系见图 2-27，从式（2-13）和式（2-15）可以看出，在可逆反应条件下，峰电位与扫描速度无关，而峰电流与扫描速度的平方根成正比。

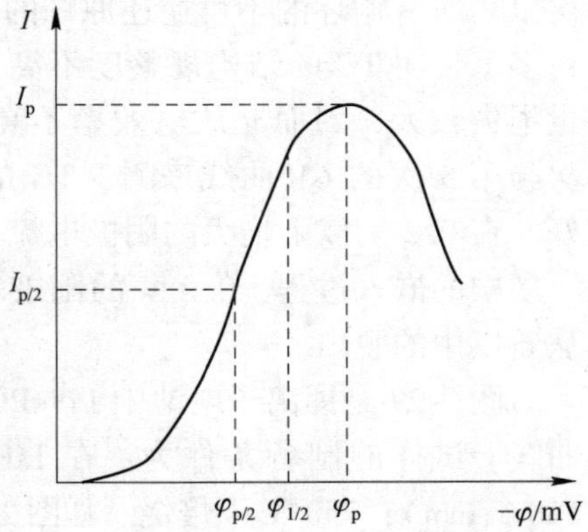

图 2-27　线性电位扫描法伏安图中峰电位、半峰电位、半波电位的示意图

采用循环伏安技术能在很短时间内观测到宽广电位范围内未知电极体系的电极过程的变化。采用循环伏安法研究稳态时，扫描速度必须足够慢，以保证体系处于稳态。扫描速度过快会导致双电层充电电流密度和溶液欧姆电位下降显著增大，而扫描速度过慢会影响检测的灵敏度。

循环伏安法控制电极电势以不同的速率，随时间以三角波形一次或多次反复扫描，电势范围是使电极上能交替发生不同的还原和氧化反应，并记录电流-电势（即电压）曲线。

如以等腰三角形“_/_”的脉冲电压加在工作电极上，得到的电流-电压曲线包括两个分支，如果前半部分电位向阴极方向扫描，电活性物质在电极上还原，产生还原波，那么后半部分电位向阳极方向扫描时，还原产物又会重新在电极上氧化，产生氧化波。因此一次三角波扫描，完成一个还原和氧化过程的循环，故该法称为循环伏安法，其电流-电压曲线称为循环伏安图。

根据曲线形状可以判断电极反应的可逆程度、中间体、相界吸附或新相形成的可能性，以及偶联化学反应的性质等。若反应是可逆的，则曲线上下对称，若反应不可逆，则曲线上下不对称。循环伏安法常用来测量电极反应参数，判断其控制步骤和反应机理，并观察整个电势扫描范围内可发生哪些反应，及其性质如何。对于一个新的电化学体系，首选的研究方法往往就是循环伏安法，可称之为“电化学的谱图”。

采用循环伏安技术能在很短时间内观测到宽广电位范围内未知电极体系的电极过程的变化。采用循环伏安法研究稳态时，扫描速度必须足够慢，以保证体系处于稳态。扫描速度过快会导致双电层充电电流密度和溶液欧姆电位下降显著增大，而扫描速度过慢会影响检测的灵敏度。

对电极充放电循环的研究中，利用循环伏安曲线中的氧化还原峰可以推测电极在充放电过程中的充放电平台。利用氧化还原电量（峰面积）的比值，可以判别电极反应的可逆性。采用 *CV* 可对多种石墨的电化学性能进行研究。结果表明，各种石墨材料均存在一个显著的不可逆还原峰。但材料不同，峰出现的电位和面积也不同。图 2-28 为天然石墨（TG）循环 5 次的测试结果。从首次循环的 *CV* 曲线来看，TG 从 2.5 V 开始出现不可逆还原反应，而且在 0.5 V 左右还存在另一个较小的不可逆还原峰。表面首次循环的不可逆还原峰面积比第 2 次以后所有循环的不可逆还原峰的面积总和还要大得多，说明 TG 的结构规整度不高，首次不可逆容量损失较大，因而充放电效率不高。从 TG 的第 2 次与第 5 次的 *CV* 曲线来看，TG 的循环可逆性较好。在 0.2 V 以下增大的阴极电流对应于锂离子在石墨中的嵌入过程，0.2 V 的阳极氧化峰为锂离子从石墨中的脱出。

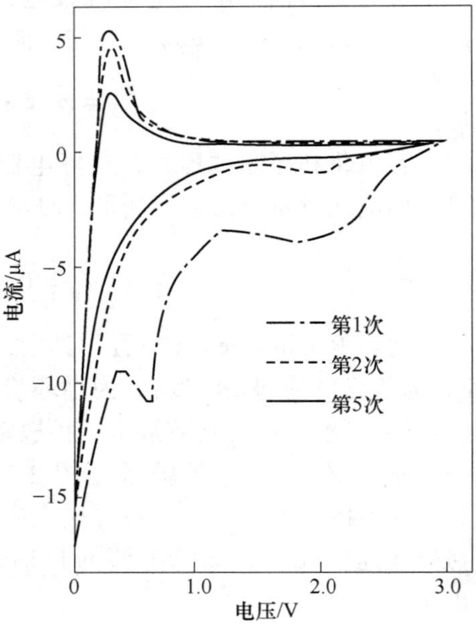

图 2-28 天然石墨（TG）的 *CV* 图

图 2-29 是锂离子电池中 $LiFePO_4/C$（LFPC）复合正极的首次充放电曲线和循环伏安曲线。试样的制备条件为：在 $LiFePO_4/C$ 复合正极中加入聚乙烯醇（PVA，添加量为 150 g/mol）；750 ℃下焙烧。如图 2-29（a）所示，样品 LFPC 在 0.1C、0.5C、1.0C、2.0C 和 5.0C(I_tA) 倍率充放电下比容量分别为 156.7 mA · h/g、136.2 mA · h/g、123.8 mA · h/g、106.4 mA · h/g 和 92.1 mA · h/g，在 5C 倍率下充放电仍具有很平坦的充放电平台。如图 2-29（b）所示，材料的氧化峰和还原峰非常对称，在 0.5 mV/s 的扫描速率下氧化峰和还原峰的电位差仅为 0.35 V，从第 2 圈到第 40 圈的 *CV* 曲线基本重合。这些表明，该材料的可逆性和稳定性好，嵌/脱锂动力学性能好。

2.2.2.3 交流阻抗法

交流阻抗（alternating current impedance，AC impedance）是将一个小振幅的交流（一般为正弦波）电压（或电流）信号，使电极电位在平衡电极电位附近微扰，在达到稳定状态后，测量其响应电流（或电压）信号的振幅或相，依此计算出电极的复阻抗。然后据等效电路，通过阻抗谱的分析和参数拟合，求出电极反应的动力学参数。与大幅度正弦交流信号及非正弦波交流信号相比，用小幅度（≤5mV）正弦交流信号作为激励信号时，测量结果的数学处理比较简单。同时，使用的电信号振幅很小，又是在平衡电极电位附近，

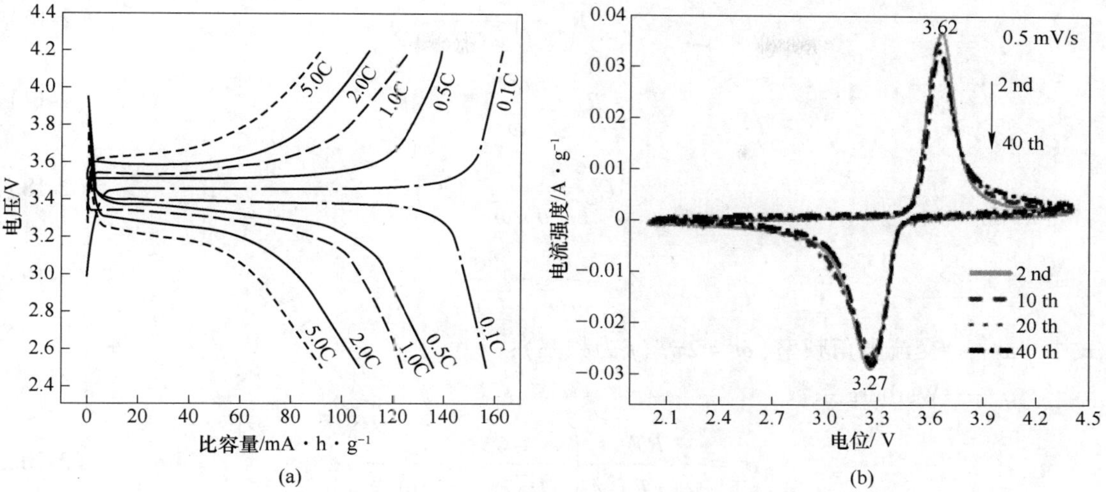

图 2-29 样品在不同倍率下的首次充放电曲线（a）和循环伏安曲线（b）

因此电流与电极电位之间的关系往往可以线性化，这给动力学参数的测量和分析带来很大方便。另外，采用交流信号进行试验时，试验的重现性高。当采用不同频率的激励信号时，这一方法还能提供丰富的有关电极反应的机理信息，如欧姆电阻、吸脱附、电化学反应、表面膜以及电极过程动力学参数等，因此，交流阻抗方法是最基本的电化学研究方法之一。

交流阻抗法主要是测量法拉第阻抗（Z_f）及其与被测定物质的电化学特性之间的关系，通常用电桥法来测定，也可简称为电桥法。该方法是把极化电极上的电化学过程等效于电容和阻抗所组成的等效电路。交流电压使电极上发生电化学反应产生交流电流，将同一交流电压加到一个由电容及电阻元件所组成的等效电路上，可以产生同样大小的交流电流。因此，电极上的电化学行为相当于一个阻抗所产生的影响。由于这个阻抗来源于电极上的化学反应，所以称之为法拉第阻抗（Fradic impedance），见图 2-30（a）中的 Z_f；图中 C_d 表示电极表面双电层的电容；R_Ω 为电解液的电阻；C_d 和 Z_f 的并联意味着电极上通过的总电流，一部分用于电极反应（法拉第电流 i_f），另一部分用于双电层电容充电（充电电流 i_c）。

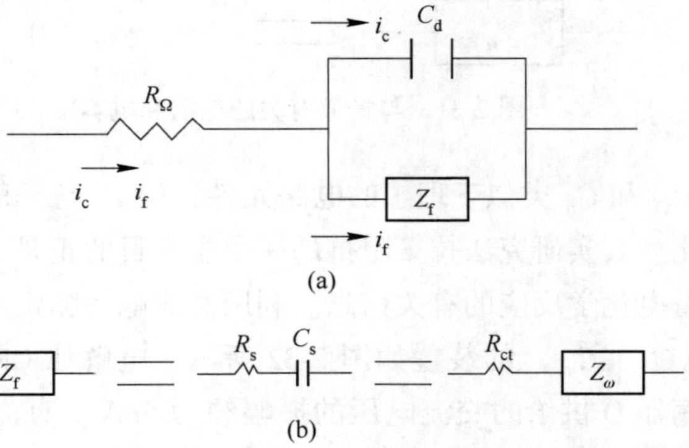

图 2-30 工作电极的等效电路以及 Z_f 的分解组成法拉第阻抗

（a）工作电极的等效电路；（b）Z_f 的分解组成法拉第阻抗

$$Z_{\omega} = R_{\omega} - \mathrm{j}\frac{1}{\omega C_{\omega}} \tag{2-16}$$

$$R_{\omega} = \frac{\sigma}{\sqrt{\omega}} \tag{2-17}$$

$$C_{\omega} = \frac{1}{\sigma\sqrt{\omega}} \tag{2-18}$$

$$Z_{\omega} = \frac{\sigma}{\sqrt{\omega}} - \mathrm{j}\frac{\sigma}{\sqrt{\omega}} \tag{2-19}$$

式中　ω——交流电角频率，$\omega = 2\pi f$（f 为频率）；

σ——Warburg 系数。

$$\sigma = \frac{RT}{\sqrt{2}(nF)^2 A}\left(\frac{1}{\sqrt{D_{\mathrm{O}}}c_{\mathrm{O}}^0} + \frac{1}{\sqrt{D_{\mathrm{R}}}c_{\mathrm{R}}^0}\right) \tag{2-20}$$

式中　n——发生氧化还原反应的电荷转移数；

A——电极面积；

c_{O}^0，c_{R}^0——氧化物和还原产物的起始浓度；

D_{O}，D_{R}——氧化物和还原产物的扩散系数。

Z_{f} 本身又可以用一个等效线路来代表（见图 2-30（b））。电极过程动力学参数都隐含在 Z_{f} 中。可将 Z_{f} 分解成具有一定物理意义的一些组分，求出 Z_{f} 与动力学参数的关系式。关于法拉第阻抗的分解，一般有两种方法，一种是把它分解成一个电阻 R_{s} 和一个电容 C_{s} 串联组成。这个电阻 R_{s} 称为极化电阻（polarization resistance），这个电容 C_{s} 称为假电容（pesudo capacitor）。之所以要假定 Z_{f} 是由 R_{s} 和 C_{s} 串联而成，是因为通常用交流电桥来测定阻抗，交流电桥的可调元件就是相互串联的可变电阻和电容。把 Z_{f} 分解成 R_{s} 和 C_{s}，只是为了数学处理的方便，它们其实分别代表复阻抗 Z_{f} 的实部和虚部。另一种是把它分解成电阻 R_{ct} 和阻抗 Z_{ω} 的串联组合（见图 2-31）。R_{ct} 和 Z_{ω} 具有实际的物理意义：R_{ct} 是电荷传递电阻；Z_{ω} 则被认为是与扩散有关的阻抗，称为 Warburg 阻抗。

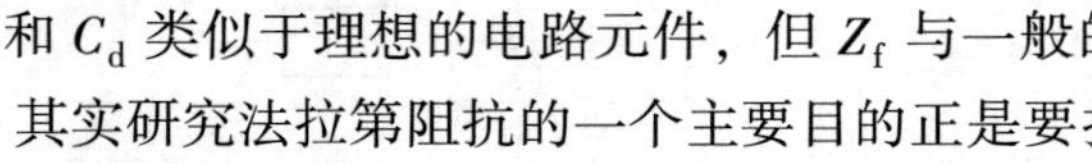

图 2-31　与扩散有关的电阻和电容

等效电路中的 R_{Ω} 和 C_{d} 类似于理想的电路元件，但 Z_{f} 与一般的电路元件不同，它的阻抗随频率发生变化。其实研究法拉第阻抗的一个主要目的正是要找出 R_{s} 和 C_{s} 对频率的依赖关系，从而获得电化学反应的有关信息。利用交流电桥测定与法拉第阻抗相当的极化电阻（R_{s}）和假电容（C_{s}）的装置如图 2-32 所示。电解池 CE 连接于电桥线路，作为电桥的第四臂。振荡器 O 供给的交流电压的振幅约为 5mV。直流电压 P 加于电解池的两个电极上，调节 C_{m} 与 R_{m} 使电桥达到平衡，用示波器指示平衡点。从电桥试验中求出 C_{m} 和 R_{m}，再用其他方法求出 C_{d}，然后用作图法求出 R_{s} 和 C_{s}，见图 2-33。

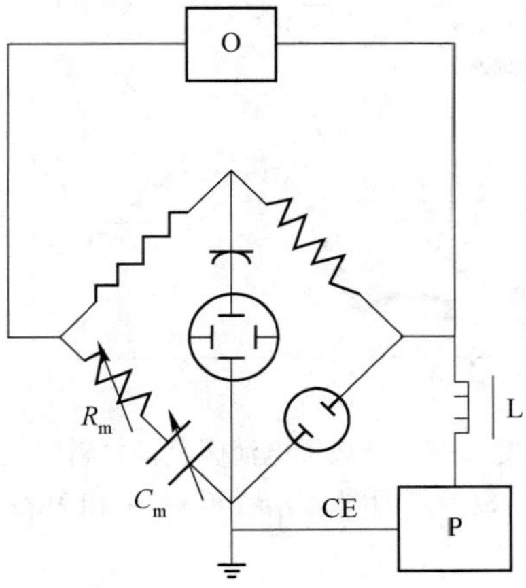

图 2-32 交流电桥法

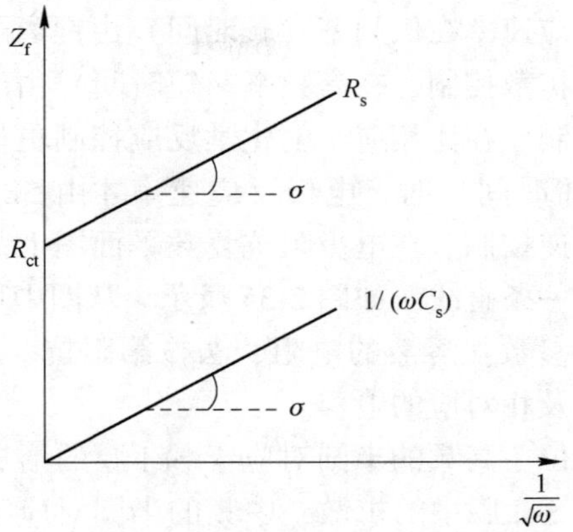

图 2-33 法拉第阻抗与频率的关系

$$R_s = R_{ct} + R_\omega = R_{ct} + \frac{\sigma}{\sqrt{\omega}} \tag{2-21}$$

$$C_s = C_\omega = \frac{1}{\sigma\sqrt{\omega}}(\text{扩散部分}) \tag{2-22}$$

这样，按照前面的复阻抗表示方法，法拉第阻抗可表示为：

$$Z_f = R_{ct} + R_\omega - j\frac{1}{\omega C_s} = R_{ct} + \frac{\sigma}{\sqrt{\omega}} - j\frac{\sigma}{\sqrt{\omega}} \tag{2-23}$$

锂离子在常用负极碳材料（在正极材料中也存在这一现象）的嵌入过程中，会因为电解液的分解在电极表面形成钝化膜，电位 0.5~0.7 V 电解液会在电极表面还原生成一层 SEI 钝化膜。钝化膜是电子绝缘体，它的形成阻碍了电解液的进一步分解，却提供了锂离子进入和脱出的通道，使电极能可逆地工作。电极表面发生物理化学整个过程的等效电路如图 2-34 所示。其中 R_Ω、R_f、C_f、R_{ct}、C_d 及 Z_ω 分别表示电解液及电极接触电阻、电极表面钝化膜的膜电阻、膜电容、嵌入反应电荷传递极化电阻、双电层电容及扩散阻抗。

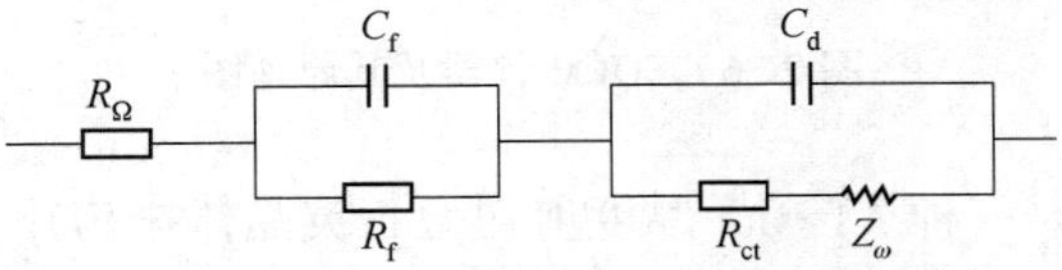

图 2-34 有钝化膜覆盖的碳电极界面的等效电路

这一等效电路所表示的物理意义为：

（1）固体扩散过程远远慢于液相及多孔膜中的离子扩散。溶剂化的锂离子在电解液中的扩散阻抗可以忽略。这在通常情况下是合理的，因为离子在固相中的扩散系数一般小于 10^{-8} cm²/s，而有机物液相中离子的扩散系数一般在 10^{-6} cm²/s 左右。

（2）整个电极表面钝化膜的阻抗行为被简化，不考虑由于膜的存在而引起的对电荷迁移及扩散过程的影响。一般认为碳电极表面膜的结构应该和金属锂电极表面膜差不多。

由于 Z_ω 是频率函数，而 R_{ct} 不是，因而电极的反应速率在低频率（长时间）由锂离子在电极中的扩散控制，在高频率（短时间）由电化学反应控制。在比相应于电化学反应控制更低的频率（更短时间）时，电极反应速率才由 SEI 钝化膜的传递控制。在电极阻抗复数平面图上是两个半圆和一条直线，如图 2-35 所示。从图中可以获得有关参数：溶液的电阻、法拉第阻抗、SEI 膜阻抗以及相对应的电容。

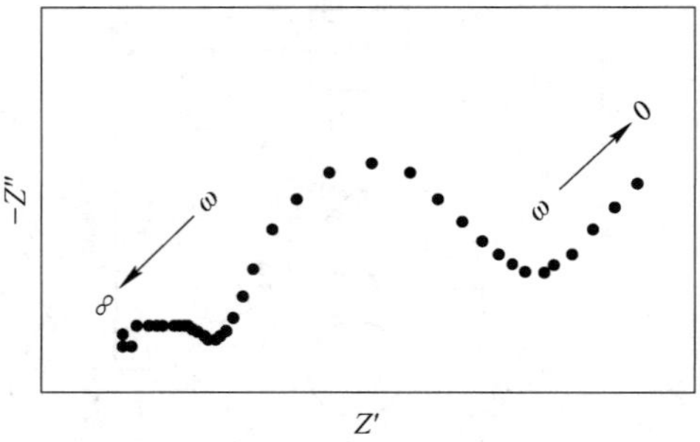

图 2-35 锂离子电池碳负极材料阻抗的复数平面图（$f=100$ kHz~10 MHz）

位于高频的半圆对应于 SEI 膜的形成或锂离子在 SEI 膜中的扩散，中频的半圆对应于电化学反应中的电荷转移过程，阻抗谱在高频区与实轴的交点对应于锂离子在电解液中的扩散，在低频区的斜线对应于锂离子在活性材料体相中的扩散。

2.2.2.4 电化学石英晶体微天平

石英晶体微天平作为纳克级的质量传感器，可通过测定石英晶体振动频率的变化来测定石英晶体表面微小的质量变化。近年来，电化学石英晶体微天平（electrochemical quartz crystal microbalance，EQCM）技术已广泛应用于电化学研究领域，可较深入地研究电极材料的表面反应。图 2-36 为 EQCM 仪器及其原理图。

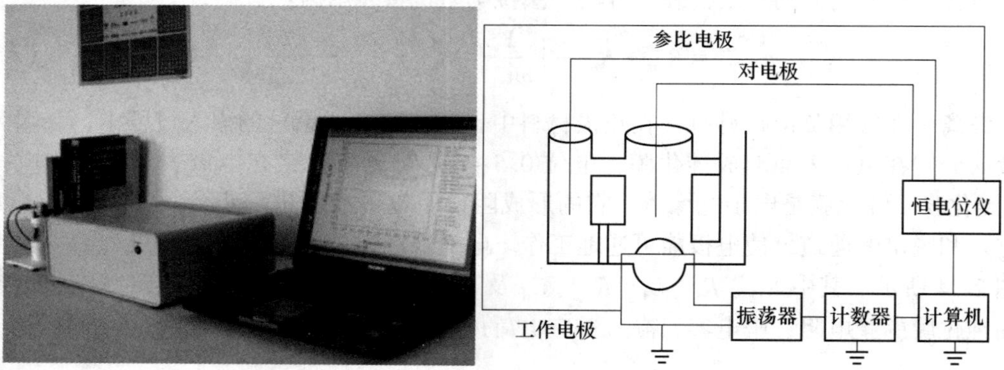

图 2-36 EQCM 仪器及其原理图

EQCM 的核心部件是一种 AT-Cut 厚度剪切型石英晶体振荡片，在电化学池中它的作用是一种特殊的工作电极。它的一个面浸在溶液中，而另一个面暴露于空气中并与测量线路相连，作为工作电极紧贴在溶液的膜表面，通常是导电的。石英晶体振荡片的振荡频率（f）与质量之间的关系如下：

$$f=d_qN/m \tag{2-24}$$

式中 f——频率；

d_q——石英密度（2.65 g/cm^3）；

m——石英片的单位振荡面积上的质量，g/cm^2；

N——频率常数（1.67×10^5 cm · Hz）。

设有单位面积质量为 Δm 的外来物质均匀附着于由石英晶体振荡片组成的电极上，电极表面所引起的频率变化为 Δf，由式（2-24）可得：

$$\Delta f = \frac{-f^2 \Delta m}{d_q N(1 + \Delta m / m)} \tag{2-25}$$

一般情况下 $\Delta m \ll m$，因此上式简化为：

$$\Delta f \approx \frac{-f^2 \Delta m}{d_q N} \tag{2-26}$$

该式表达了电极质量变化和所引起的频率变化之间的关系。在电化学体系中引起质量变化的通常是氧化还原反应，因此人们更感兴趣和关心的是有关电化学参数与 EQCM 频率变化（Δf）之间的关系。由法拉第定律及式（2-26）可得到电量与频率之间的关系：

$$\Delta f = 10^6 M_w C_i Q/(nF) \tag{2-27}$$

式中 Q——电量，C/cm^2；

M_w——沉积或离开电极表面物质的摩尔质量，通过测量 M_w 可以考察物质的粗糙程度、支持电解质及有关物质是否进入膜中以及掺入的量等；

C_i——$f^2/d_q N$；

F——法拉第常数；

n——电化学反应电子得失数。

式（2-27）表达了电量（Q）与 Δf 之间成正比关系。电量反映的是氧化还原过程的总量，它适用于电解法和库仑法。因为电量等于电流和时间的乘积或电流对时间的积分量，所以电化学伏安法线性扫描中为 i 与 v（扫描速率）的关系。在电化学石英晶体微天平方法中，需要获得 Δf 与 i 之间的关系，这样有利于探讨电极反应过程。对于电化学石英晶体微天平而言，常用的有线性扫描或循环扫描伏安法，i 与 Δf 的关系式如下所示：

$$i = \left(\frac{dQ}{dE}\right) v = \left(\frac{d(\Delta f)}{dE}\right) \times \frac{10^{-6} nFv}{M_w C_i} \tag{2-28}$$

式中 v——电位扫描的速率。

通常电化学研究用的 AT-Cut 石英晶体的原频率为 10.0 MHz 或 5.0 MHz。

在锂嵌入型电极充放电过程中，锂离子在电极材料中嵌入脱出会引起电极质量的微小变化（MPE），因而利用 EQCM 技术研究 Li^+ 的嵌入脱出过程有其独到之处。通过电化学石英晶体微天平也可研究锂离子电池中正负极材料在电解液中发生的变化。

图 2-37（a）为 $LiMn_2O_4$ 薄膜电极的循环伏安图，图 2-37（b）为在动电位扫描时记录的晶体振荡频率 f 随电位变化，其中电解液为 1 mol/L 的 $LiClO_4$+PC，扫描速率为 0.2 mV/s。对比图（a）和（b），可观察到对应于 Li^+ 的嵌入（E=2.75 V）和脱出（E=3.03 V）过程，石英晶体的振荡频率相应地减少与增加。根据式（2-28）可计算出 1 mol 电荷转移时所引起的质量变化 MPE 值。对于 Li^+ 嵌入电极，第一周期电位循环时，还原峰下的 MPE 值为 7.7 g（3~2.5 V），氧化峰下的 MPE 值为 7.8 g（2.75~3.25 V），此时 Li^+ 从电极中脱出。第二循环周期在相同电位区间内的 MPE 值基本不变，当循环电位扫到 3.8 V时，再继续向高电位扫描，在 4 V 左右出现一宽的氧化峰，频率下降很快，在 3.7~4.1 V 时的 MPE 值为 11 g。扫到 4.2 V 时再往回扫，到 4.0 V 时出现一个还原峰，峰电流较小，扫至 3.2 V 再正向扫描至 4.1 V，氧化电流比第一次略有减小，但频率变化明显比

第一次小得多，MPE 值为 4.7 g。

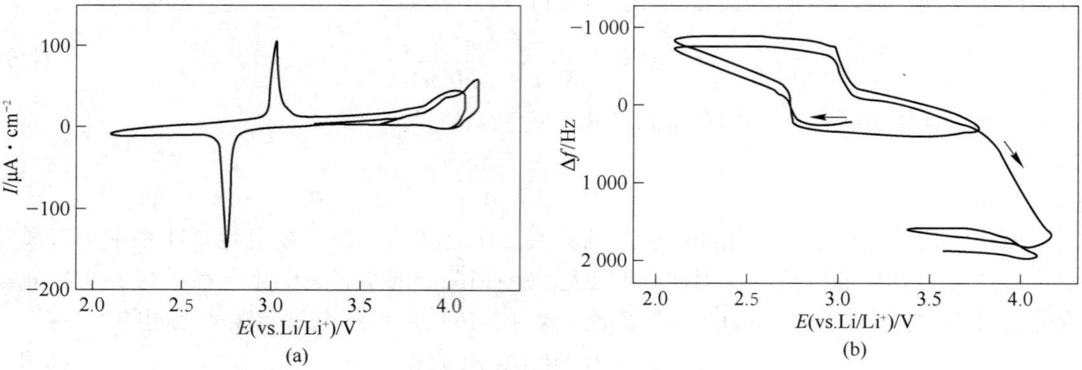

图 2-37 $LiMn_2O_4$ 薄膜电极的循环伏安图以及晶体振荡频率 f 随电位的变化

（a）循环伏安图；（b）晶体振荡频率 f 随电位的变化

$LiMn_2O_4$ 薄膜电极在 PC 溶液中会在其表面形成一层溶剂膜，该溶剂膜的存在对 Li^+ 的嵌入和脱出过程可能有较大的影响。在 2.5~3.5 V，由于电极表面覆盖一层溶剂膜，溶液中溶剂对 Li^+ 的嵌入和脱出影响不大，此时的 MPE 值和 Li^+ 的原子量相近。当氧化电位大于 3.5 V 时，MPE 值比 Li^+ 的原子量大得多，这时应为溶剂膜的分解和 Li^+ 的脱出共同作用的结果。经历 4 V 极化后，频率下降速度减小，这时如果在 3.2~4.1 V 的电位区间循环，氧化时 MPE 值下降，说明膜分解后未重新形成，因而再氧化时只有 Li^+ 的脱出。但此时的氧化电流中应包含较大的溶剂氧化电流，因而 MPE 值比 Li^+ 的原子量小。

2.3 电解质体系测试与研究方法

电解质作为电池的重要组成部分，在正、负极之间起着输送离子传导电流的作用，选择合适的电解质是保证电池具有高能量和高功率密度、低自放电率、长循环寿命和良好安全性能的关键。

电解质作为电池中的一个重要组成部分，从实用角度出发，必须满足以下几点基本要求。

（1）离子电导率电解质需具有良好的离子导电性，而且不能具有电子导电性。一般在室温下，电导率要达到 10^{-3}~10 S/cm 数量级（热电池除外）。

（2）迁移数一般来说，电解质中的阳离子不仅是电荷载体，也是电池反应的活性体。高的阳离子迁移数能减少电池在充、放电过程中电极反应的浓度极化，是电池具有高的能量密度和功率密度的必要条件。对锂离子电池来说，理想的锂离子迁移数应该接近于 1。

（3）稳定性包括热稳定性高、化学稳定性高和电化学稳定性高三方面。热稳定性高，是指在较宽的温度范围内不发生分解反应；化学稳定性高，是指不与电极材料、隔膜、集流体等发生化学反应；电化学稳定性高，是指在较宽的电位范围内不发生分解。

（4）使用温度范围对一般电池而言，要求其使用温度范围在−30~60 ℃，对动力电池而言，温度的上限要求更高。为得到一个合适的操作温度范围，溶液电解质必须具有足够低的熔点和足够高的沸点，并有好的热稳定性。

（5）机械强度对于固体电解质来说，虽然许多能装配成一个无支架膜，能获得可喜的电化学性能，但还需要足够高的机械强度来确保常规的大规模生产和电池组装。

（6）安全低毒，最好能够生物降解。

（7）价格低。

电解质作为电池的主要组成部分之一，其溶剂组成、电解质盐的浓度和用量对电池的性能都有很大影响。电解质盐浓度过高，其黏度增加，电导率下降，电池内部离子扩散速度减慢，内阻增加；电解质盐浓度过低，也使电导率下降，并且参与反应的离子数量不能满足电池快速反应的需求。两者都对电池大电流放电（即高功率放电）不利。因此，电解质盐浓度过高或过低均会导致电池内阻增大、放电容量减小和放电电压平台降低。另外，电解质用量过多会导致电池漏液，过少则引起电极和隔膜吸液不足，使电阻增大。较为合适的电解质用量可使电池内压降低，循环寿命提高，同时电池的放电容量和放电电压平台得以最大程度的发挥。

电解质一般包括液体电解质、凝胶电解质和全固态电解质。

2.3.1 液体电解质

液体电解质溶液一般由溶质（包括盐、碱和酸）、溶剂和特种添加剂所构成。按照溶剂划分，液体电解液主要可以分为水溶液体系和有机溶液体系。在镍氢电池中，采用以水为溶剂的电解质体系。然而，由于锂离子电池电压高达 3~4 V，负极的电位与金属锂接近，极其活泼，在水溶液体系中不稳定，所以在锂离子电池中必须采用非水、非质子极性有机溶剂作为锂离子的载体。由该类有机溶剂和锂盐组成的非水液体电解质（nonaqueous liquid electrolyte），也称为有机液体电解质（organic liquid electrolyte），是液体和凝胶聚合物锂离子电池中不可缺少的成分。由于人们对水溶液体系的物理化学性质的认识已很深入，故本节主要介绍有机溶液电解质体系的测试技术。

对锂离子电池而言，选择合适的有机液体电解质是获得高能量密度、长循环寿命和电池安全的关键问题之一。有机电解质在锂离子电池的正负极之间起着输送锂离子的作用，尽管有很多种有机溶剂和锂盐能够组成电解质，但真正能在锂离子电池中应用并满足要求的却为数不多。

2.3.1.1 有机溶剂的物理性能

有机溶剂常见的物理性能有：相对介电常数、黏度、离子溶剂化、极性、熔点和沸点等。有机溶剂的相对介电常数和黏度是决定电解质电导率高低的重要因素。溶剂的黏度也直接影响离子的可移动性。锂离子电池中使用的有机溶剂多以极性非质子溶剂为主，该溶剂不与锂反应，为保证锂盐的溶解和离子传导，溶剂必须有足够大的极性。极性可由介电常数或偶极矩来表示。溶剂的熔点、沸点的高低直接影响电池的使用温度。溶剂的熔点低、沸点高，其电解质的工作温度范围就宽。一般要求通过单一或混合溶剂的选择使电解质溶液能在−30~60 ℃保持液体。

作为最佳电解质的溶剂，它必须尽可能满足下述要求：

（1）熔点低、沸点高、蒸气压低，从而使工作温度范围宽；

（2）相对介电常数高，黏度低，从而使电导率高。

但是上述两个方面基本上相互冲突，实际上很难同时满足这两个要求，如沸点越高，黏度就越大，通常采用混合溶剂来弥补各组分的一些缺点。

2.3.1.2 电解质盐的基本性质要求

A 溶解度

只要测定了给定温度及磁场强度下溶液的电导率，利用式（2-29）可得到该电解质的溶解度（mol/L）。

$$\lambda_T = \kappa \times 1000/C \tag{2-29}$$

温度为 T 时溶液的电导率 κ 可用电导率仪直接测定，λ_T 为 T 时溶液的摩尔电导率。

B 解离度

解离度与阴离子的大小、可极化度、空间结构等有关。假定溶质离子间最靠近的距离为 a，离子解离度 α 可由下式计算出来：

$$\alpha = 1 - 4\pi n_i \int_a^{r_c} e^{\left(\frac{|z_i z_j| e^2}{4\pi\varepsilon_0\varepsilon_r kTr}\right)} r^2 \mathrm{d}r \tag{2-30}$$

式中 n_i——单位体积中离子 i 的数目；
r——离子 i 距离离子 j 中心的距离；
r_c——Bjerrum 长度；
e——单位电荷的电量；
z_i——离子 i 所带电量；
z_j——离子 j 所带电量；
ε_0——真空中的介电常数；
ε_r——溶液的相对介电常数；
k——玻耳兹曼常数；
T——溶液的绝对温度。

溶剂的相对介电常数明显影响溶质离子的解离与结合。提高相对介电常数可以增加解离度。

C 吸湿性及其吸湿分解

对水基电解质所采用的电解质盐不存在吸湿性和吸湿分解问题，而非水电解质体系对电解质盐的吸湿性和吸湿分解具有严格的要求。如对于锂离子电池，电解质中水的含量需要控制在很低的水平，在 1×10^{-5} 级，常用的锂盐，如 $LiBF_4$、$LiClO_4$、$LiAsF_6$ 等都具有很强的吸湿性，使用之前需要严格干燥除水，而目前锂离子电池中用量最广泛的锂盐 $LiPF_6$ 吸湿后发生分解反应，这也是目前锂离子电池对水分控制比较苛刻的主要原因。电解质盐的吸湿性通常可以采用吸湿等湿线的办法判断。

2.3.1.3 电解质的稳定性

（1）热稳定性。电池要求电解质具有高的热稳定性，即在较宽的温度范围内不发生分解反应。镍氢电池采用水作为溶剂，电解质盐具有较强的离子键，热稳定性较高。一般有机溶剂对具有离子键的电解质盐的溶解或离解能力不够，故非水电解质体系常采用具有弱的离子键的化合物作为电解质盐，这类电解质盐的热稳定性相对较差，如 $LiClO_4$ 和 $LiPF_6$ 的热分解温度分别在 430 ℃和 200 ℃左右。热稳定性更重要的含义是指电解质成分在相对较高的温度下与电池其他部件之间的稳定性，比如锂离子电池中采用 $LiPF_6$ 常温下是稳定的，但在 60 ℃以上时，$LiPF_6$ 将变成电解质分解、界面膜溶解的触发剂或催化剂，是造成锂离子电池高温或者滥用情况下热稳定性变差的重要因素，这限制了锂离子电池高温端的使用温度不超过 50 ℃。有关溶剂、电解质盐和电解质的热稳定性可以采用热重/差热分析（TGA/DTA）方法进行测试。

（2）化学稳定性。要求电解质组分不与电极材料、隔膜、集流体等电池其他部件发生化学反应。从热力学角度看，有些电池的电极，尤其是负极，与电解质之间有反应的倾向，所以实际的电池中电解质很难达到化学稳定性高这一要求，电解质与电池其他部件之间的化学不稳定性也是电池自放电现象的根源，并会造成电池循环性能衰减。如锂离子电池中的电解质会与负极界面发生反应，形成一层固体电解质膜（solid electrolyte interface, SEI），这层 SEI 的质量很大程度上决定了锂离子电池的电化学性能。

（3）电化学稳定性。要求电解质在电池工作电压范围内稳定，不在电极表面上发生副反应。采用水溶液电解质体系的电池中，在电极上的副反应主要是水的分解产生氢气和氧气，通过优化电解质组分和电极材料，可以极大地抑制副反应。镍氢等电池中，过充电产生的氢气和氧气可以在催化剂的作用下重新生成水，通过这种内循环反应消除了密封电池的安全隐患。锂离子电池在第 1 次充放电、过充和过放时，以及长期循环之后，电解质或多或少都会发生降解作用，并伴有气体产生，气体的组成可能较为复杂，还无法通过某种反应在电池内加以消除。所以，电解质的电化学稳定性关系到锂离子电池的安全和寿命。通过选择合适的电解质组成，能使电解质组分分解降至最低程度。

循环伏安法常是电解质的电化学稳定性能研究中常用的测试技术。提高电解质稳定性是电池的重要研究工作之一，所涉及的检测技术较多，比如对于副反应产生的气体，可以通过气相色谱等技术检测；对于在电极上的固相分解产物，可以通过 X 射线光电子能谱（XPS）、拉曼光谱等予以确定；而溶解于溶液中的分解产物可以借助红外光谱和质谱等测试手段进行分析。电解质引起的化学和电化学反应会在电极活性材料的损失和界面钝化上体现出来，对此，采用充电后搁置一定时间再放电或测试复数阻抗随时间的变化能够获得一些电解质分解的信息。

2.3.1.4　离子迁移数

化学电池的电解质不仅起导电的作用，还承担反应物或反应产物的输送功能。对锂离子电池来说，由于反应物和产物只有锂离子，这就要求锂离子具有较高的离子淌度，并且其迁移数尽可能高（接近于 1）。然而当锂盐溶解于有机溶剂时，溶剂分子所含的氧原子、氮原子几乎都会与锂离子发生配位作用形成溶剂络合物，从而使锂离子的迁移数大多小于 0.5，可以说，参与反应的阳离子的迁移数是由溶质和溶剂共同决定的，与络合剂的大小和配位数、溶剂化强度以及其他相互作用力有关。常用的测定方法有 3 种：希托夫法、界面移动法、电动势法。

希托夫（Hittorf）法是一种最传统、最常用的测定离子迁移数的方法，但是其因操作引起的误差较大。界面移动法测定离子迁移数具有仪器设备简单和操作方便易行等优点，而且可以获得较准确的结果。电动势法具有在较宽的温度及浓度范围的溶液中快速获得离子迁移数数据的特点，而且该方法采用的装置简单。在锂离子电池中锂离子的迁移数 t_{Li^+} 为：

$$t_{Li^+} = \frac{I_{ss}}{I_0}\frac{\Delta V - I_0 R_0}{\Delta V - I_{ss} R_f} \tag{2-31}$$

式中 R_0——锂界面的起始电阻；

R_f——稳定电阻，可通过交流阻抗并应用 5 mV 的电压测试得到；

I_{ss}——测得的稳定电流；

I_0——起始电流，可通过下式求得：

$$I_0 = \Delta V/(R_b + R_0) \tag{2-32}$$

式中 R_b——电解质电阻。

2.3.1.5 电导率

液体电解质的一个重要指标是电导率。对于水体系的电解液，由于水溶剂的动力黏度小、溶解能力强、溶质浓度高，水溶液电解质体系的电导率一般都很大，在大电流下，也不大会造成严重的浓差极化。相比而言，有机溶剂的黏度较大，对溶质的溶解能力差，有机电解质溶液的电导率比水溶液要低许多，因此，提高有机电解质的电导率是提高电极的反应速率、实现大电流充放电的必要条件。一般要求在宽的温度范围内，有机电解质溶液的电导率达到 $3\times10^{-3}\sim2\times10^{-2}$ S/cm。锂离子电池中电解质溶液电导率采用 25 ℃时的实测值，其极大值通常处于锂盐浓度为 1.1～1.2 mol/L。目前，市场上有各种专门的电导仪可以用来测量电解质溶液的电导率，这些仪器一般都是采用交流法的原理，并用标准溶液进行校正。

2.3.1.6 溶液黏度

电解质的黏度除和溶剂本身的特性有关外，还受电解质中锂盐浓度和阴离子大小的影响，电解质的黏度随锂盐浓度的增大而增大，阴离子半径增大，电解质黏度也有增大的趋势。测量黏度的方法通常有毛细管法、旋转法、落体法等。

在各种黏度测量方法中，毛细管法因其精度高、结构简单，一直受到重视，传统的毛细管黏度计仍然是目前计量部门标定标准黏度的唯一仪器。然而，这种黏度计由于其自重式结构，测量对象局限于牛顿流体；且对测量环境要求严格，并需要大型恒温辅助装置，应用多局限于工厂的检验室；其测量过程为手工操作，过程烦琐，对测得的数据还要做大量的运算处理。

采用旋转法的黏度计有同轴双筒旋转黏度计、单一圆筒旋转黏度计和旋转圆板黏度计等，它们都可测量不透明液体。同轴双圆筒旋转黏度计可用于较低黏度的测定，也可以用于 1000 Pa · s 以上的高黏度测定，试样用量在 0.02 m^3 左右，取样测定，精度可达 1%～2%；单一圆筒旋转黏度计适用于几十厘泊（1 cP = 10^{-3} Pa · s）以上的黏度测量，精度一般为 3%～4%，通常为手提式测量，便于测量储槽中的试料黏度；旋转圆板黏度计适用于 1～10^9 Pa · s 的高黏度测量，测量精度为 2%～3%，试样用量少。

采用落体法的黏度计有落体黏度计、滚动落球黏度计、圆柱落下黏度计和落体式连续黏度计等。落体黏度计适用于较高黏度的测定，取样测量，精度较高，对于不透明液体的场合，必须有检测球落下的特殊装置，为求黏度还要测定样品的密度；滚动落体黏度计一般用于几千厘泊（1 cP = 10^{-3} Pa · s）以下的黏度测定，可以测量不透明的液体，对于蒸发性液体的黏度测定很适合；圆柱落下黏度计也可作 10^{-2}～10^{10} Pa · s 的测定，精度为

1%~3%，也可用于不透明液体；落体式连续黏度计可以作 10^3 Pa·s 的黏度测定，精度为 2%~3%，可以连续测定在管中流动的流体黏度，并能进行遥控指示。

总之，在测量流体的黏度之前必须先了解流体的性质和黏度的大概范围以及应用场合，然后再选择适当的黏度计，这样才能获得流体的准确黏度。

2.3.1.7　使用温度与热稳定性

虽然水的冰点是 0 ℃，但镍氢电池的电解质溶液含有高浓度的强碱溶质，使溶液熔点大幅降低，电池仍能在较低温度下使用。锂离子电池高温、低温电解质目前仍是锂离子电池研究的热点之一。使用差示扫描量热法（DSC）可以确定电解质溶液的凝固点、沸点等一系列的相态变化，通过低温电导率试验、充放电测试等，研究电解质在不同温度下的性能。

2.3.1.8　水含量的分析测定方法

测定电解液中水含量常采用 KarlFischer（KF）滴定法。KF 滴定分析有 3 种形式：单组分试剂容量滴定、双组分试剂容量滴定、库仑滴定。容量滴定分析被优先用于含水量较大的测定，即 1~100 mg 的含水量，库仑滴定分析是一种微量分析，适合于测定 10 μg~10 mg 的水含量。

2.3.2　固体电解质

固体电解质为离子导体，一般要求具有较高的离子电导率、低的电子电导率、低的活化能。采用高离子电导率的固体电解质作为隔膜，可制备全固态电池，将大幅提高锂离子电池在电动汽车和大容量蓄能电池中的安全性。目前研究的固体电解质主要分为两类：无机固体电解质和有机固体电解质。有机固体电解质也称为聚合物电解质，大致可分为两类：不含或仅含少量增塑剂的固体聚合物电解质（SPE）和含有大量增塑剂的凝胶状聚合物电解质（GPE）。对 SPE 的研究工作虽然始于 20 世纪 70 年代，但目前其室温电导率仍较低，尚不能在-20~500 ℃条件下使用。而含有大量增塑剂的 GPE 的室温电导率一般可达到 10^{-3} S/cm，能满足聚合物锂离子蓄电池对电解质的电导要求，因此，近年来这一领域的研究相当活跃。

2.3.2.1　无机固体电解质

锂无机固体电解质的优点是热稳定性好、抗大电流充放电能力强、使用安全性高、成本低等。锂无机固体电解质现阶段应用较少，主要是由于其室温离子导电率较低、大规模制备电解质薄膜难度大。锂无机固体电解质有望在未来的薄膜电池上得到应用。借助下列仪器分析方法和电化学测试，可以对无机固体电解质薄膜进行结构表征以及物理和电化学性质的评估。

（1）X 射线衍射。大多数锂无机固体电解质呈无定形玻璃态。X 射线衍射谱（XRD）可以判断该类材料的结晶状况和相结构。

（2）扫描电镜。SEM 是观察薄膜形貌和测定薄膜厚度的一种有效而直观的工具。

（3）X 射线光电子能谱。XPS 可以识别样品的成分和结构，以及各元素在材料中的价态情况。

（4）红外光谱法。通过红外光谱可测定电解质薄膜结构的变化。

（5）台阶法。主要用来测量无机固体电解质薄膜的表面形貌和厚度。

（6）交流阻抗法。交流阻抗技术主要是用来测量无机固体电解质薄膜的离子电导率，也可以用来研究无机固体电解质电池的界面化学和电化学稳定性。具体方法是测试不同充放电状态下的阻抗谱，或者阻抗谱随放置时间的变化情况。

（7）其他电化学测试法。采用动电位扫描和循环伏安法可以确定电解质薄膜的电化学稳定窗口。采用恒电流充放电等技术用以评估电池相关的性能。

2.3.2.2 聚合物电解质

由于全固态聚合物电解质的电导率较低，因此现阶段广泛应用的聚合物电解质为凝胶聚合物电解质（gel polymer electrolyte，GPE）。它的优点是良好加工性能、高离子电导率、可连续生产、安全性高，不仅可充当隔膜，还能取代液体电解质，好的热塑性和成型技术，可制出多种形状。最常应用的凝胶聚合物电解质属于化学交联凝胶聚合物电解质。按基体来分，主要分为聚醚系（含聚膦腈）、聚丙烯腈系、聚甲基丙烯酸酯系、聚偏氟乙烯系和其他类型。

（1）凝胶化速度与凝胶温度。凝胶化时间的测定采用试管倾斜法：将试管中已熔融混匀的电解质，立即置于恒定温度的水浴中，计下放入水浴到样品凝胶的时间。凝胶熔融温度采用落球法测定：将一球径为 20 mm 的钢珠放在玻璃试管中的凝胶上，再将试管置于带有控温加热装置的油浴中，以约 0.55 K/min 的速率从室温升温，计下钢珠开始下落的温度。凝胶化速度与凝胶温度的关系：

$$1/t_{\mathrm{gel}} = A\mathrm{e}^{-\Delta E/(RT)} \tag{2-33}$$

式中 ΔE，T——活化能和凝胶温度；

A——常数。

（2）聚合物组分。使用 FTIR 可表征凝胶聚合物电解质薄膜的成分。

（3）聚合物基材组成的分析。采用高氯酸滴定法测定聚合产物的环氧值，用 KOH-乙醇溶液滴定法测定聚合物的酸值。

（4）聚合电解质的交联 GPE 交联程度的测定。采用乙酸乙酯为抽提剂，用索氏抽提器抽提已交联的样品 48 h，以抽提后聚合物的失重来确定样品的交联程度。

（5）孔结构分析。可通过 SEM、AFM 等对孔结构进行分析。

（6）电导率。可以通过电导率仪和交流阻抗法测定凝胶聚合物电解质的电导率。

GPE 的离子电导率（σ）-温度（T）函数关系一般符合 VTF 方程：

$$\sigma = A/[T^m \mathrm{e}^{-E_0/(T-T_0)}] \tag{2-34}$$

式中 A，E_0——常数；

A——指前因子，与离子的络合有关；

E_0——表观活化能，与 GPE 的组成有关；

$m \in \{-1/2, 0, 1/2, 1\}$。

T_0 与体系的玻璃化转变温度有关。聚合物的结构不同，与其匹配的增塑剂不同，相应 GPE 的 $\sigma(T)$ 行为也不同。

图 2-38 的 VTF 拟合直线反映了两类 $\sigma(T)$ 曲线差别较大的 GPE 体系。其一为聚甲基丙烯酸甲酯（PMMA）/PC 体系，因聚合物和增塑剂的介电常数差别较大，影响了离子的聚集状态，且聚合物为刚性链段，该体系的 E_0 较大，σ 对温度敏感。其二为聚合物/增塑剂，两者的结构相似（均为醚类结构），且介电常数差别小的体系，聚合物链柔顺，体系

E_0 值较小，σ 对温度不太敏感。图中横坐标为 $1/(T-T_g)$，其中 T 为电导率测试时的温度（K），T_g 为体系的玻璃化转变温度。

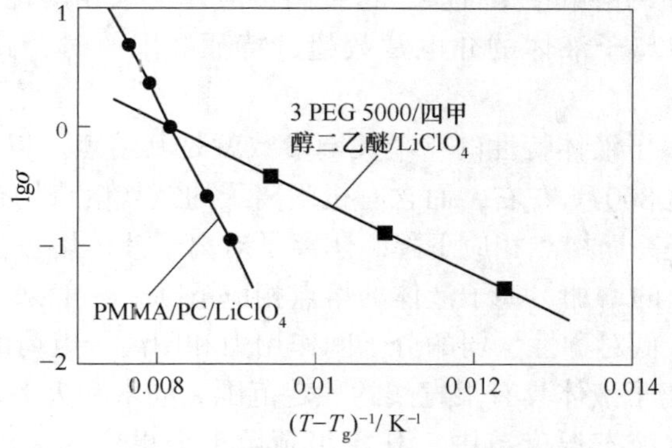

图 2-38 两种不同 GPE 体系的 VTF 方程的 $\sigma(T)$ 直线

2.3.3 离子液体

离子液体是指全部由离子组成的，在室温或相邻温度下呈现液态的物质，又称为室温离子液体（room temperature ionic liquid）或室温熔融盐（room temperature molten salt）。早在 20 世纪 80 年代初就开始研究离子液体用作电池电解质。此后，人们对这方面的研究兴趣越来越浓厚，离子液体作为锂离子电池体系电解质的研究也越来越多。与一般的有机电解质体系相比较，离子液体电解质具有宽温度范围、低蒸气压、无可燃性、无着火点、热稳定性高、电化学窗口宽、热容量大和易回收等优点，用于锂离子电池可以很好地解决电池在高能量密度下的安全性问题，使锂离子电池在电动车或其他大型动力系统中的应用成为可能。离子液体用作电解质的缺点主要是造价高、黏度大，且与电极活性物质的浸润性差。离子液体的黏度由氢键和范德华力共同决定，比一般的有机溶剂高 1~2 个数量级，其室温离子电导率一般在 10^{-3} S/cm。离子液体电解质在锂离子电池中的应用目前仍然处于研究阶段，在电池中的应用性能与有机电解质相比还有很大差距，还没有达到商品化的要求。

燃料电池在 100~200 ℃下若使用吸水性质子传导膜（如 Nafion 膜），则会因水的挥发而导致电导下降。如果能采用耐高温的离子液体作为燃料电池的电解质膜，将可以极大地改善燃料电池在 100~200 ℃的电化学性能。随着离子液体中阳离子和阴离子的变化，离子液体的物理和化学特性会在很大范围内相应改变。因此，可以根据需要精心设计合成出不同特性的离子液体。

（1）离子存在形式。离子液体是一多离子平衡体系。可用 Roman、NMR 及 SIMS（secondary ion mass spectrometry）检测体系中离子的存在形式。

（2）极性。可采用溶剂化探针定性地表明一些离子液体的极化能力。也可应用荧光探针测定离子液体的极性。在测定过程中，借助三甲胺乙内酯的吸收能量来表征几种离子液体极化性能的大小。吸收能量大，其极化性能强，改变阴离子的种类对极化能力影响不大。

（3）溶解性。离子液体的溶解性与其阳离子和阴离子的特性密切相关。改变阳离子的烷基可以调整离子液体的溶解性。阴离子对离子液体溶解性的影响可由水在含不同[BMIM]$^+$的离子液体中的溶解性来证实，这种离子液体与水相溶性的差距可用于液-液提取的分离技术。大多数离子液体的介电常数超过特征极限值时，其与有机溶剂是完全混溶的。

（4）熔点。评价离子液体特性的一个关键参数就是其熔点。以 Cl^-为相同阴离子，碱金属氯化物的熔点高达 800 ℃左右，而含有机阳离子的氯盐熔点均在 150 ℃以下，且随阳离子不对称性程度的提高而熔点相应下降。阴离子对离子液体熔点也有影响，在大多数情况下，随着阴离子尺寸的增加，离子液体的熔点相应下降。一般来说，低熔点离子液体的阳离子具备下述特征：低对称性、弱的分子间作用力和阳离子电荷的均匀分布。

（5）热稳定性。离子液体具有很宽阔的稳定范围。同水和大多数有机溶剂相比，离子液体具有更宽阔的稳定液态温度范围，其应用领域也会更广阔。可使用差示扫描量热法（DSC）研究其热稳定性。

（6）酸碱性。离子液体的酸碱性实际上由阴离子的本质决定。借助 Hammet 指示剂也可研究离子液体酸强度。

（7）黏度。离子液体的黏度由氢键和范德华力共同决定，比一般的有机溶剂高 1~2 个数量级。测试方法见 2.3.1.6 节。

（8）导电性。离子液体的导电性是其电化学应用的基础。室温离子电导率一般在 10^{-3}S/cm。电导率测试方法见 2.3.1.5 节。

2.4 隔 膜

隔膜是电池的重要组成部分。隔膜的作用是将电池正、负极隔开，防止两极直接短路。隔膜性能的优劣决定电池的界面结构、电池的内阻，进而影响电池的容量、循环性能、充放电电流密度等关键特性。隔膜本身是电子绝缘体，只允许电解质通过。此外，隔膜材料还必须具备良好的化学、电化学稳定性和机械性能，以及在反复充放电过程中对电解质保持高度浸润性。隔膜材料与电极之间的界面相容性、隔膜对电解质的保持性均对锂离子电池的充放电性能、循环性能等有较大影响。可见，性能优异的隔膜对提高电池的综合性能具有重要的作用。按一般原则，电池中的隔膜应具有良好的隔极阻止性、离子穿透性、亲液性、耐液性、耐氧化性、抗充放性等。除此之外，还应根据各个体系的特点，对所用隔膜提出适宜的要求。

锂离子电池一般采用聚烯烃系树脂。常用的隔膜有聚丙烯（PP）和聚乙烯（PE）微孔膜，以及 PP 和 PE 复合膜等。至今，商品化锂离子电池的隔膜材料主要仍采用聚乙烯、聚丙烯微孔膜。

（1）厚度。现在要求隔膜的厚度一般为 25 μm，单层隔膜可能达到的厚度为 7~40 μm。要求比较厚的隔膜可以采用多层层叠的方法制造。可通过螺旋测微器确定隔膜的厚度。

（2）透气率。透气率是透气膜的一种重要的物化指标，它是由膜的孔径大小、孔径分布、孔隙率等决定的。采用压降仪可测定锂离子电池隔膜的透气率。

（3）电性能。隔膜的绝缘性能可以用绝缘耐压性来评价。

（4）孔结构和孔径分布。孔结构和孔径分布可由 SEM、TEM、隧道显微镜等表征。

（5）吸液率。隔膜作为电池的重要组成部分，其吸收电解质和保持电解质的能力对电池能产生很大的影响。将隔膜于无水环境下在电解质中浸泡，30 min 后取出，称量，测量其吸液性能，之后再将已吸足电解质的隔膜置于无水环境中保存，可测量其在长时间存放下的保液性。

隔膜对电解质的吸液率为：吸液率=(吸液量/隔膜质量)×100%。其中，吸液量即指该隔膜浸泡前后的质量之差。

（6）离子电导率。高性能的锂离子电池主要依赖于隔膜中所填充液体电解质的离子传导性。可采用交流阻抗法，由电化学工作站测定电导率。

（7）热及自动关闭性能。锂离子电池在过度充电时会产生热量，锂离子电池中隔膜的自关闭性质是锂离子电池限制温度升高及防止短路的有效方法。当温度接近聚合物熔点时，多孔的离子传导的聚合物膜变成了无孔的绝缘层，微孔闭合而产生自关闭现象。关闭特性的测试方法有三种：第一种是在电解质中缓慢加热，再测定透气率变化，这是一种静态的方法（热电池法）；第二种是一种实时动态测试方法，在实际电池中，通过外部短路，或在相同正负极的两端施加外电压形成电流，测试电流与电池温度的变化；第三种是测试隔膜的熔融指数，可采用热机械特性分析仪进行测试。

2.5 质子交换膜

按照电解质种类，燃料电池分5种：碱性 FC、PEMFC、MCPC、PAFC 和 SOFC。质子交换膜燃料电池（proton exchange membrane fuel cells，PEMFCs）中的质子交换膜应该满足以下条件：良好的质子电导率、水分子在膜中的电渗透作用小、气体在膜中的渗透性尽可能小、电化学稳定性好、干湿转换性能好、具有一定的机械强度、可加工性好、价格适当。现阶段质子交换膜主要有全氟磺酸型质子交换膜、Nafion 重铸膜、非氟聚合物质子交换膜、新型复合质子交换膜等几类。针对质子交换膜的特点，常常测试其电性能、吸水率、质子传导率、热性能、机械性能等。

2.5.1 膜的制备与表征

常用红外谱图、核磁共振谱图等手段表征制备出的质子交换膜。

图 2-39 给出了侧链型磺化聚芳醚酮 SQNPAEK，四甲基联苯二酚型环氧树脂 TMBP 交联剂，SQNPAEK/TMBP-15 交联膜与 SQNPAEK+TMBP（15%，质量分数）混合膜的红外谱图。1 238 cm^{-1}与 1 033 cm^{-1}分别归属于磺酸基团的不对称伸缩振动与对称伸缩振动。与混合膜 SQNPAEK+TMBP（15%，质量分数）相比，908 cm^{-1}处环氧的特征吸收峰消失，这证明了环氧基团与羟基已经完全反应，而且交联之后的膜不溶于任何的有机溶剂，这更进一步说明交联膜已经成功制备。

2.5.2 膜的性能测试

常用 DSC、TGA 等测试膜的热性能；用万能试验机测试膜的机械性能；用酸碱滴定法

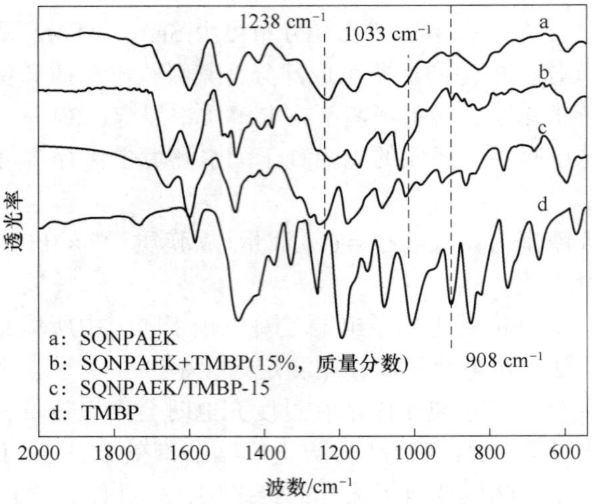

图 2-39 单体、混合膜与交联膜的红外谱图

测试膜的离子交换容量；用交流阻抗谱测定膜的质子交换率；用 SEM、TEM 等显微方法测定膜的表面形貌；用吸水率仪测定膜的吸水率、溶胀率以及尺寸稳定性。

图 2-40 是磺化度可控的侧链型磺化聚芳醚酮（SQNPAEK-x，x 为分子结构中所含有磺酸基的个数）的透射电镜图。膜使用银离子进行染色，黑色的区域代表吸水区域（磺酸根聚集区），明亮的区域代表疏水区域（聚合物主链）。由于此聚合物具有和 Nafion 类似的结构，这些侧链上磺酸基会自行聚集成为离子簇（clusters）。由图中可以看出，离子簇的大小随着磺酸基浓度的增加而变大，离子簇的大小在 5 ~ 20 nm。由图中可以看出 SQNPAEK-1 中离子簇并没有很好地连接在一起，膜内黑色的“clusters”大小均一，分布均匀。随着磺化度的增加，例如 SQNPAEK-2 与 SQNPAEK-2. 5 的离子簇之间的连接性得到了很大程度的改善，膜内大片的黑色区域连通在一起。此膜内剩余的羟基扮演桥梁的角色，这也有利于离子簇之间的连通性的提高，保证膜的传导率在较高水平。

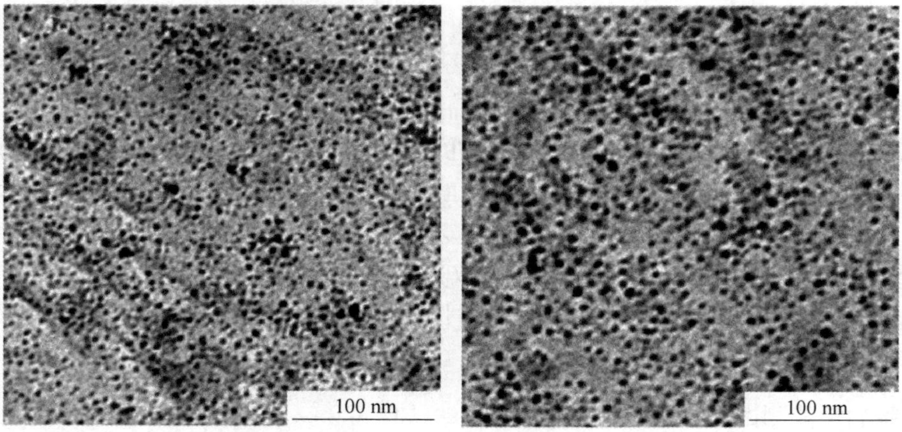

(a) (b)

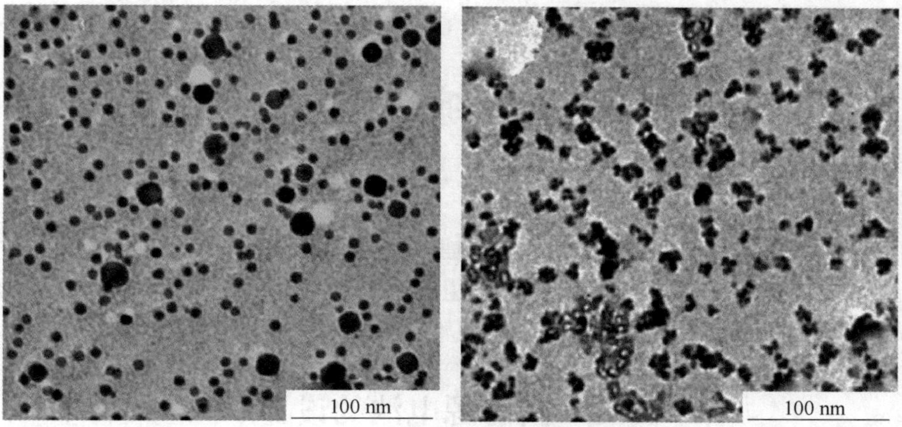

(c)　　(d)

图 2-40　四种质子交换膜的 TEM 图像

（a）SQNPAEK-1；（b）SQNPAEK-1. 5；（c）SQNPAEK-2；（d）SQNPAEK-2. 5

习题和思考题

2-1　材料结构与性能分析测试技术主要有哪些，电池电性能测试技术主要有哪些？

2-2　XRD 主要用来分析活性材料的哪些性质？

2-3　在新能源电池中，XPS 可以用来分析电极材料中的哪些性质？

2-4　核磁共振技术可以用来分析电池电极材料的哪些性质？

2-5　电镜法可以确定活性材料的哪些特征？

2-6　什么是半电池，半电池的充放电方式是什么，充放电测试可以探测活性物质的哪些电性能？

2-7　循环伏安法可以探测活性物质的哪些电性能？

2-8　交流阻抗法可以探测活性物质的哪些电性能？

2-9　液体电解质要求测试哪些性能以及测试方法？

2-10　隔膜要求测试哪些性能以及测试方法？

2-11　张同学毕业设计题目为“磷酸铁锂正极材料的氮碳包覆改性研究”，请你帮他分析一下应该做哪些测试来支撑研究内容？

3 新能源电池综合性能测试与评估

新能源电池的设计、组装、测试与评估是一个前后关联的过程。要对新能源电池的性能进行正确的测量和评估，其前期的设计和组装起着非常关键的作用；同时，对新能源电池中电极/溶液界面现象的研究可为新能源电池的改性提供直接的理论依据和指导。

3.1 新能源电池的设计

新能源电池的设计是根据用电设备的具体情况和要求，为其提供具有最佳使用性能的电池或动力。新能源电池设计主要解决的问题包括：①在允许的尺寸、质量范围内进行结构和工艺设计，使其满足用电设备的要求；②寻求可行和简单方便的工艺；③降低成本；④在条件许可的情况下，提高产品的技术性能；⑤克服和解决环境污染问题。因此，新能源电池的设计必须在满足用电器基本使用要求的前提下，通过调整电极结构、活性物质的用量及其组成、正负极配比、电解液、隔膜、外壳及零部件等参数，对其性能进行优化，从而制备出具有一定规格和指标的、对用电器具有最优使用性能的电池。

新能源电池设计包括性能设计和结构设计两部分，所谓性能设计是对给定的技术指标进行综合分析，找出关键问题。技术指标一般有工作电压、电压的精度、工作电流、工作时间、机械载荷、寿命和环境温度等。根据要解决的关键问题，确定合适的工作电流密度，选择合适的工艺类型，以做出合理的电压及其他性能设计；根据需要的容量，确定合适的设计容量，以此确定活性物质的用量；选择合适的隔膜材料、壳体等，以确定寿命设计。而结构设计是指电极外形尺寸的确定、极板厚度的计算、单体电池外壳的设计、电解液和隔膜的设计等，对于电池组，还要进行电池的组合以及电池组外壳、内衬材料的设计等。

具体地讲，对于一个特定的用电设备，要设计其配套电池，首先必须详尽地了解其对电池性能指标及使用条件的具体要求，主要包括：①电池的工作电压；②电池的工作电流，包括电池工作过程中的正常放电电流和峰值电流；③电池的工作时间，主要指电池在每次充电后的可连续放电时间；④电池的寿命，包括使用寿命（电池失效前在反复多次的充放电过程中累积可放电时间）、充放电寿命（电池失效前可反复充放电的总次数）和储存寿命（电池失效前在不工作的搁置状态下可储存的时间）；⑤电池的工作环境及相应要求，主要包括电池工作时所处的状态、环境温度范围及相应的对工作电压、工作电流、工作时间及寿命等的具体要求；⑥电池的允许形状及最大允许体积；⑦用户所能够承受的价格范围等。据此可大致确定所需电池的种类，比如到底是使用锂离子电池、金属氢化物镍电池、燃料电池、电化学电容器等新能源电池中的一种还是某几种的适当组合。

在新能源电池的设计过程中，具体涉及对以下影响新能源电池特性的主要因素的选择。

3.1.1 电极活性物质

在新能源电池中，电极活性物质决定着电极的理论容量和电极电位，从而也决定着电池的理论容量、理论比能量、理论比功率和电动势。在对活性物质进行选择时，需考虑以下因素：①组成电池的电动势高，即正极活性物质的标准电极电位越正，负极活性物质的标准电极电位越负，组成电池电动势就越高；②活性物质具有充分的电化学活性，能自发进行可逆反应的能力越强越好；③质量比容量和体积比容量大；④在电解液中化学稳定性高；⑤具有高的电子导电性；⑥来源广泛，价格低；⑦对环境友好。满足上述全部要求是很困难的，实用中要制得具有最优性能的新能源电池，除了要求所用的活性物质具有较高的理论容量和较正（正极）或较负（负极）的平衡电位外，其制备工艺、晶型、微观结构、粒度、表面状态等都对相应新能源电池的性能有重要的影响，必须慎重选择。比如，近年来使用发泡镍电极骨架，与烧结镍工艺相比，既节约了金属镍的用量，也提高了电池容量和充电速度；研究表明，作为金属氢化物镍电池（镍氢电池）正极材料，α-$Ni(OH)_2$ 虽然比 β-$Ni(OH)_2$ 具有较高的初始放电容量，但由于与充电产物之间的密度差异较大，从而容易引起电极膨胀，导致电极容量衰退速度较快、寿命较短；储氢合金的制备方法及具体的工艺条、微观结构、颗粒度等都强烈地影响着其充放电性能及相应镍氢电池的性能；在锂离子电池中，层状结构的 $LiMnO_2$ 虽然初始放电容量可以达到 190 mA · h/g，但由于充放电循环过程中易转变为尖晶石结构的 $LiMn_2O_4$，且容量衰退较快，因而整体性能不如尖晶石结构的 $LiMn_2O_4$。除了制备工艺和材料结构因素之外，所选活性物质还必须具有良好的化学和电化学稳定性，在开路状态下与电池内各组分间不发生任何反应。

通常，为了改善活性物质之间的电接触性能、提高活性物质的利用率并延长电池的使用寿命，在电极的制备过程中需要在活性物质中加入一定的添加剂、导电剂及黏结剂等，这些材料的合理选择及其用量的确定都会对所制备电池的性能产生一定的影响，因而在新能源电池的设计过程中应一并考虑。

3.1.2 电解液

电解液是新能源电池的主要组成之一，其作用体现在 3 个方面：①在与活性物质接触面（通常是固液界面）附近形成双电层，在接触面上建立电极电位；②保证正负极之间的离子导电作用；③参与电极反应，有的电解质在反应过程中逐渐被损耗，如铅酸电池中的 H_2SO_4，有的电解质参与反应的中间过程，但总量不消耗，镍氢电池中的电解液 KOH 即属于这种情况。电解液的组成、浓度及相关性质（如电导率、冰点、沸点、熔点等）直接影响或决定着新能源电池的使用性能。例如，电解液的电导率直接影响电池的内阻，电导率越大，内阻越小，新能源电池的性能越好；电解液的冰点、沸点、熔点等性能决定着电池的工作温度范围，通过对其优化可以极大扩展电池的工作温度范围，改善其高低温性能；对于非水电解质的有机溶剂，要求其介电常数越大越好，而黏度则越小越好。另外，对于需要长期保存于电池中的电解液，必须考虑其应具有良好的稳定性，当新能源电池处于开路状态时，电解质溶液不得发生任何反应；同时也必须考虑电解液应具有足够的分解电压，在新能源电池的工作窗口范围内不得发生分解反应。比如，对于工作电压较高或电极活性物质较活泼的锂电池或锂离子电池系统，通常选用分解电压大于 4.5 V 的溶液体系，常见的有以 $LiClO_4$、$LiAsF_6$ 或 $LiPF_6$ 作电解质，EC+DMC/DEC 或 PC+DMC/DEC 作溶剂的电解液体系。此外，电解液的浓度、组成及有效添加剂也直接影响到新能源电池的性能，在新能源电池的设计过程中也必须综合考虑。比如，国际上对镍氢电池电解液 KOH（其中有少量的 LiOH 作为添加剂）的大量研究表明，在其中加入少量的 NaOH 有利于改善电池的大电流充放电性能和高温性能、降低电池充电过程中的内压、延长电池的使用寿命，并因此提出三组分电解液是适用于镍氢电池的最好电解液；较低浓度的 KOH 电解液体由于可以在一定程度上抑制 β-NiOOH 转变为 γ-NiOOH，因而对改善电池的综合性能更有利，KOH 中少量 NaOH 的加入虽然可以在一定程度上提高放电容量，但同时也使放电电位有所降低；KOH 中添加适量 Li_2CO_3 和 Na_3PO_4 可以提高镍电极的放电容量和电极反应的可逆性。同样，大量研究表明，锂离子电池中有机电解液添加剂对电池的电性能和安全性能都有重要作用。就石墨基负极来说，早期采用丙烯碳酸酯（PC）溶剂会造成溶剂与锂离子的共插入，添加 SO_2 和 CO_2 气体能形成更为致密的界面固体电解质膜，从而减轻了溶剂的共插入，但气态的添加剂会对电池造成安全隐患。随后的研究发现，以乙烯碳酸酯（EC）代替丙烯碳酸酯能从根本上防止溶剂的共插入，从而确立了锂离子电池的实用价值。但乙烯碳酸酯的缺陷是熔点较高，不利于电池的低温性能。研究表明，在丙烯碳酸酯电解液中加入少量（5%）乙烯亚硫酸酯能有效阻止溶剂的共插入。锂离子电池电解液添加剂的有效作用是要以尽量少的电解质分解来形成最为致密可靠的固体电解质表面膜，可以说，在实际使用的锂离子电池中，电解质添加剂是不可缺少的。

选择电解液不仅考虑电导率、电解液与活性物质间的稳定性、高低温特性等，更关键的一点是不能具备电子导电性，否则会产生漏电现象。

3.1.3 隔膜

隔膜在新能源电池中占有十分重要的地位，其特点是允许离子通过，阻碍电子通过。隔膜对于新能源电池的内阻、充放电特性、储存性能、循环性能、内压和耐过充性能等都有着重要的影响，对于锂电池来说，合适的隔膜是电池安全操作的重要保证。合理选择使用隔膜的种类和厚度对新能源电池尤为重要。通常，新能源电池对隔膜的基本要求有：①足够的化学稳定性和电化学稳定性；②有一定的吸液保湿能力和耐腐蚀性，至少与电解液润湿性良好；③良好的离子传导能力并阻止正负极活性物质相互向对方的迁移；④有较好的透气性能、足够的力学性能和防震能力；⑤材料来源丰富，价格低，使用方便。例如，铅酸蓄电池中常用的有微孔橡胶隔板及软质微孔聚氯乙烯（软质 PVC）、聚乙烯（PE）等，碱性电池中常用的有聚丙烯隔膜、聚酰胺隔膜等。有时，由于电极反应的特殊性，常常需要同时使用多层隔膜或多种隔膜以改善电池的性能。

3.1.4 电极制备工艺

电极制备方法及具体的工艺条件是新能源电池制造技术中的关键和核心步骤，其区别不仅关系到新能源电池的制造成本，也在很大程度上影响着新能源电池的性能。常见的电极制造方法有粉末压成法、涂膏法、烧结法和电沉积法等。这些方法各有特点，例如，压成法设备简单、操作方便、较为经济，一次电池系列均可采用；涂膏法虽然较为烦琐，但应用非常普遍，许多二次电池包括金属氢化物镍电池、锂离子电池等的工业化生产均采用涂膏法制备电极；烧结式电极使用寿命长、大电流充放电性能好，多用于二次电池，尤其是镉镍电池的生产；电沉积式电极孔率高、比表面积大、活性高，尤其适用于大功率、快速激活电池的生产。具体到某一种制备方法，制备工艺条件及所采用的集电体等对所制得电极或电池的性能也可能有较大的影响。比如，对于涂膏法而言，文献的研究结果表明，烘干温度、成型压力、压制方式、压制温度和压制厚度等都对镍电极、储氢合金电极乃至相应镍氢电池的性能有重要的影响，文献表明虽然纤维镍基底因结构致密不如泡沫镍基底容易填充活性物质，但其更好的导电性能使得相应电极具有较低的充电电压、较高的放电电压、较高的活性物质比容量和更好的大电流充放电性能。因此，在新能源电池的设计过程中，应充分考虑上述诸因素的影响，进而选择合适的制备方法及具体的工艺条件。

3.1.5 新能源电池的结构与装配

正、负极活性物质的配比、电池组装的松紧程度、电池上部气室的大小等都对电池的内阻、内压及活性物质的利用率有一定程度的影响，合理的结构和装配工艺有利于新能源电池性能的充分发挥。

3.1.6 新能源电池设计的基本步骤

新能源电池设计传统的计算方法是在过去积累的经验或试验基础上，根据要求条件进行选择和计算，并经过进一步的试验，确定合理的参数。现在随着计算机技术的普及，新能源电池设计可以通过计算机编程完成，并通过计算机模拟优化参数，避免不必要的试验过程，缩短设计周期，降低设计成本。

3.1.6.1 新能源电池额定电压及电池系列的确定

根据用电器对其电池工作电压的要求设计新能源电池的额定电压，并据此设计新能源电池的电池系列。

3.1.6.2 新能源电池中的单体电池数的确定

实际用电器的工作电压往往并不等于某特定系列电池的单电池工作电压，而是需要由一定数量的单电池串联后达到所需的工作电压。因此，在新能源电池的设计过程中需要根据选定电池系列的单电池电压特性确定所需单电池的数目。

$$\text{单体电池数} = \frac{\text{电池的工作电压}}{\text{选定电池系列的单电池工作电压}} \tag{3-1}$$

3.1.6.3 新能源电池工作电流密度的确定

对于特定系列的新能源电池或电池组，其工作特性可用极化曲线或伏安曲线（即工作电压对工作电流密度的关系曲线）来表示，其中的工作电压和工作电流密度之间存在一一对应关系。因此，在选定设计新能源电池的电池系列及工作电压的情况下，即可根据该系列电池的工作特性确定设计新能源电池的工作电流密度。

3.1.6.4 新能源电池容量的计算

首先要根据用电器对其电池工作电流和连续工作时间的要求计算出要使用电器正常工作所需要的容量数据，即额定容量。

$$\text{额定容量} = \text{工作电流} \times \text{工作时间} \tag{3-2}$$

在新能源电池的实际工作过程中，由于其内阻、外电路电阻等因素的影响，新能源电池的实际放电容量与设计容量之间往往有一定的差别；同时，为了保证新能源电池工作的可靠性及延长其使用寿命，也往往要求新能源电池的设计容量在一定范围内超出其额定容量。因此，在新能源电池的设计过程中常有意使其设计容量超出用电器所要求额定容量一定的数值，并将两者之间的比值称为设计系数，一般取值为1.1~1.2。

$$\text{设计容量} = \text{额定容量} \times \text{设计系数} \tag{3-3}$$

3.1.6.5 新能源电池中单电池所需活性物质用量的计算

新能源电池中，正极和负极的设计容量往往并不相等，而是其中一个电极的设计容量与整个新能源电池的设计容量相等，称为容量控制电极，而另一个电极的设计容量超出整个新能源电池的设计容量一定的数值，称为非容量控制电极或容量过剩电极。比如，常见的锂离子电池和金属氢化物镍电池都是正极控制电池容量，而负极容量过剩。在新能源电池的研究中，常将非容量控制电极与容量控制电极的设计容量之比称为容量配比或过剩系数，其取值一般在1~2，比如金属氢化物镍电池常取1.1~1.7。对于各电极所需要活性物质的用量，可结合其理论比容量、活性物质利用率和设计容量分别求得：

$$\begin{aligned}\text{容量控制电极活性物质的用量} &= \frac{\text{新能源电池的设计容量}}{\text{活性物质的理论比容量} \times \text{活性物质的利用率}} \\ &= \frac{\text{新能源电池的设计容量} \times \text{活性物质的摩尔质量}}{nF \times \text{活性物质的利用率}}\end{aligned} \tag{3-4}$$

$$\begin{aligned}\text{非容量控制电极活性物质的用量} &= \frac{\text{新能源电池的设计容量} \times \text{过剩系数}}{\text{活性物质的理论比容量} \times \text{活性物质的利用率}} \\ &= \frac{\text{新能源电池的设计容量} \times \text{过剩系数} \times \text{活性物质的摩尔质量}}{nF \times \text{活性物质的利用率}}\end{aligned} \tag{3-5}$$

式中 n——活性物质电化学反应涉及的电子数；

F——法拉第常数（26.8 A·h）。

3.1.6.6 电极极片设计

在新能源电池的设计工作中，电极极片的设计包括确定电极总面积、电极片数目、单片电极物质用量及单片电极的厚度等几方面的工作。

（1）根据用电器对其电池工作电流的要求和选定的工作电流密度，计算设计新能源电池的电极总面积（以容量控制电极为准）。

$$\text{电极总面积} = \frac{\text{新能源电池的工作电流}}{\text{选定的电流密度}} \tag{3-6}$$

（2）由于受空间因素等的制约，实用新能源电池中单电池的电极往往由多片面积相对较小的电极并联组成。因此，在新能源电池的设计过程中，应根据电池的最大允许尺寸选择合适的单片电极面积，然后再计算出单电池所需要的各电极数目。

$$\text{电极数目} = \frac{\text{电极总面积}}{\text{单片电极的面积}} \tag{3-7}$$

（3）根据单电池正（负）极的活性物质用量和相应的电极数目计算单片电极上活性物质的涂覆量。

$$\text{单片正(负)极的活性物质用量} = \frac{\text{单电池正(负)极的活性物质用量}}{\text{单电池正(负)极片的数目}} \tag{3-8}$$

（4）根据活性物质的密度、电极孔隙率等因素确定单片电极的厚度。

$$\text{单片正(负)极的厚度} = \frac{\text{单片正(负)极的活性物质用量}}{\text{活性物质的密度} \times \text{单片电极面积} \times (1 - \text{孔率})} + \text{集流体厚度} \tag{3-9}$$

对于片状的集流体，其厚度即其表观厚度；对于网状的集流体，在压制电极后的最小厚度为：

$$\text{集流体厚度} = \frac{\text{集流体的质量}}{\text{集流体物质的密度} \times \text{集流体的面积(单片电极的面积)}} \tag{3-10}$$

值得一提的是，在新能源电池中，电极片的厚度直接影响到其中活性物质的利用率及电池的大电流充放电性能，薄的电极片有利于活性物质利用率的提高和电池大电流充放电性能的改善。例如，在 AA 型镍氢电池的设计过程中，正、负极片的厚度分别控制在 0.60 mm±0.02 mm 和 0.40 mm±0.02 mm 可以达到很好的效果。因此，在空间允许的情况下，可以通过适当增加电极片数量达到薄化电极片，进而达到改善电池性能的目的。

3.1.6.7 隔膜的确定

根据具体的电池系列及设计要求选定合适的隔膜材料，并根据具体需要及经验数据选择隔膜的合适厚度、确定所需的隔膜层数。

3.1.6.8 电解液的确定

根据选定电池系列的特性，并结合新能源电池设计的具体要求和使用条件，或根据经验数据，确定需用电解液的种类、浓度及用量。例如，通常的镍氢电池一般选用密度为 1.25~1.30 g/mL 的 KOH 溶液加 18~25 g/L 的 LiOH 为电解液，其用量在保证密封性能良好的情况下以 2~4 g/A·h 为宜。

3.1.6.9 装配松紧度的设计

装配松紧度的大小直接影响到电池的性能，太大不利于加工装配，且电极片、隔膜浸润较困难，因而可能导致放电电压和放电容量的降低，太小则不仅可能降低放电容量，还会使电极片过度膨胀，从而影响使用寿命。通常，松紧度依据选定系列的电池特性及设计电池的电极厚度来确定，其一般的经验数据为 80%~90%，具体计算方法如下：

（1）对于方形电池：

$$\text{松紧度} = \frac{\text{电极总厚度} + \text{隔膜总厚度}}{\text{电池厚度}} \times 100\% \tag{3-11}$$

（2）对于圆柱形电池：

$$\text{松紧度} = \frac{\text{电极总长度} \times \text{电极厚度} + \text{隔膜总长度} \times \text{隔膜总厚度}}{\text{电池横截面积}} \times 100\% \tag{3-12}$$

3.1.6.10 电池壳体尺寸的设计

为了保证电池正负极间的充分隔离，通常新能源电池中的隔膜要大于正负极片的面积，尤其在方形或圆柱形电池中一般要使隔膜高出电极片 2~4 cm。另外，为了确保电池能够承受在充电或过充过程中产生的压力，通常的新能源电池中电极上部都要留有足够的空气室，一般高度取在 10~15 mm。在此基础上，结合上述各个步骤中确定的参数最终确定电池壳体的尺寸。

3.2 新能源电池的电化学性能测试

新能源电池的电化学性能包括容量、电压特性、内阻、自放电、储存性能、高低温性能等，二次新能源电池还包括充放电特性、循环性能、内压等。对于不同种类的电池，其检测的手段和检测的指标是有区别的，如一次电池容量的检测是破坏性的，而二次电池对容量的检测是不具有破坏性的，只有测试寿命才具有破坏性。

3.2.1 充电性能测试

新能源电池充电性能测试的基本原理见图 3-1，将其正负极分别与外电池的正负极相连接，并通过一定的方式对其进行充电，使外电路中的电能转化为化学能储存在其中，同时记录充电过程中电池的充电电压或充电电流随时间的变化规律，图 3-2（a）和图 3-2（b）分别为镍氢电池和锂离子电池的充电过程示意图。在此过程中，需要重点研究的参数包括充电电压的高低及变化、充电终点电压、充电效率（即充电接受能力）等，而这些参数同时又受到充电制度及充电条件等的影响。

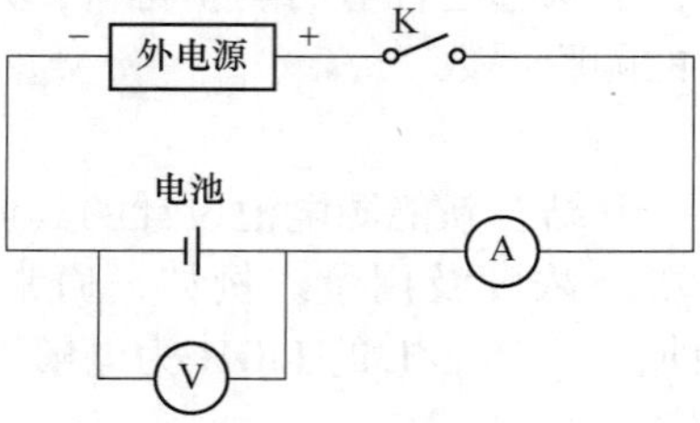

图 3-1 新能源电池充电原理图

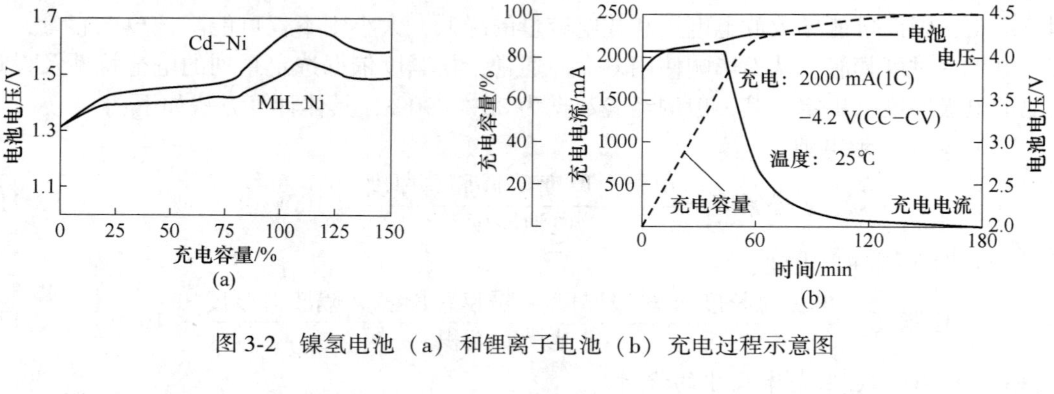

图 3-2 镍氢电池（a）和锂离子电池（b）充电过程示意图

充电效率又称充电接受能力，是指电池充电过程中用于活性物质转化的电能占充电所消耗的总电能的百分数，其数值越高表示电池的充电接受能力越强。一般而言，新能源电池的充电接受能力在充电初期是最高的，大约接近 100%。随着充电过程的不断进行及充电深度的增加，电极极化越来越大、副反应逐渐显现出来，新能源电池的充电接受能力逐渐降低，充电效率也随之下降；充电过程中电池电压的高低及其变化速度、充电终点电压是衡量新能源电池充电性能的另一重要参数。充电电压越低（即离平衡电压越近）、变化速度越慢，说明电池在充电过程中的极化越小、充电效率越高，从而可以推测该电池可能具有较长的使用寿命。反之，充电电压越高、变化速度越快，说明极化越大、充电效率越低，电池的性能越差。同时，充电终点电压的高低还可能直接反映电池性能的优劣或影响电池的性能。例如，对于镍氢电池而言，充电终点电压越高说明其内阻越大、充电过程中电池的内压和温度越高；而对于锂离子电池而言，充电终点电压太高则可能导致电解液的氧化分解或活性物质的不可逆相变，从而使电池性能急剧恶化；另外，充电过程的终点合理控制对新能源电池而言是一个非常实际的问题，无论从其检测过程、还是配套充电器的开发都必须认真考虑，适当的充电控制对优化电池性能、保护电池安全可靠是十分必要的。

新能源电池的充电方式主要有恒电流充电、恒电位充电两种。常见的新能源电池中，镍氢电池常采用恒电流的方式充电，而锂离子电池因考虑过高的充电电压可能导致电池性能下降等因素，通常采用先恒电流再恒电位的方式进行充电。一般情况是，先根据锂离子电池中所采用的正负极活性材料及电解液体系选定恒电流充电的截止电压，在恒电流充电使电池的电压达到该数值后再恒电压充电到预先设置好的某个极小的电流值或某个特定时间停止充电。该过程中充电电压、充电电流等参数随充电时间的变化关系见图 3-2（b）。对于采用恒电流方式充电的镍氢电池，常采用如下几种控制充电终点的方法：

（1）时间控制，即充电过程按预先设置进行一段时间后即停止。该方式一般只用于小电流充电或作为其他控制技术的辅助手段。

（2）电压降（ΔV）控制，即充电过程中密切监控电池电压的变化，直至检测到一个预定的电压降（一般选用 $\Delta V = 10$ mV）时才终止充电。在这里，电压降是指在充电后期电池的电压不再升高，而是有所降低。需要注意的是，在小电流或高温条件下充电时，电压降并不明显，而在电池长时间储存后，其充电过程中的电压降常常会提前出现，在此情况下用该方法判断充电终点的到达误差较大。

（3）温度控制，即充电过程中密切监控电池温度的变化，当电池温度本身或其变化速度达到预定值时终止充电。

在实际工作中，往往不是单独使用上述 3 种方法中的任何一种来控制电池的充电终点，而是根据具体的使用或测试条件将几种方法结合起来综合使用，以达到既能对电池充足电又不损坏电池的目的。例如，在实验室测试中，经常使用时间控制和电压降控制相结合的方法。

如不特别说明，一般情况下所说的充电性能对镍氢电池而言指的是（20±5）℃条件下以 0.2C 充电到充电终点；对锂离子电池而言指的是（20±5）℃条件下以 0.2C 充电到充电截止电压，然后改为恒电压充电，直到充电电流小于或等于 0.01C。

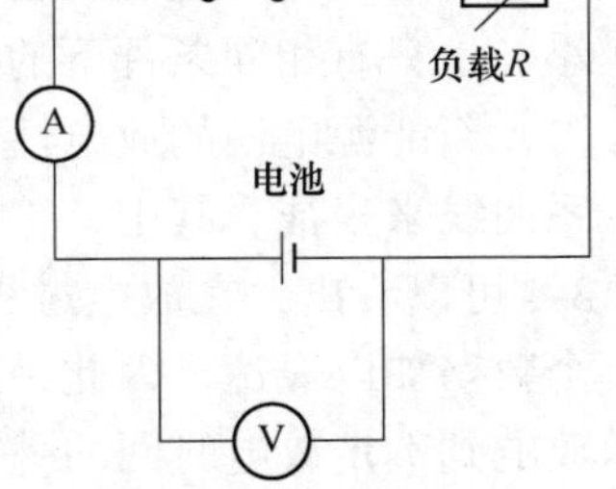

图 3-3 新能源电池放电原理图

3.2.2 放电性能测试

新能源电池放电性能测试的基本原理如图 3-3 所示，将其正极和负极与负载相连接，使其中的化学能转化为电能供给负载工作，同时记录放电过程中电池的工作电压随时间的变化规律，图 3-4（a）和图 3-4（b）分别为镍氢电池和锂离子电池的放电过程示意图。关于新能源电池的放电性能，最受研究者关注的是一定电流下的工作电压及放电时间。

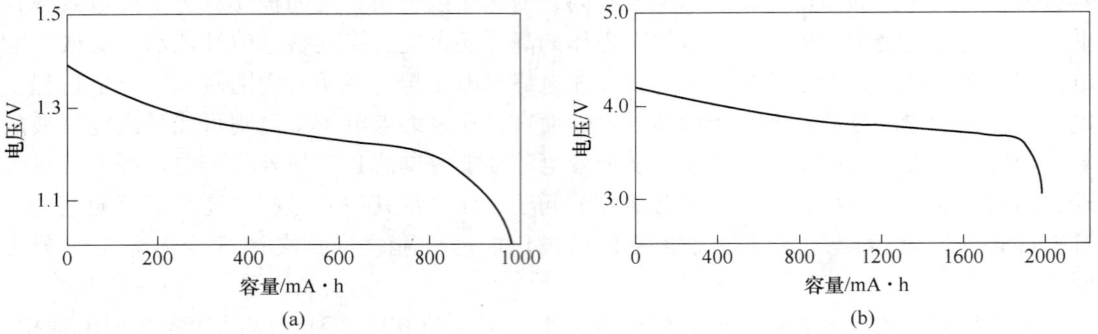

图 3-4 镍氢电池（a）和锂离子电池（b）的放电过程示意图

常见的新能源电池放电方法主要有恒电流放电、恒电阻放电、恒电压放电、连续放电和间歇放电等。对于日常生活中常用到的镍氢电池、锂离子电池等电池，恒电流放电法是最常见的测试方法，而且还常常与连续放电或间歇放电结合使用。所谓恒电流放电法，就是使新能源电池按恒定的电流放电，使用电器正常工作；所谓连续放电法，就是使新能源电池按指定的电流连续放电，直到其电压降低到预先指定的放电截止电压；所谓间歇放电法，就是使新能源电池按指定的电流放电一定的时间，间歇一定的时间后再次放电，如此反复直到新能源电池的电压降低到其放电截止电压。实际工作中，要测量新能源电池的放电性能，往往采用连续恒电流放电法或间歇恒电流放电法，同时记录放电过程中的电池电压随放电时间的变化。

关于新能源电池的放电截止电压，对于不同的电池类型及不同的放电条件，其规定值也有所不同。通常，在低温或大电流放电时，因电极过程的极化较大，导致电池电压在放电过程中下降较快，所以放电截止电压通常定得较低，否则活性物质利用可能不充分；当在小电流下放电时，电极过程的极化较小，电池电压在放电过程中下降较慢，活性物质利用较充分，因而放电截止电压一般定得较高。例如，对于镍氢电池，室温下小电流放电 0.1~0.5C 放电时，截止电压一般定为 1.0 V，当电池以 1C 倍率放电时，截止电压一般为 0.9~1.0 V，若以更大的电流放电（如 3C 或 5C），截止电压为 0.7~0.8 V。

电池的放电性能受放电电流、环境温度、放电截止电压等多方面的影响。因此，在标注或讨论电池的放电性能时，一定要说明放电电流（电放大倍率）及放电截止电压的大小，也只有相同条件下的测试结果才具有可比性。

新能源电池的放电性能通常用其放电曲线，即放电电压（工作电压）对放电时间的关系曲线来表征。其中，工作电压是衡量新能源电池放电性能的一个非常重要的参数。从图 3-4 可以看出，在放电过程中，电池的工作电压是一个不断变化的数值，很难简单地用一个数字加以表达。因此，在实际工作中常用中点电压或中值电压来直观说明。中点电压即放电到额定放电时间的一半时所对应的新能源电池的工作电压，有时也用放电到总放电时间的一半时所对应的工作电压来表示。例如，某新能源电池以 1C 放电的实际放电时间为 56 min，其中点电压即为放电至 30 min 或 28 min 时对应的电池工作电压。另外，电池的放电性能也常用放电至标称电压时的放电时间占总放电时间的比率来表示。例如，标称电压为1.2 V的镍氢电池1C放电至1.0 V的总放电时间为60 min，放电至1.2 V的时间为48 min，则可以求得放电至1.2 V的时间与总放电时间之间的比率为80%，习惯上称之为新能源电池的放电电压特性。一个性能良好的新能源电池应该具备保持高的放电电压的能力，只有这样，才能够保证用电器长时间处于正常的工作电压范围内。

一般情况下，如不特别说明，放电性能指的是按充电性能测试中所述的方法充电并搁置0.5~1 h后，在（20±5）℃按0.2C放电到放电截止电压所测得的放电曲线。

3.2.3 放电容量及倍率性能测试

新能源电池的放电容量是指在一定放电条件下可以从其中获得的总电量，即整个放电过程中电流对时间的积分，单位一般用A·h或mA·h表示。通常提到的新能源电池的容量可以分为理论容量和实际容量两种。理论容量，即容量控制电极的活性物质全部参加成流反应时所能给出的总电量，可由Faraday定律求得；实际容量则是指在一定的放电条件下电池实际放出的电量。实际放电过程中，由于欧姆内阻及电极极化的影响，新能源电池的实际放电容量往往小于其理论容量。

新能源电池的容量测定方法与其放电性能测试方法基本一致，最常用的测量方法同样是恒电流放电法，在测得放电曲线后通过放电电流对放电时间的积分即可计算出电池的实际容量。需要指出的是，采用恒电流放电法测得的新能源电池的实际容量与充放电制度，包括充放电电流、环境温度、充放电时间间隔等有很大的关系，任何一个因素的区别都会引起对同一新能源电池实际放电容量测试结果的区别。例如，在其他条件完全相同的情况下，不同的充电电流会引起不同的充电效率，从而导致新能源电池不同的实际放电容量；不同的充放电时间间隔由于引起电池自放电的区别，从而导致不同的放电容量测量结果。如不特别说明，一般情况下所说的放电容量指的是对按上述充放电性能测试部分所述的方法测得的放电曲线积分所得的容量，即（20±5）℃下按0.2C充放电所得的容量。

放电电流的大小直接影响新能源电池的放电容量，尤其是对含嵌入式电极的新能源电池，在大电流放电时不仅存在严重的电极/电解质界面极化，还有活性体（即嵌入离子）在电极中的浓差扩散极化。研究中常将新能源电池在（20±5）℃下0.2C充电后以不同电流放电所得的容量性能称为新能源电池的倍率性能，常见的有0.5C、1C、2C、3C、5C和10C等。图3-5（a）和图3-5（b）分别为镍氢电池和锂离子电池在不同倍率下放电曲线的示意图。可以看出，随着放电电流的增大，电池的工作电压降低、放电容量减小。

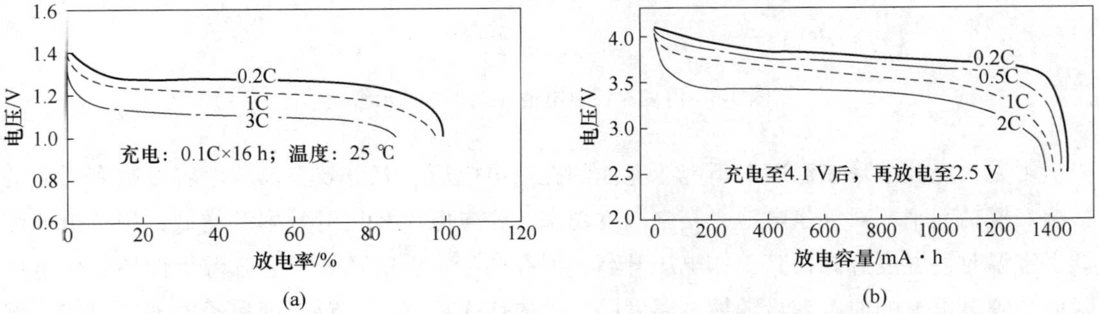

图3-5 镍氢电池（a）和锂离子电池（b）典型的不同倍率放电曲线示意图

3.2.4　高低温性能测试

用电器的工作环境和使用条件往往要求新能源电池在较宽的温度范围内具有良好的性能，通常称之为新能源电池的高低温性能。

高低温性能测试方法与充放电性能测试基本一致，只是有部分或全部的测试过程在特定温度的恒温箱进行。按照国标的规定，新能源电池高低温性能的具体测试方法为：将新能源电池在（20±5)℃下以 0.2C 充电后转移至低温箱或高温箱恒温一定的时间（低温下锂离子电池 16~24 h，MH-Ni 电池约为 8 h，高温下一般都为 1~2 h)，然后以 0.2C 放电到规定的截止电压。实际工作中，为了更充分地了解新能源电池的实际工作情况，也常常测量新能源电池在高低温环境下以不同倍率充电和放电的性能。图 3-6 和图 3-7 分别为温度对镍氢电池和锂离子电池性能影响的示意图。

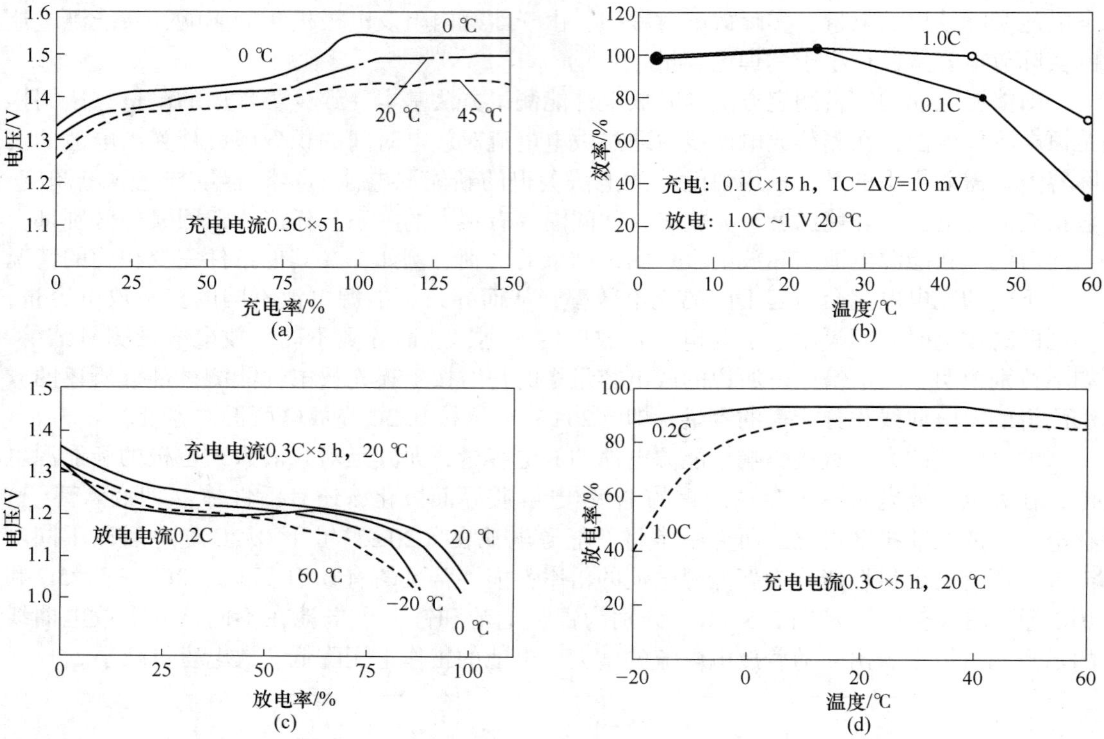

图 3-6　温度对镍氢电池性能影响的示意图

可见，充放电环境温度对新能源电池的充放电电压、充电效率及放电容量都有明显的影响。概括起来，对镍氢电池，充电温度越高，充电电压和充电效率都越低；当放电温度低于室温时，温度升高使其工作电压升高，但在高于室温的环境中，升温反而使工作电压降低，镍氢电池的放电容量随放电温度的升高先增大后减小，对于锂离子电池，温度升高有利于其放电电压和放电容量的增加。

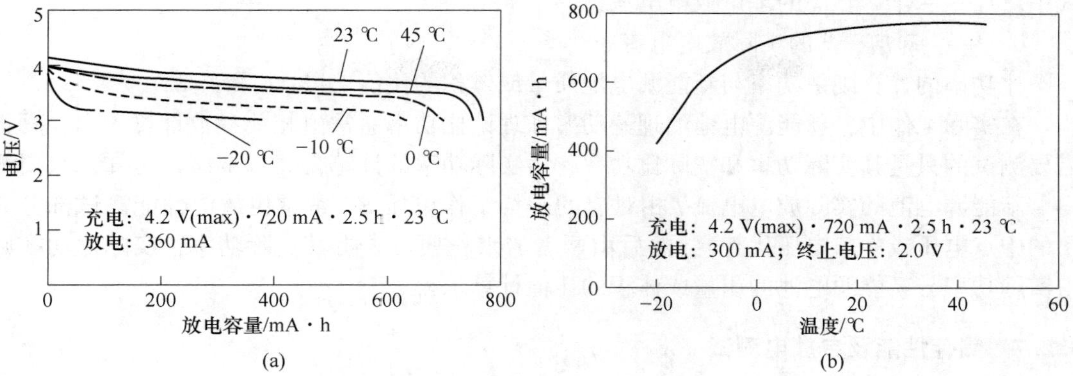

图 3-7 温度对锂离子电池放电性能影响示意图

3.2.5 能量和比能量测试

新能源电池在一定的条件下对外做功所能输出的电能称为新能源电池的能量，单位一般用 W·h 表示。新能源电池的能量一般分为理论能量和实际能量两种。理论能量即在电极过程处于平衡状态，以及电池的工作电压保持电动势且活性物质的利用率为 100%的理想条件下新能源电池所能够输出的能量。从热力学的角度讲，理论能量是指可逆电池在恒温恒压下所做的最大非体积功，即电功，数值上等于新能源电池的理论容量与电动势的乘积，即 $W_0 = C_0E_0$；实际能量，即新能源电池在放电过程中实际能够输出的能量，数值上等于新能源电池的实际放电容量与平均工作电压的乘积，即 $W = CE$ 。

新能源电池的比能量又称为能量密度，即单位质量或单位体积的新能源电池所能给出的能量，相应地称为质量能量密度（W·h/kg）和体积能量密度（W·h/cm^3）。类似地，新能源电池的比能量也可分为理论比能量和实际比能量，分别用“ W'_0 ”和“ W' ”表示。

新能源电池的理论能量和理论比能量通常由相关参数计算求出，实际工作中要测试的是其实际能量和实际比能量。由实际能量的计算公式 $W = CE$ 可知，只要测得新能源电池的实际放电容量和其平均工作电压即可计算求得。实际放电容量可由前文所述的容量测试方法求得，平均工作电压常常由放电性能测试部分介绍的中点电压或中值电压来代替。比能量则由实际能量与新能源电池质量或体积的比值求得。

3.2.6 功率和比功率测试

新能源电池的功率指的是在一定的放电制度下，单位时间内输出的能量，单位为 W。比功率指的是单位质量或单位体积的新能源电池输出的功率，单位为 W/kg 或 W/cm^3。新能源电池的功率和比功率常用来描述其承受工作电流的能力。

类似于新能源电池的能量与比能量，其功率和比功率也可以分为理论（比）功率和实际（比）功率。理论功率（ P_C ）和实际功率（ P ）的计算公式分别为：

$$P_0 = \frac{W_0}{t_0} = \frac{C_0E_0}{t_0} = \frac{I_0\, t_0E_0}{t_0} = I_0E_0 \tag{3-13}$$

$$P = \frac{W}{t} = \frac{CE}{t} = \frac{ItE}{t} = IE \tag{3-14}$$

式中 I_0——对应于 t_0 的理论放电电流；

I——对应于 t 的实际放电电流。

比功率的计算则由功率与新能源电池质量或体积的比值求得。

在实际工作中，新能源电池的理论功率和理论比功率通常由相关参数计算求出，真正需要测试的只是其实际功率和实际比功率。由实际功率的计算公式（3-14）可知，只要测得与新能源电池的实际放电电流 I 相对应的平均工作电压 E（常常由放电性能测试部分介绍的中点电压或中值电压代替），然后由两者的乘积便可求得其实际功率，实际比功率则由实际功率与新能源电池的质量或体积的比值计算求得。

3.2.7 储存性能及自放电测试

新能源电池的储存性能指的是开路状态在一定的温度、湿度等条件下搁置的过程中其电压、容量等性能参数的变化。一般情况下，随着储存时间的延长，新能源电池的电压和容量逐渐减小。这种现象主要是由于新能源电池的自放电引起的。另外，储存过程中活性物质的钝化、部分材料的分解变质等也都会引起新能源电池储存性能的衰退。因此，可以说新能源电池的储存性能与自放电是两个不同的概念，研究人员在使用的过程中应严格区别。

新能源电池的储存性能常用储存过程中的容量衰减速率（又称自放电率）或容量保持率（又称荷电保持能力）来表示。自放电性能则用自放电率、有时也用荷电保持能力来表示。其计算公式可以分别表示如下：

$$\text{容量衰减速率} = \frac{\text{储存前的放电容量} - \text{储存后的放电容量}}{\text{储存时间}} \times 100\% \tag{3-15}$$

$$\text{容量保持率} = \frac{\text{储存前的放电容量} - \text{储存后的放电容量}}{\text{储存前的放电容量}} \times 100\% \tag{3-16}$$

式（3-15）中，储存时间常用天、月、季度、年等单位表示。

新能源电池的自放电性能与储存性能的测试原理同前文介绍过的充放电性能及容量测试方法基本一致，区别主要在于搁置时间间隔的不同。按国标的规定，新能源电池自放电性能测试的具体方法为：在（20±5）℃下，首先以 0.2C 的倍率充放电测量其放电容量作为储存前的放电容量，然后同样以 0.2C 的倍率充电并搁置 28 天后以 0.2C 的放电电流测量储存后的放电容量，再按式（3-15）和式（3-16）计算出自放电率或容量保持率。储存性能的测试方法与之类似，只是将储存时间延长为 18 个月，而且储存中的新能源电池可以是荷电态的、半荷电态的也可以是放电态的。这里需要注意的是，储存前后新能源电池的容量测试条件包括环境温度、充放电电流等应完全一致。但是，在实际的研究工作中，新能源电池自放电性能或储存性能的测试往往并不局限于上述情况，而是可能在不同的环境温度下或以不同大小的充放电电流进行研究。图 3-8 为镍氢电池和锂离子电池自放电性能的示意图，图 3-9 和图 3-10 分别为放电温度、放电电流对锂离子电池储存性能的影响及锂离子电池典型的储存性能示意图。

可以看出，镍氢电池的自放电明显高于锂离子电池，而且储存温度、放电电流和放电温度等都对新能源电池的储存性能及自放电性能有显著影响。因此，在给出新能源电池储存性能或自放电性能的数据时一定要同时说明相关的参数条件。

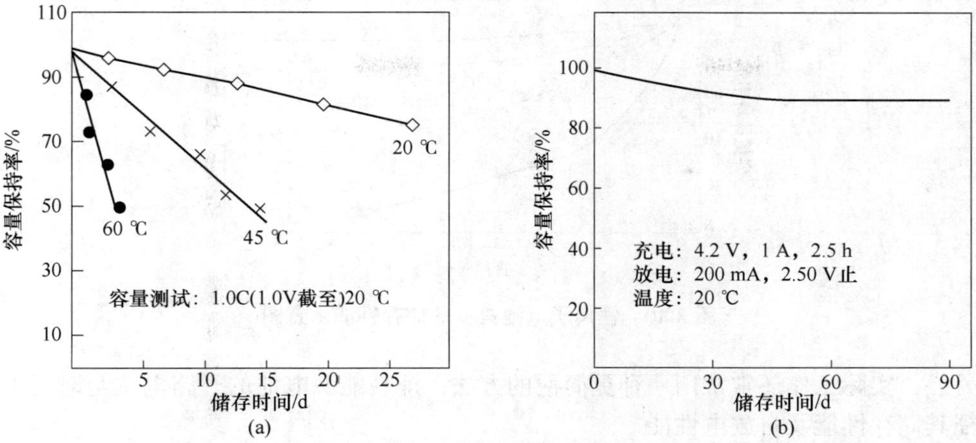

图 3-8 镍氢电池和锂离子电池的自放电性能示意图

（a）MH-Ni 电池；（b）锂离子电池

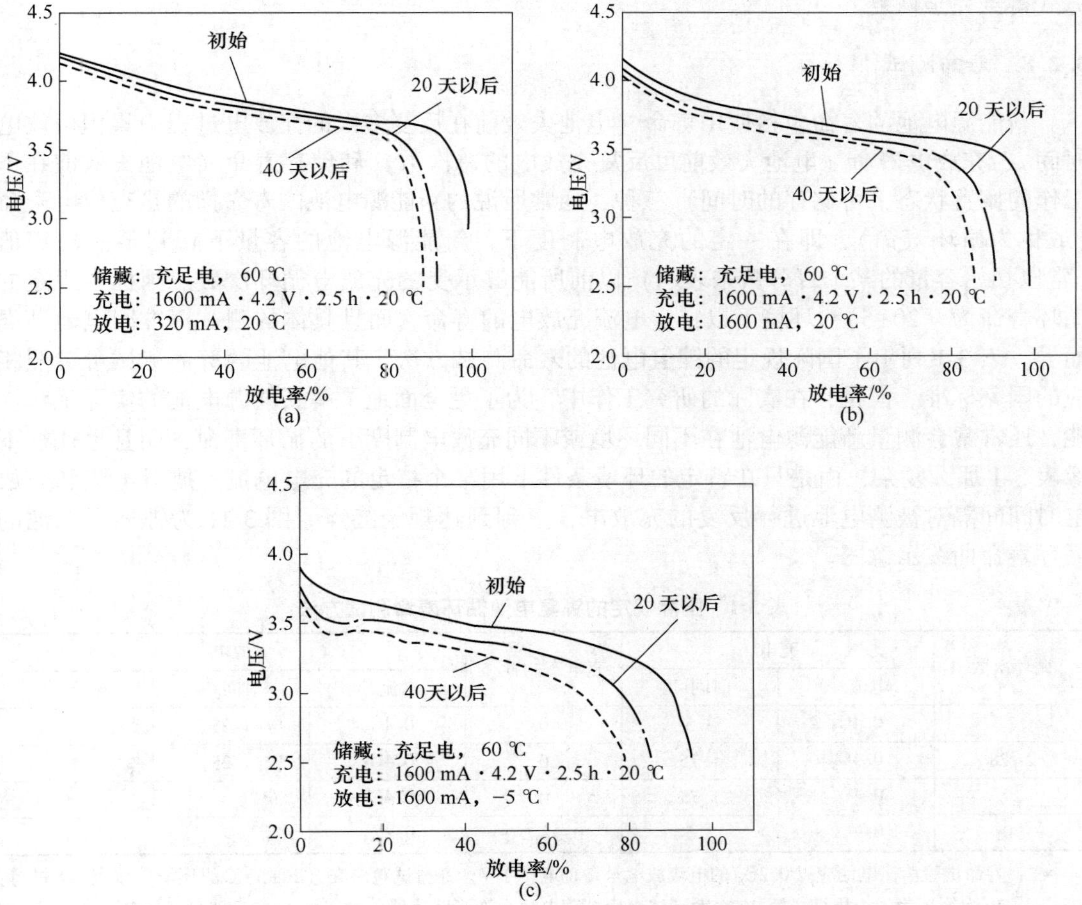

图 3-9 放电温度和电流对锂离子电池储存性能的影响

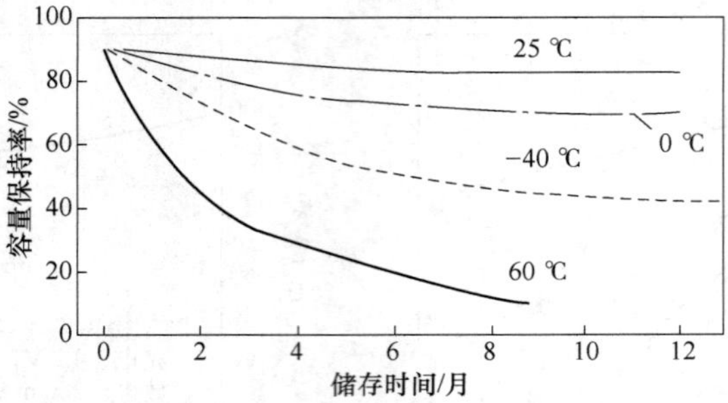

图 3-10 锂离子电池典型的储存性能示意图

另外，实际工作还常常用一种更简便的方法，即新能源电池的开路电位与时间的关系来表征其储存性能及自放电性能。

需要指出的是，由自放电引起的容量损失可以通过再充电得到恢复，但由于电极内部物质在长期储存中发生不可逆变化而引起的容量损失一般是不可逆的，很难通过常规的充电方法来恢复，也就是说新能源电池长期储存后的性能衰减不可能完全通过常规的再充电方式得到完全恢复。

3.2.8 寿命测试

新能源电池的寿命包括使用寿命（电池失效前在反复多次的充放电过程中累积可放电时间）、充放电寿命（电池失效前可反复充放电的总次数）和储存寿命（电池失效前在不工作的搁置状态下可储存的时间）三种，通常所说的新能源电池的寿命指的是充放电寿命（或称为循环寿命），即在一定的充放电制度下，新能源电池的容量下降到某一规定值（常以初始容量的某个百分数来表示）以前所能够承受的充放电循环次数。国标中规定的循环寿命为（20±5）℃环境下以特定电流充放电的寿命，而且具体的测试标准因电池种类而异，表 3-1 列出了国际规定的镍氢电池的寿命测试方法，其他电池的寿命测试可参照相应的国家标准。但是，在实际的研究工作中，为了更全面地了解新能源电池的实际工作性能，还常常会测量新能源电池在不同环境或不同充放电制度下的循环寿命，而且也往往不像表 3-1 那么复杂，而是只在特定的环境条件下用某个特定的充电电流、放电电流和充放电时间间隔对被测电池进行反复的充放电，直到到达规定终点。图 3-11 为锂离子电池的循环寿命曲线示意图。

表 3-1 国际规定的镍氢电池循环寿命测试方法

循环次数	充电		充电态搁置/h	放电		
	电流/A	时间/h		电流/A	时间/h	电压/V
1	0.4C_5	3.5	0	0.4C_5	1.25	
2~28	0.4C_5	1.75	0	0.4C_5	1.25	
29	0.4C_5	1.75	0	0.4C_5		1.0
30	0.4C_5	3.5	0.5~2.0	0.2C_5		1.0

注：寿命试验前，电池应以 0.2C_5 的电流放电至终止电压 1 V，寿命试验应在（20±5）℃的环境中按表 3-1 进行；30 次循环为一个周期，第 30 次循环结束后，蓄电池允许开路搁置 1~3 天，搁置后即可开始第 31 次，第 60 次、第 90 次、第 120 次循环，依次重复 1~30 次循环，直到任一周期的第 30 次循环的放电时间少于 3 h，这时，应按第 30 次循环的方法，再做一次循环。当连续两次循环放电时间都少于 3 h 时，蓄电池的寿命即为终止。

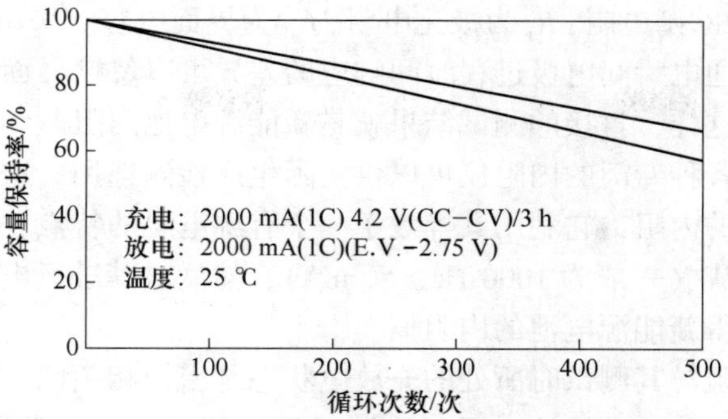

图 3-11　锂离子电池循环寿命示意图

新能源电池循环寿命的测试方法同前面介绍的充放电性能及容量性能的测试方法基本一致，只是在寿命测试过程中要反复重复充放电测试过程，直到容量降低到规定值。对于不同种类或用途的新能源电池，寿命终点的规定有一定的区别，一般为初始容量的 60%左右。

事实上，在新能源电池的寿命测试中，容量并不是研究人员所关心的唯一参数，同时还应综合考虑其电压特性及内阻、内阻变化等。具有良好循环性能的新能源电池在经过若干循环周期后，不仅要求其容量衰减不超过规定值，而且其电压特性也不应有大幅度的衰减。

3.2.9　内阻测试

新能源电池的内阻指的是当电流通过时所受到的阻力，由欧姆电阻和极化电阻两部分组成。其中，欧姆电阻主要由电极、电解液等各部件电阻和相关的接触电阻构成，隔膜的存在或多或少增加了电极之间的欧姆电阻。但要注意的是电极和电解液之间的接触不属于欧姆接触。极化电阻主要是由于电极反应过程的极化引起的，与电极和电解液界面的电化学反应速度及反应离子的迁移速度有关。内阻的高低直接决定了新能源电池充电电压及工作电压等电压特性的高低。一般来说，对于同类型的新能源电池，内阻越大，其电压特性越差，即充电电压越高而放电电压越低；相反，内阻越小，充电电压越低、放电电压越高，总的电压特性越好。

新能源电池的内阻与普通的电阻组件不同，是有源组件，因而不能用普通的万用表测量。常用的测量新能源电池内阻的方法有方波电流法、交流电桥法、交流阻抗法、断电流法、脉冲电流法等。其测试前提均为假设可以用图 3-12 所示的等效电路来表示测量过程中新能源电池所发生的电极过程，并进而结合各种方法的测试原理及测试数据计算出新能源电池具体的内阻值。

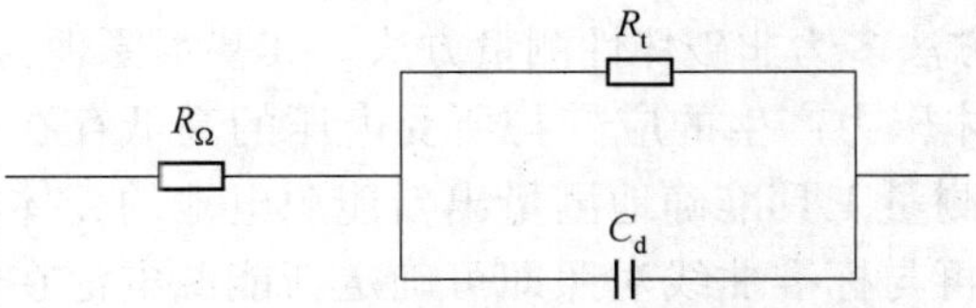

图 3-12　新能源电池电极过程的等效电路

图 3-12 中，R_{Ω} 为欧姆电阻，R_t 为极化电阻，C_d 为界面电容。采用断电流等一些简单的暂态测试技术，利用通电瞬间电极过程时间响应的差异可以忽略界面电容而将电路进一步简化为纯电阻电路。这样，直接的测试结果就是新能源电池内阻。

目前，市场上有各种专门的内阻仪可以供实际生产检测选用。这些仪器一般都采用交流法测量新能源电池的内阻，它利用其等效于一个有源电阻的特点，给被测电池通以恒定大小和频率的交流电流（一般为 1000 Hz，50 mA），然后对其进行电压采样、整流滤波等一系列处理，从而测得新能源电池的内阻值。

新能源电池的内阻与其测试时所处的充放电状态是密切相关的，状态不同的新能源电池有着不同的内阻。因此，在标注内阻时应同时说明测试电池的荷电状态。图 3-13 是镍氢电池的内阻与其充电状态的关系图。

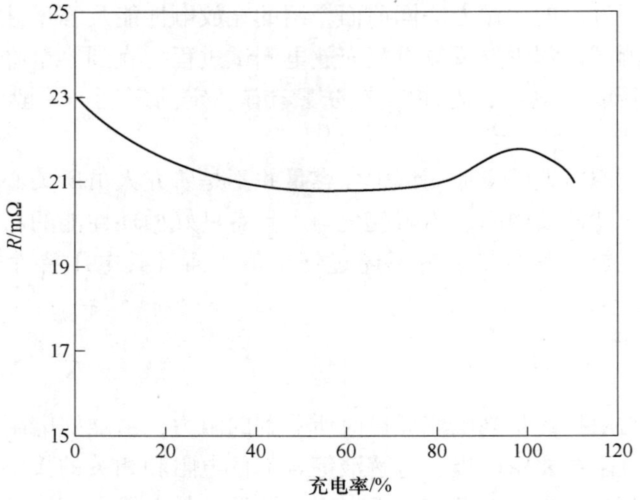

图 3-13　镍氢电池的内阻与充电状态的关系曲线

3.2.10　内压测试

在新能源电池的充放电过程中，由于电极过程副反应的发生或电解液的分解等可能会使新能源电池内部的压力（简称内压）逐渐增大。在此过程中，如果内压过大而达不到控制，就会使新能源电池的限压装置开启而引起泄气或漏液，从而导致电池失效，如果限压装置失效则可能会引起电池壳体开裂或爆炸。因此，内压是新能源电池很重要的一个性能指标，使用过程中必须严密监控。

新能源电池内压的测量方法通常有破坏性测量和非破坏性测量两种。因为破坏性测量方法会破坏被测电池从而造成浪费，而且不能对电池的正常使用过程进行监控，目前常用的新能源电池内压测量方法多为非破坏性测量方法。其基本原理为：在一定范围内，新能源电池的壳体因内部气体压力产生的应变与所受内压的高低存在确定的关系。因此，只要采用精密的微小形变测量工具准确地测量出新能源电池的壳体在充放电过程中由于内压作用下产生微应变，再与标准曲线对照即可确定新能源电池在使用过程中的内压变化情况。

图 3-14 为常用的新能源电池内压测量基本装置图，其中的百分表用来感应电池底部由于内压作用产生的形变。具体的测试方法为：用标准曲线测试装置测量标准的压力–形变关系曲线，用内阻测试装置测量实际的壳体形变过程，然后将两者对照得出新能源电池在使用过程中的内压变化情况。图 3-15 和图 3-16 分别为用该装置测得的镍氢电池壳体形变随内压变化的标准曲线及其在充电过程中内压随充电时间的变化关系。

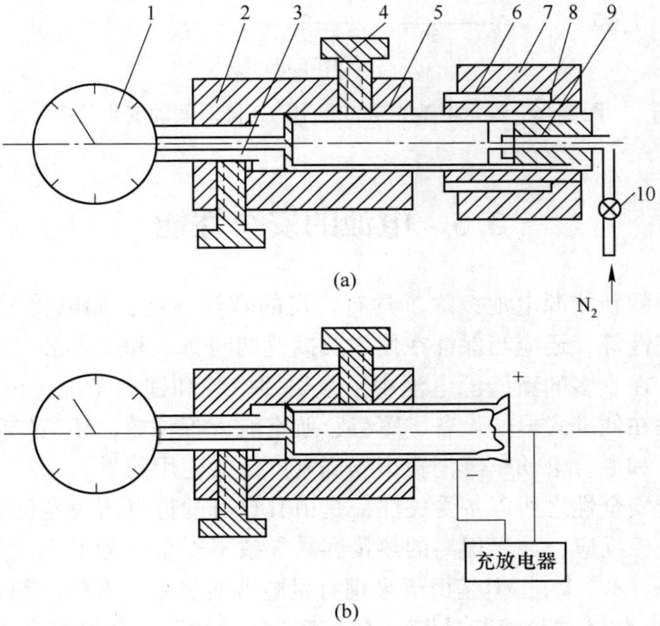

图 3-14　电池内阻测试装置

（a）标准曲线测试装置；（b）内阻测试装置

1—百分表；2—电池底夹具；3—百分表紧定螺钉；4—电池紧定螺钉；5—电池；6—电池头夹具；7—电池头外夹具；8—橡胶垫片；9—顶头螺杆；10—调压阀

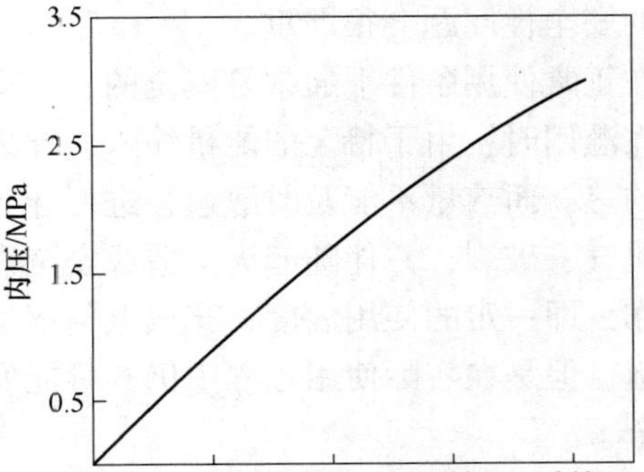

图 3-15　镍氢电池的壳体形变随内压变化的标准曲线

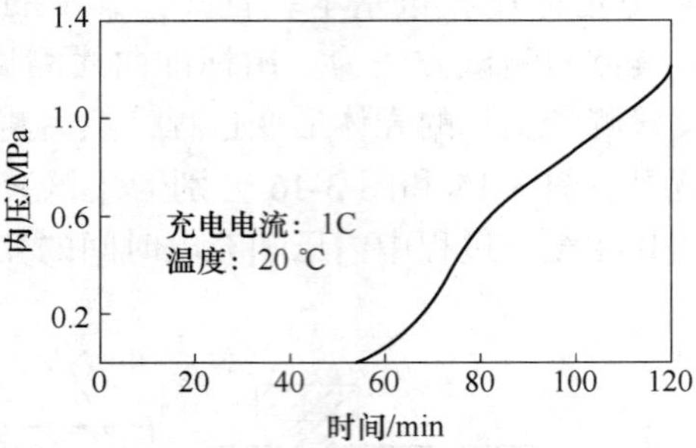

图 3-16 镍氢电池充电过程中内压随时间的变化关系

3.3 电池的安全性能

综合性能优异的新能源电池，除了具有优良的常规性能，如电化学性能、倍率特性、循环特性、温度特性等，还应当保证在使用及搁置期间对人和仪器装备没有伤害，即具有良好的安全性能。在众多的新能源电池中，金属锂电池和锂离子电池的安全性备受关注，尤其是后者无论是在便携式电子设备、军事、航空航天等领域，还是作为动力电池在电动自行车、纯电动车和混合电动车等消费市场都有广泛的应用前景。

锂离子电池的安全性之所以备受关注，是由其自身的特点所决定的。电池能量密度很高，如果发生热失控反应，放出很高的热量容易导致不安全行为发生。另外，锂离子电池具有高的输出电压（3.7 V），但是由于采用有机电解质体系，有机溶剂是碳氢化合物，在4.6 V左右易发生氧化，并且溶剂易燃，若出现泄漏等情况，会引起电池着火，甚至燃烧、爆炸。对金属氢化物镍蓄电池来说，充电时正极上生成的氧在负极上得以还原，正极发生的反应用负极来抵消，过充电反应只限于内部氧循环，所消耗的电流不会改变蓄电池的化学状态。而对于锂离子电池，过充电反应会使正极材料结构发生变化，使材料具有很强的氧化性，可能将电解液中溶剂氧化，并且这过程是不可逆的，反应引发的热量如果积累会引发热失控的危险。同时，锂离子电池在使用过程中还可能存在金属锂析出的可能，特别是大电池，因热失控而致的安全性问题会很严重。

原则上，锂离子电池在正常使用条件下通常是安全的，人们关注的是在误用或滥用条件下如何保证安全。电池在滥用时，由于特定的能量输入，导致电池内部组成物质发生物理或化学反应而产生大量的热，而热量不能及时散逸，进而导致电池热失控。热失控会使电池发生毁坏，如猛烈的泄气、破裂，并伴随起火，造成安全事故。一般电池必须遵照出厂标准在限定的条件下工作，即一定的使用温度、充放电倍率、充放电终止电压等，以及采用一定外加辅助安全措施。但是在实际使用过程中仍然可能发生滥用或偶发事件，超出安全使用限制，导致不安全事故。

3.3.1 锂离子电池安全性的含义与实质

锂离子电池的安全性是指电池在正常使用或滥用时，能抑制外界初始扰动而引起的不安全行为，其中外界初始扰动可以是电、热、光、机械等荷能过程。电池不安全主要是由电池的热失控造成，如电池发生诸如内部短路、大电流放电、过充电，电池内部将会产生大量的热，导致体系的温度升高。当电池体系达到较高温度时，会激发电池内部的物理和化学过程，这些过程产生的热量造成电池热失控，加上电解液易燃，可能发生着火，甚至爆炸。当产生的热量不多时，电池内部的温度不高，此时电池处于安全状态。

热失控一般用温度升高程度来表征，如果热扩散速率高于热产生速率就不会发生热失控，否则热量在电池内部积累，可能出现不安全事故。电池中的热过程应遵守热量平衡，如式（3-17）所示。

$$Q_p = Q_e + Q_a \tag{3-17}$$

式中 Q_p——电池内各种过程产生的热量；

Q_e——电池和环境交换的热量；

Q_a——电池本身吸收的热量，表现为电池温度的变化 ΔT。

电池吸收的热量用式（3-18）表示。

$$\left(\sum_{i=1}^{n} m_i \Delta C_{p_i}\right) \Delta T = Q_a = Q_p - Q_e \tag{3-18}$$

若在绝热条件下，有 $Q_e = 0$，则式（3-18）简化为：

$$\left(\sum_{i=1}^{n} m_i \Delta C_{p_i}\right) \Delta T = Q_a = Q_p \tag{3-19}$$

电池内各种过程产生的热量包括焦耳热和化学反应热。焦耳热主要决定于电池内阻，包括电极与电解液界面、隔膜、电解液、集流体和金属极的电阻。化学反应热是指电池组成物质间的化学反应热，可能是放热反应，也可能是吸热反应。这些反应的强烈程度随温度不同而变化，在某一温度下可能被热激活。锂离子电池中常见物质间的化学反应温度与反应热的大小见表 3-2。

表 3-2 锂离子电池体系中各种材料的热行为

温度范围/℃	化学反应	热量/J·g^{-1}	备注
110~150	Li_xC_5 与电解质	350	钝化膜破裂
130~180	PE 隔膜熔化	−190	吸热
160~190	PP 隔膜熔化	−90	吸热
180~500	$Li_{0.3}NiO_2$ 与电解质的分解	600	释氧温度 $T\approx200$ ℃
220~500	$Li_{0.45}CoO_2$ 与电解质的分解	450	释氧温度 $T\approx230$ ℃
150~300	$Li_{0.1}MnO_4$ 与电解质的分解	450	释氧温度 $T\approx300$ ℃
130~220	溶剂与 $LiPF_6$	250	能量低
240~350	Li_xC_6 与 PVDF	1 500	反应强烈
660	铝集流体的熔化	−395	吸热

注：电解液体系为 1 mol/L $LiPF_6$/PC+EC+DMC（体积比为 1∶1∶3）。

电池和环境交换的热量是通过辐射、传导和对流三种方式进行的。热辐射主要发生在电池表面。可用斯忒藩-玻耳兹曼（Stenfan-Boltzman）定律描述灰体辐射本领：

$$P_\Gamma(T) = \varepsilon\sigma(T^4 - T_S^4) \tag{3-20}$$

式中 P_Γ——辐射功率；

ε——热辐射率，对于黑体，$\varepsilon=1$；

σ——Stenfan-Boltzman 常数；

T_S——环境温度。

热辐射与电池表面材料的性质相关。

热传导是指物质直接接触部分之间的热传递。电池内的电极、电解液、集流体等都是热传导介质，若将电池作为整体，由电池和环境界面层的温度和环境热传导性质决定了环境中的热传导。热传导服从傅里叶定律，见式（3-21）：

$$q_n = -k\frac{\partial T}{\partial n} \tag{3-21}$$

式中 q_n——热流密度，W/m²；

k——热导率，W/(m·℃)；

$\frac{\partial T}{\partial n}$——电极等温面法线方向的温度梯度，℃/m。

热对流是指电池表面的热通过环境介质（一般为流体）的流动交换热量，它和温差成正比，可以用牛顿公式（3-22）表示：

$$Q = \alpha F(T_w - T_f) = \alpha F\Delta T \tag{3-22}$$

式中 Q——热流量，W；

α——对流换热系数，W/(m²·℃)；

F——面积，m²；

T_w——壁面温度，℃；

T_f——流体温度，℃。

应当指出，对电池内部而言，热辐射和热对流的影响很小，主要由热传导决定。电池自身吸热的大小与其材料的比热容有关，比热容越大，吸热越多，电池的温升越小。

电池正常工作时的突发事件或滥用会产生一个初始能量扰动，并在电池内转化为热量，使电池产生温升，而温升的大小取决于初始扰动产生热量和散逸热量之差。如果散逸的热量大于或等于产生的热量，则电池不会产生温度升高的情况，初始扰动对电池的工作状态不产生影响，电池是安全的。如果散逸的热量小于所产生的热量，热量将会在电池体内产生热积累，若这种热量数值不大，温升有限，不能引发导致电池热失控的热产生反应，则电池仍是安全的。以上两种情况对应于电池的正常使用状态。若初始扰动产生的电池温升能够触发电池内新的产热反应，只是导致电池部分功能失效，尚未引起着火、爆炸，电池还被认为是安全的。若电池温升触发电池内其他放热的反应和过程，引发电池的温度继续升高，随后触发新的热反应等。如此即形成“热产生-温升”的正反馈循环，当温度升到一定数值时，电池会发生鼓胀、泄漏、起火，甚至爆炸，则电池被认为是不安全的。

3.3.2 锂离子电池安全性研究方法

锂离子电池材料的选择与使用直接影响锂离子电池的安全性，如正极材料的热稳定性（$LiCoO_2$、$LiNiO_2$、$LiMn_2O_4$ 等）、负极材料的热稳定性（人造石墨、天然石墨、石油焦等）、SEI 膜的稳定性、电解液及添加剂（成膜添加剂、防过充添加剂、阻燃剂等）对热行为的影响等。对上述材料安全性进行系统研究有助于对整个电池安全性进行科学评价。锂离子电池的安全性能与温度密切相关，当电池温度升高时，电池内部发生一系列放热反应。可能的放热反应有：①负极 SEI 膜的分解；②嵌锂负极与电解液的反应；③嵌锂负极（或金属锂）与黏结剂的反应；④电解液的热分解；⑤正极活性物质的分解；⑥过充电时在负极表面沉积的金属锂与电解液的反应；⑦由于焓变、过电位、欧姆电阻等因素，电池在放电时释放热量等。

目前研究人员采用了多种分析测试手段研究正极、负极以及电解液等材料的热行为及各自在锂离子电池安全性中所起的作用。

3.3.2.1 差示扫描量热法

DSC 测定时试样量一般比较少，因此其在锂离子电池方面主要集中在研究材料的热稳定性上。如嵌锂碳负极和电解液的热稳定性、嵌锂碳负极和 PVDF 黏结剂的热行为、含不同溶剂组分的电解液的热稳定性、正极材料和电解液的反应等。通过 DSC 技术可以得到的数据包括放热起始温度、放热峰值温度、反应热焓、表观活化能、频率因子等。

3.3.2.2 加速量热法

加速量热法（accelerating rate calorimetry，ARC）是一种宏观绝热量热技术，通过加热-平衡-放热搜寻步骤，自动跟踪放热过程，快速准确地提供放热反应的热力学、动力学信息及系统压力信息。加速量热仪可以实时记录绝热条件下样品放热反应过程中的温度、温升速率和压力数据。通过计算和分析可以得到样品放热反应系统的升压速率-压力曲线、升压速率-温升速率曲线以及表观活化能 E_a 和指前因子 A 等动力学参数。

目前 DSC 是电池材料热稳定性测试的主要仪器。但 ARC 比 DSC 具有更多优势：ARC 是绝热体系，测试样品使用量大，能够提供更准确的数据，可提供体系压力信息等，具体见表 3-3。

表 3-3 ARC 技术与 DSC 方法的比较

项目	ARC	DSC	项目	ARC	DSC
样品使用量	克	毫克	材料表面热反应测试	可以	很有限
测试时间	较长	较短	单电池测试	可以	不可以
放热反应起始温度精度	高	低	半电池测试	可以	不可以
体系压力信息	可以到 10000 psi	不可以	提供电池减压阀设计数据	可以	不可以
绝热体系	可以	不可以	材料相容性测试	可以	很有限

加速量热仪可以提供反应体系的热动力学数据，评估其潜在的危害性，有助于了解真实情况，在研究锂离子电池安全性上有很大的优势，特别适合研究电池及材料从稳定到不稳定过渡期的性质。

图 3-17 是 TIAX LLC 公司开发的 ARC 装置示意图。ARC 的操作过程和工作模式为：首先系统被加热到预先设置的初始温度，然后进入“等候”模式以使系统温度达到平衡，后“搜寻”反应系统的温升速率（称为“加热-等待-搜寻”过程，简称 H-W-S，见图 3-18）。如果 ARC 控制系统发现样品反应系统的温升速率低于预设的温升速率值（通常为 0.02 ℃/min），ARC 将按照预先选择的循环加热幅度自动进行“加热-等待-搜寻”循环，

直至探测到比预设值高的温升速率，即说明体系出现了放热升温反应。若样品反应系统的温升速率超过预先设定的温升速率，则样品反应系统被保持在绝热状态下，反应系统靠自热升温。最后当放热速率减小到设定敏感度以下后，反应结束。

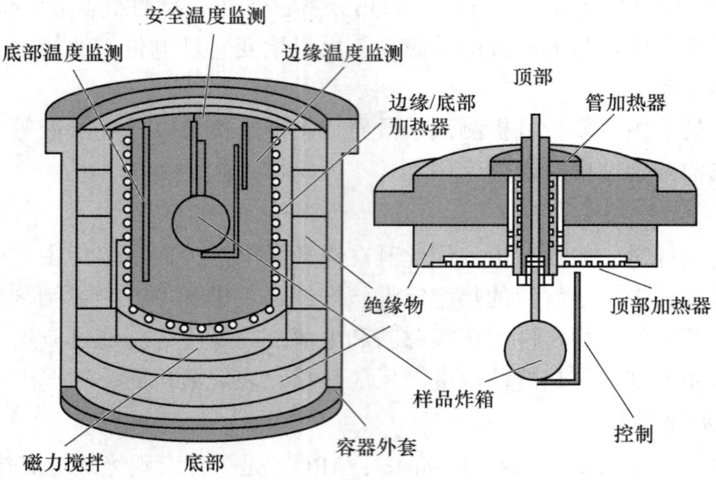

图 3-17　典型的 ARC 装置示意图

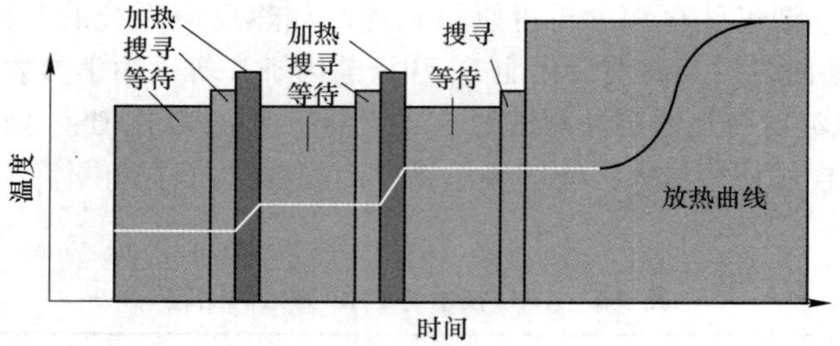

图 3-18　加热-等待-搜寻工作模式示意图

图 3-19 和图 3-20 分别是 1 mol/L $LiPF_6$/EC+DMC（体积比为 1：1）和满充电态 18650 型锂离子电池的 ARC 测试曲线。可以看出，1 mol/L $LiPF_6$/EC+DMC（体积比为 1：1）的电解液体系在 180 ℃时开始热失控反应，并且伴随着高压。而满充电的 18650 型锂离子电池在 93 ℃开始产生放热反应，在 123 ℃开始热失控反应。

3.3.2.3　红外热成像

红外热成像是利用物体红外辐射成像原理，研究物体表面温度分布的一种无损检测技术。电池在某一环境温度下，进行充放电之前可以认为温度是均匀分布的，处于热平衡状态。当电池进行充放电时，由于电池本体发热，造成整体或局部的热平衡将受到影响，在试验中表现为电池的温度发生升高或降低或电池内部温度分布不均匀。红外热成像仪直观地监视单体电池或电池组在充放电过程中热的变化，根据不同颜色对应的温度范围清楚地知道电池的热量变化和温度分布情况。图 3-21 为 10 A·h 软包磷酸铁锂单体电池自然对流条件下 5C 倍率放电红外成像图。电池电芯部位最高温度为 319.8 K，最低温度为 314.1 K。

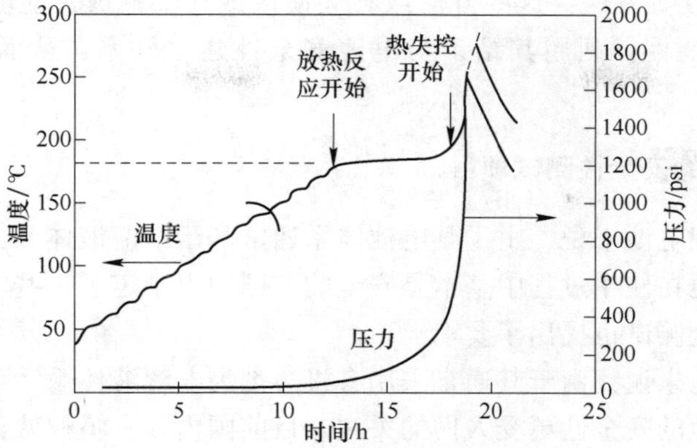

图 3-19 电解液 1 mol/L $LiPF_6$/EC+DMC（体积比为 1∶1）的 ARC 测试曲线（1 psi = 6894.76 Pa）

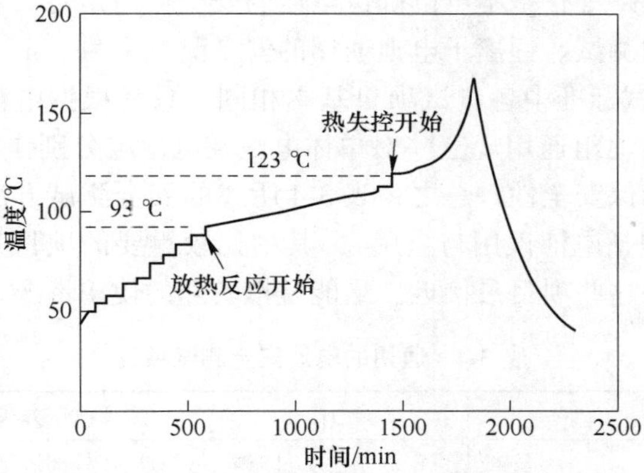

图 3-20 满充电态 18650 型锂离子电池的 ARC 测试曲线

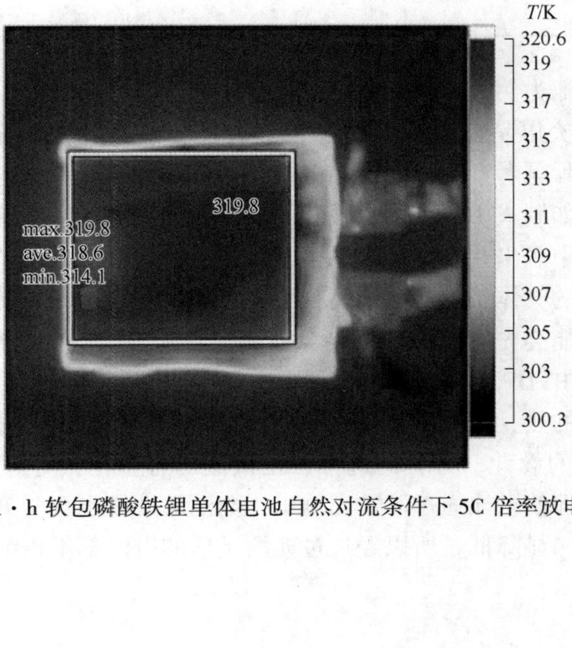

图 3-21 10 A · h 软包磷酸铁锂单体电池自然对流条件下 5C 倍率放电红外成像图

还有 TGA、XRD 等方法，这些方法或独立使用或相辅相成，能够方便地研究锂离子电池及其材料的安全性，利用其结果与电池安全性建立联系，从而揭示电池安全性的本质。

3.3.3 新能源电池的安全性测试项目

对金属氢化物镍电池来说，由于其电池体系通常基于水溶液体系，而且能量密度相对不是很高，因此电池在使用过程中基本是安全的。国内也制定了一些电池综合性能测试的标准，对电池的安全测试也提出了要求。

而对锂离子电池来说，由于其通常采用有机溶剂为电解液体系，而且具有很高的能量密度，因此这类电池的安全性更受人们的关注。目前国内外有关权威组织针对电池实际使用中可能发生的突发事件和滥用行为，相继制订了针对金属锂电池的安全指南。

如今人们对商用小容量的锂离子电池的安全性已经研究得比较彻底，通过材料的选择、电池设计、保护线路等，基本可以确保电池的安全。但是对大容量的车用动力电池需要更严格与苛刻的滥用测试。锂离子电池通用的安全测试项目一般分为 4 类，具体的测试方法见表 3-4。不同测试标准中各测试项目基本相同，只是根据电池使用场合的不同略有差别。如《锂离子蓄电池组通用规范》对单体电池及电池组分别作了规定，尤其增加了苛刻的枪击项目，力图确保安全性。总之，表 3-4 所述的安全测试方法都是模拟电池在实际使用中的各种情况（包括电池误用与滥用），其中比较重要的项目是过充电、外短路、热箱、钉刺和挤压，因为这些项目最接近、最能模拟实际的使用情况。

表 3-4 通用的电池安全测试项目

类别	主要测试方法
电性能测试	过充电、过放电、外部短路、强制放电等
机械测试	自由落体、冲击、钉刺、振动、挤压、加速等
热测试	焚烧、热箱、热冲击、油浴、微波加热等
环境测试	高空模拟、浸泡、耐菌性等

下面以锂离子电池为例分析各安全测试项目的原理及实质。

（1）过充电。过充电是强迫外电流流经电池，直到限制电压，来考察电池在不同过充条件下的安全性，实际是考察当充电器和电流控制回路同时失灵时电池的安全行为。一般多用恒流过充电，例如制式 1C 和 3C、限压 12 V。过充开始后，随着时间进行，在电池电压 5 V 以下锂从正极中脱出并嵌入负极晶格，电池温度缓慢上升；达到 5 V 及以上时，电解液开始分解，产生的气体压力逐渐增高，温度以较快速度上升；然后在某特定时刻，放热反应使电池内部可能会先后发生如下现象：隔膜热闭合、隔膜熔解、正负极内部短路、继续引发嵌锂负极与 PVDF 反应以及集流体（如铝）与黏结剂反应。在过充过程中各种放热反应相继产生大量的热，从而可能导致电池热失控。如果电池通过该项测试，说明电池中的化学（含电解液的设计、材料的选择、正负极的容量比例等）设计以及结构设计合理。但是应当注意，即使电池通过了过充测试，电池的性能也会受到严重影响，尤其是电池性能和电池寿命会明显降低，所以经过过充测试后的电池都不再继续使用。

（2）外短路。该测试是为了考察当电池因意外使正负极端子短接后发生的热行为。当电池正负极短接后，电压迅速降低、瞬间电流增大，可能引发电池内部的相关反应发生，同时外短路的电池向周围环境散热。这时就要看电池内部产生热量的多少以及热量散逸的快慢，从而考察电池是否出现热失控。

（3）热箱。该试验用来模拟电池或装有电池的仪器放在很热的环境中，随着温度升高电池的忍耐限度。试验中将被测电池放在烘箱中，从某个初始温度（如常温）开始对其进行加热到事先设置好的较高温度（如 130 ℃和 150 ℃）。此时电池与烘箱同步升温，随温度升高会逐步触发电池内的反应，以此来考核电池能否安全。电池中所采用隔膜的性能对电池能否通过热箱试验起着非常重要的作用。在热箱测试过程中，电池内部将可能发生下述变化：首先是负极表面的 SEI 膜破裂，接着隔膜吸收热发生热闭合功能，微孔闭合之后使得隔膜的电阻迅速增大，并有效地隔离正负极，起到保护电池不发生热失控的作用。但是如果电池内部引发了其他放热反应而使电池温度继续升高，超过隔膜的熔化温度，隔膜将熔化并破裂，导致正负极直接接触，即内短路。其结果是电池内部发生剧烈的放热反应，形成严重的发热现象，即电池发生热失控，电池极可能发生起火、爆炸等。对于采用 PE 为隔膜材料的电池，通常用 130 ℃的条件比较合适，而对于采用 PP 或者 PE-PP-PE 为隔膜的电池，150 ℃是比较好的测试条件。

（4）钉刺。钉刺试验的热产生于电流流经电池和钉子，可以将过程分解为钉子在电池外、进入壳体和进入电池内部 3 个阶段。从钉子进入电池内部开始，就引起相邻极片短路。由于钉子一直停止在电池中央，且当钉子穿透电池壳体时会造成电解液挥发并与空气接触，如果内短路造成电池内某些放热反应发生，从而达到溶剂的燃点时，可能会引起着火现象。不同尖钉的直径以及尖钉进入电池内的速率都对试验结果产生影响。

（5）挤压。在压力达到 13 kN 之前，电池内部正负极片因受压而逐步增大接触力，由于电池处于满充电状态，此时隔膜如果出现问题就会使正负极片接触，造成内部短路，由此产生的温升可能诱发一些放热反应而导致热失控。

（6）重物冲击。测试方法是直径为 15.8 mm、质量为 10 kg 的锤从 1 m 高处自由下落后砸在电池上，重物冲击时电池内部正负极片瞬间被挤压，如果隔膜此时不能有效隔离正负极，会造成正负极内短路，将引发电池内部的放热反应，可能引发热失控。

（7）剪切。电池被垂直切断期间和切断之后，会造成正负极片的全面接触，加上电解液与空气接触，也可能造成热失控。

（8）跌落。电池从高处自由跌落，瞬间的碰撞可能会使电池的温度升高，该测试用以考察电池是否发生热失控；跌落到厚木板后以检查电池是否发生严重变形。

（9）过放电。该试验假设在电池被滥用、充电器端子连接被逆充电的情况或多个电池串联使用的状态下，因电池容量参差不齐或因新旧电池的混用，容量较低的电池被强制放电的情况。测试时将电池的正负极分别与恒流限压源的负、正极相联，线路中串接电阻器调节电流。在 1C 倍率下，使锂从负极晶格中脱出嵌入正极，当锂完全从负极脱出后，为了维持电流，负极中或表面电极电位低的物质继续被氧化，也有可能电解质 $LiPF_6$ 中的锂离子在正极发生还原反应。当达到铜的氧化电位时，负极集流体铜会发生氧化及溶解，铜离子会在正极表面析出。这时将会造成负极活性物质与铜集流体的脱落。在逆充电时可能引起电池内的异常化学反应，导致内压上升或温度上升，在极端的情况下有电池爆炸或起火的可能性。

(10) 耐热性。将烘箱升到预期试验温度并恒温，把事先用石棉材料包裹的电池迅速放入烘箱中。此时电池表面温度会快速上升并达到烘箱温度。电池在升温的过程中，会快速引发一些放热反应发生，用该方法判断电池的最高耐热安全温度和最低起火温度。耐热安全性与热箱试验相同之处都是在烘箱内利用一定温度考察电池的安全性，不同的是热箱试验是电池与烘箱同步升温，考察的是在 130 ℃和 150 ℃特定温度下的电池安全，而耐热安全性试验更能比较精确地判定电池热失控的温度点。

(11) 枪击。对于安全性能要求很高的军用、EV 和 HEV 电池（或组），必须进行枪击试验。按照要求对满充电电池在靶场用半自动步枪距离电池 50 m 处进行射击，子弹直径为 7.62 mm。当子弹以极快的速度穿透电池时，枪口处瞬间发生了严重的内短路现象。子弹巨大的动能转化来的热能使隔膜来不及闭合，导致正负极短路，可能会引发电解液分解等放热反应的发生，产生的热量如果来不及逸出就会造成热失控，使电池爆炸或起火。

3.4 生产过程中的质量控制

任何产品的质量都要靠产品的性质来实现，鉴于实际情况，又不可能将所有的性质作为质量判断和控制的依据。选择怎样的性质和检测手段作为电池质量的标准，用以准确的表达电池质量的状态，从而分析电池过程对于电池质量的影响，建立电池生产和质量控制的手段和方法是了解电池生产过程控制的前提。

一般来讲，成品电池在没有特殊要求的情况下，考虑生产和控制成本，主要采用两种手段：①电池的容量、内阻、体积、质量、外观，这是一个可行以及可以实现的长期控制手段；②电池的循环寿命等其他特性（包括安全），这是一个可以实现的抽样检测手段。也就是说在生产过程中必须控制和检测影响容量、内阻、体积、质量、外观、电池安全和循环等的因素，以保证电池的这些性质是高于设定指标，并且均一和稳定。对于生产不同的电池产品的均一性和稳定性要求不一样，比如串联用电池和单电池，前者对电池的均一性和稳定性要求更高。但是对于生产控制来说，为节约成本等考虑，也要求产品具有均一和稳定的特点。生产过程中，产品的质量稳定性来源于如下几个方面：输入的稳定性程度、过程控制的稳定性程度、环境控制的稳定性程度和检测技术。

不同类型的锂离子电池生产流程不同。按照形态分为方形电池、圆柱电池、扣式电池；按照极片制作方式分为层叠电池、卷绕电池；按照体系分为聚合物电池、液态锂离子电池；按照包装方式分为软包装电池和硬包装电池；按照容量分为常用锂离子电池和车用锂离子电池。电池由于形态、体系等的不同，生产的过程也有不同的方式，从而导致电池生产过程的质量控制点发生一些差异。

但是从整体上看，无论哪种电池都包含以下过程：①极片的制作；②电池的组装；③电池的化成。在大部分厂家也将此作为一种组织结构，以便将电池生产过程管理区分开。下面就按照这个区分对电池的生产流程做一个概述，并分析其中的影响电池质量的因素，由于聚合物电池与液态锂离子电池生产工艺差别较大，故本节仅以液态锂离子电池为例。

3.4.1 电极的制作

与其他水溶液体系电池相比，锂离子电池的电极由于 Li^+扩散系数小，所以电极制作要求薄且长，因此电极生产要求质量高的连续涂布技术（保证电极和活性物质载量的均一性）。涂布技术不仅影响了电极的质量，也影响电池的性能以及电池的均一性。电极的一致性包括电极的厚度、单位面积活性物质载量、涂布密度等。电极一致性好是保证电池性能一致性的重要原因。

3.4.1.1 混料（成浆）

电极制作的第一步是活性物质的成浆过程。不同厂家都有自己特殊的混料工艺和设备，这也与使用的原料、设备、环境有关系。如果原料、环境等都控制不力，由于部分原材料吸收水分，部分厂家在混料之前有一个预先烘干的过程。这是一个经验过程，控制的温度和时间都不太一样，由于烘干后测试水分的手段比较复杂和缓慢，一般不作为生产控制手段来实施。而是采用一个鉴定性试验完成。通过控制温度和时间（一般延长部分时间）来控制最终烘料的质量。

在锂离子电池涂布中采用的黏结剂一般是聚偏二氟乙烯 PVDF，从对 PVDF 的溶解性、操作过程的控制、溶剂的安全性和回收等角度考虑，生产一般采用 n-甲基吡咯烷酮（NMP）作为 PVDF 溶剂。PVDF 溶解过程比较缓慢，因此在制浆料前需提前溶解 PVDF。

部分厂家有干料的预先混合步骤，而混合的过程和方式也有不同，如连续混料、超声、球磨等。可能的目的是打散部分颗粒的团聚，同时保证在黏结剂加入前固体颗粒的均匀混合。

一般采用行星搅拌方式进行混合，加料方式为：黏结剂（NMP+导电剂）混合后，加入活性物质混合，然后再加入溶剂 NMP 进行混合。基本原则为：①保证混合均一的黏结剂和导电剂环绕在活性物质周围；②小颗粒物质不易分散，最后加入 NMP 进行黏度的调节。

通过过筛和胶体磨，除去大的粒子（没有分散的），但是由于过胶体磨的时间比较长，在易于吸收水分的一些浆料中，并不建议使用。

由于气泡影响黏度以及涂布质量，所以一般浆料都要经过除泡过程。采用缓慢搅拌，低压气氛逐步使浆料中的气泡缓慢上升。

显然，有两个性质影响电池的性能。一是浆料是否均一。均一意味着导电剂与活性物质在良好设计配比的情况下充分接触和混合，浆料浓度处处相等，处处组分均一。二是浆料是否有利于涂布。是否气泡已经除尽，是否黏度满足涂布要求，是否除去团聚的颗粒。在生产中由于测试整个罐体每个部分的均一性在实际测试中间难以实现。所以一般用控制混料过程的工艺和加料顺序、质量和环境等手段来控制混料的质量。实际控制上可以通过测试黏度、细度、固体物质含量等指标来表征浆料的性质。一般合适涂布的浆料的黏度为 5~10 Pa·s，固体物质质量分数为 50%~60%。

3.4.1.2 涂布

锂离子电池涂布有多种方式，无论自动、非自动反馈系统，是涂布辊还是刮刀，自动进料和非自动进料，不管是有反馈系统还是无反馈系统，目的都是将符合要求的浆料量涂布到 Al 和 Cu 的集流体上。而表征涂布好坏以及质量的方式在于涂布的质量和宽度是否处处满足要求。

（1）涂布的均一程度对电池性能的影响。我们知道一般设计锂离子电池的原则为：$C_{Li^+} < C_{Li^-}$，也就是说负极的第一次容量必须大于正极的第一次容量，负极的可逆容量必须大于正极的可逆容量。如果涂布均一程度不够，则需要负极设计上提供更大的余量。这会从两个方面影响电池的容量，负极量的增加造成整体电池质量的增加或者厚度的增加，而且负极量的增加带来更大的不可逆容量，即减少了正极可用的锂离子的量，从而降低电池的容量。

（2）涂布均一程度的表征。任何均一程度都是与测试的尺度有关系的。在微观上任何极片都不是均一的，但是多大尺度和多大程度的不均一会影响或者如何影响电池的性能，目前尚没有定论。而在各家控制均一的时候，制定的指标又明显与测试面积有相应的关系。很显然，面积越大测试出来的均一程度越好。但是极片整体质量的均一并不代表电池的性能会有一致的表现。这是在测试和化成电池的时候经常出现的情况。

3.4.1.3 电池的干燥过程

浆料在通过刮刀后基体形成均匀的薄层浆料，并同时进入干燥过程去除 NMP 溶剂。干燥过程考虑的因素有加热方式、升温方式以及加热时间等。NMP 的沸点为 202 ℃，闪点为 95 ℃，除去 NMP 的干燥过程采用干燥空气加热的方法。由于刚涂完的浆料层有一定的流动性，要避免空气直接吹向涂布面。在 NMP 蒸发过程中，如果表面层 NMP 蒸发速度过快，在电极表面形成 PVDF 膜层，而在内部 NMP 的继续蒸发会出现表面层起皱的现象，为保证 NMP 的均匀蒸发，需要在 NMP 的沸点以下的某一温度使得浆料均匀受热。

在 NMP 蒸发的过程中，涂布浆料的组成不断发生变化，在浆料保持流动性时，浆料的组成之间存在一定的动态相互作用，这种相互作用可以引起颗粒的重排，从而影响电极膜层的初步微观结构。配置浆料的 NMP 的量、升温方式和加热时间对此都有影响。

3.4.1.4 极片制作

不同电池的极片制作不太一样，有时候与前面涂布的方式（是否有间隙涂布，是否有分段涂布）有关系。极片制作主要是防止极片的质量不符合要求以及毛刺和微颗粒的情况出现。

3.4.2 电池的组装

电池组装主要分为如下几个步骤：芯体的组装、焊接、注入电解液和封装。不同电池的组装步骤和顺序不太一样。

3.4.2.1 芯体的组装

芯体的组装有两种方式：一种是层叠芯体，另一种是卷绕芯体方式。出于电池安全和性能的考虑，组装的芯体要保证负极外缘包（大）在正极之外，防止电池充放电过程中间出现锂枝晶等。另外，隔膜也可能出现局部微短路的情况。不同厂家此处检测方式不太一样，部分采用高压方式检测，看是否有微短路的情况出现，也有直接用万用表测试。后一种测试不太可靠，而前一种测试选择合适的高压值不太容易。

3.4.2.2 焊接（铆接）

电池的引带和集流体间以及引带和壳体（或者正负极线柱子）间必须通过超声波或者

点焊来连接。焊接的强度或者牢固程度直接影响电池是否会出现断路的情况，是否会在环境适应性的试验不过关。目前尚无特别的质量测试手段引入到焊接这个环节上：一方面是因为在通常情况下调试好焊接机后，焊接质量一般可以保证；另一方面，这个步骤的质量检测属于破坏性检测，采用万有引力机测试。有采用1万次焊接，然后测试一次的方式(即抽检)；也有些厂家根本不进行检测。

3.4.2.3 注液

电解液是电池内部的重要物质。电解液过多容易造成安全问题，电解液过少，电池内阻大，同时也减少电解液在内部的传热过程。注入电解液有两个关键问题：①电解液的用量；②电解液是否充分浸润和均一浸润。从原则上讲，保证电解液不在外壳上附着，只要进入隔膜以及芯体，经过充足的时间，浸润总会发生并达到均一。但是考虑到时效，以及由于内部气体的影响，会出现浸润不均一现象。从测试上讲浸润是否均一是一个无法量化和无法测试的指标。通常，工厂采用最终电池的性能来进行判断是否浸润完毕和是否浸润均一。环境的水分问题意味着两个方面：①芯体的水分是否满足要求；②环境湿度是否满足要求。一般情况下，由于测试水分是一个破坏性试验，所以这也是一个抽测项目。

3.4.2.4 封装

电池封装有铝壳、钢壳、圆柱等各种封装形式，主要要求在于保证强度和气密封性能。

3.4.3 电池的化成

锂离子电池在注入电解液和充分浸润后，要进行电池活化，使电池负极颗粒表面形成致密和稳定的表面膜（通常称为SEI膜)。一般认为，SEI膜的形成发生在锂离子嵌入负极（充电过程）之前。稳定致密的SEI膜对于电池的循环和安全性能有很大的影响。

锂离子电池的化成（成膜）过程，通常用锂离子电池的充放电设备来进行，不少厂家也通过充放电设备来进行最后的容量筛选。所以锂离子电池化成检测技术对于锂离子电池的质量和品质有很重要的影响。

化成设备的流程控制方式：一种是上层软件控制，另一种是底层硬件控制。在设备制定好流程后，前者不断将从设备得到的信息与流程进行比较，在达到控制点时，由计算机给出指令，控制设备动作；后者计算机在流程传输完毕后，仅仅进行显示作用，并不进行设备控制。两种方式各有优缺点，前者由于采用计算机控制，在设备和计算机的信息交换上比较复杂，控制也不够灵敏，但是控制方式可以十分灵活。后者采用硬件控制，由于硬件的限制，控制方式一般比较简单，但是相对比较灵敏。

由于化成和容量筛选过程通常采用恒流恒压过程，所以化成设备对于电压和电流的控制和检测精度直接影响电池的性能。

3.4.3.1 电流精度对于测试容量的影响

基本概念包括设定电流、实际充电电流和计算电流。设定电流是化成软件设置的充电和放电电流数值，实际充电电流是在充放电过程中实际通过电池的电流（可以通过精度较高的万用表来检测)，计算电流是化成设备在计算容量的时候采用的电流（它是化成设备内部的电流检测到的电压信号，通过模数电路转换后的数值，它同设备的检测电路和模数转换精度等有关系)。

化成设备容量的计算过程：

$$C_{计算} = \sum I_{计算} t_{计算} \tag{3-23}$$

实际电池容量：

$$C_{实际} = \int I_{实际} \mathrm{d}t \tag{3-24}$$

式中　$I_{计算}$——化成设备实际用来计算电池容量所采用的电流；

$I_{实际}$——化成设备实际对电池充电的电流。

显然，测试设备对电池容量的测试差异来源于两个方面，即 $I_{计算}$ 与 $I_{实际}$ 的差异，以及在 $t_{计算}$ 这个时间内 $I_{计算}$ 是否有效地代表了 $I_{实际}$ 的平均数值。

由于设计成本和控制方面的考虑，生产设备大多不同时监控所有的电池通道，一般采用轮流检测的方式，$t_{计算}$ 表示的是轮流检测的周期。由于一般 $t_{计算}$ 比较小，所以在检测容量的过程中最主要的误差来源是 $I_{计算}$ 与 $I_{实际}$ 的差异。厂家底层计算用的电流（检测电流再通过 AD 转换成为计算用电流）与显示在计算机上的电流通常是一致的，也有厂家在此做了一些修正。

电流精度的一般特征：在测试过程中，不同通道之间会出现设定电流一样，而测试电流不一样的情况。并且一台化成设备上，由于设定电流的不同，实测电流和计算用电流之间也存在差异。也就是在不同电流下，计算用电流与实测电流之间的误差会不一样。由于同一设备使用的元器件比较一致，不同通道间的电流误差相差不大。一般来说，电池的充电电流和放电电流的误差方向并不完全一致。所以也可能出现充电实测电流与充电计算电流是正误差，而放电实测电流与放电计算电流是负误差，导致计算效率出现差异。

3.4.3.2　电压精度对于测试的影响

在充放电过程中，会导致不同通道之间的电池的充电和放电截止电压不同。特别是在轮换检测过程中，会出现一个电池电压实际上已经达到应该进行下一步流程，却由于此时还没有检测到，会对电池继续进行充电或者放电。比如充电流程设置恒流充电到 4.2 V 转变成为恒压过程，此时由于不同通道检测电路的不同、检测时间的不同，电压也有相应的差异。而在恒压过程中，也会出现不同通道的电压不同的情况下，导致不同通道间电池的充电容量的差异。同样的状况也会出现在放电情况下，通道间检测电路差异，检测时间周期的影响，也会出现放电截止电压不一致的情况，从而导致不同通道之间的放电容量的差异。

3.4.4　质量控制与管理技术 SPC 简介

统计制程控制或称统计过程控制（statistical process control，SPC），主要是指应用统计分析技术对生产过程进行实时监控，科学地区分出生产过程中产品质量的随机波动与异常波动，从而对生产过程的异常趋势提出预警，以便生产管理人员及时采取措施，消除异常，恢复过程的稳定，从而达到提高和控制质量的目的。在生产过程中，产品的加工尺寸的波动是不可避免的。它是由人、机器、材料、方法和环境等基本因素的波动影响所致。波动分为正常波动和异常波动。正常波动是偶然性原因（不可避免因素）造成的，它对产品质量影响较小，在技术上难以消除，在经济上也不值得消除。异常波动是由系统原因（异常因素）造成的，它对产品质量影响很大，但能够采取措施避免和消除。过程控制的目的就是消除、避免异常波动，使过程处于正常波动状态。

统计过程控制（SPC）是一种借助数理统计方法的过程控制工具。它对生产过程进行分析评价，根据反馈信息及时发现系统性因素出现的征兆，并采取措施消除其影响，使过程维持在仅受随机性因素影响的受控状态，以达到控制质量的目的。当过程仅受随机因素影响时，过程处于统计控制状态，简称受控状态；当过程中存在系统因素的影响时，过程处于统计失控状态，简称失控状态。由于过程波动具有统计规律性，当过程受控时，过程特性一般服从稳定的随机分布；而失控时，过程分布将发生改变。SPC 正是利用过程波动的统计规律性对过程进行分析控制的。因而，它强调过程在受控和有能力的状态下运行，从而使产品和服务稳定地满足顾客的要求。

3.4.4.1 SPC 技术的优点

SPC 强调全过程监控、全系统参与，并且强调用科学方法（主要是统计技术）来保证全过程的预防。SPC 不仅适用于质量控制，更可应用于一切管理过程（如产品设计、市场分析等）。正是由于这种全员参与管理质量的思想，实施 SPC 可以帮助企业在质量控制上真正做到“事前”预防和控制，SPC 可以对过程做出可靠的评估；确定过程的统计控制界限，判断过程是否失控和过程是否有能力；为过程提供一个早期报警系统，及时监控过程的情况以防止废品的发生；减少对常规检验的依赖性，定时地观察以及系统地测量替代了大量的检测和验证工作。

有了以上的预防和控制，从而可以达到以下目标：①降低成本；②降低不良率，减少返工和浪费；③提高劳动生产率；④提供核心竞争力；⑤赢得广泛客户；⑥更好地理解和实施质量体系。

3.4.4.2 统计学的几个基本概念

计量值与计数值：计量值的特点是可以连续读取的这些数据；计数值的特点是不可以连续读取的这些数据。

总体、个体、样本、抽样：总体是由具有某种共同特性的单位个体组成的较大数量的整体，具有同质性、大量性和差异性 3 种特性。样本是由整体里抽取的一定数量（部分或全部）个体组成的群体。抽样是抽取样本。

3.4.4.3 质量管理中常用的统计分析方法

以下介绍的这些工具和方法具有很强的实用性，而且较为简单，在许多国家、地区和各行各业都得到广泛应用。

（1）控制图用来对过程状态进行监控，并可度量、诊断和改进过程状态。

（2）直方图是以一组无间隔的直条图表现频数分布特征的统计图，能够直观地显示出数据的分布情况。

（3）排列图又叫帕累托图，它是将各个项目产生的影响从最主要到最次要的顺序进行排列的一种工具。可用其区分影响产品质量的主要、次要、一般问题，找出影响产品质量的主要因素，识别进行质量改进的机会。

（4）散布图以点的分布反映变量之间相关情况，是用来发现和显示两组数据之间相关关系的类型和程度，或确认其预期关系的一种图形工具。

（5）工序能力指数（CPK）分析工序能力满足质量标准、工艺规范的程度。

（6）频数分析形成观测量中变量不同水平的分布情况表。

(7) 描述统计量分析如平均值、最大值、最小值、范围、方差等，了解过程的一些总体特征。

(8) 相关分析研究变量之间关系的密切程度，并且假设变量都是随机变动的，不分主次，处于同等地位。

(9) 回归分析分析变量之间的相互关系。

3.4.4.4 SPC 控制图

SPC 控制图分为 Xbar-R（X-R）（平均值与全距（极差）控制图）、X-Rm（个别值与全距控制图）、P-chart（不良率控制图）、Pn-chart（不良数控制图）、C-chart（缺点数控制图）、U-chart（单位缺点数控制图）。

3.4.4.5 SPC 控制的实施

实施 SPC 分两个阶段：一是分析阶段（批量试产阶段），二是监控阶段。在这两个阶段所使用的控制图分别被称为分析用控制图和控制用控制图。

分析阶段的主要目的在于使过程处于统计稳态，并且使过程能力足够。分析阶段首先要进行的工作是生产准备，即把生产过程所需的原料、劳动力、设备、测量系统等按照标准要求进行准备。准备完成后就可以进行生产，注意一定要确保生产是在影响生产的各要素无异常的情况下进行；然后就可以用生产过程收集的数据计算控制界限，作成分析用控制图、直方图，或进行过程能力分析，检验生产过程是否处于统计稳态以及过程能力是否足够。如果任何一个不能满足，则必须寻找原因，进行改进，并重新准备生产及分析。直到达到了分析阶段的两个目的，则分析阶段可以宣告结束，进入 SPC 监控阶段。

监控阶段的主要工作是使用控制用控制图进行监控。此时控制图的控制界限已经根据分析阶段的结果而确定，生产过程的数据及时绘制到控制图上，并密切观察控制图，控制图中点的波动情况可以显示过程受控或失控，如果发现失控，必须寻找原因并尽快消除其影响。监控可以充分体现出 SPC 预防控制的作用。

在工厂的实际应用中，对于每个控制项目，都必须经过以上两个阶段，并且在必要时会重复进行这样从分析到监控的过程。

由于 SPC 控制图具有追溯性、预测性、延续性（稳定性）等特点，故 SPC 控制图的管制界限可以沿用。并采用 4M1E 方法进行分析，4M1E 是指人（MAN）、机（MACHINE）、料（MATERIAL）、法（METHOD）、环（ENVIRONMENT）五要素，五要素只要有一个发生改变就必须重新计算。

3.4.4.6 SPC 控制图（管制图）异常的判断及处理

有以下几种情况属管制图异常：①有点超出管制上/下限；②连续 7 点出现在管制中心线的一侧；③连续 7 点出现持续上升或下降；④连续 3 点中有 2 点靠近管制上/下限；⑤控制图上的点（7 点以上）出现规律性变化。

对控制图异常的处理方式如下。

(1) 工人或班组长发现 SPC 控制图异常时，首先自我检查是否严格按作业标准（SOP 或 WI）作业，相邻作业员交叉检验；情况严重，或无法查找到原因，必须立即通知品质工程师和制程工程师。

(2) 品质工程师与制程工程师现场分析后，采用 4M1E 分析制程，在较短的时间内（0.5~1 h）找到产生异常的原因；如仍然无法找到根源，而且情况严重（如产品不良率大幅超标)，则需要报告上级主管决定是否停线；品质工程师召集相关部门开会讨论，寻找根本原因（制程、设计、材料或其他）。

SPC 控制图产生异常的原因找到并实施纠正预防措施后，SPC 控制图向管制异常相反的方向转变，说明对策有效，恢复正常生产。此过程必须严密监控。

3.4.4.7 制程能力指数（参数）CPK

CPK 是反映制程能力的一个重要参数，如 CPK≥1.33，说明制程能力较好，需继续保持；如 1.33>CPK≥1，说明制程能力一般，需改进加强；如 CPK<1，说明制程能力较差，亟须改进。

3.4.4.8 SPC 的最新发展

20 世纪 70 年代在全世界范围的实践，SPC 理论已经发展得非常完善，其与计算机技术的结合日益紧密，其在企业内的应用范围、程度也已经非常广泛、深入。概括来讲，SPC 的发展呈现如下特点。

（1）分析功能强大，辅助决策作用明显。在众多企业的实践基础上发展出繁多的统计方法和分析工具，应用这些方法和工具可根据不同目的、从不同角度对数据进行深入的研究与分析，在这一过程中 SPC 的辅助决策功能越来越得到强化。

（2）体现全面质量管理的思想。随着全面质量管理思想的普及，SPC 在企业产品质量管理上的应用也逐渐从生产制造过程质量控制，扩展到产品设计、辅助生产过程、售后服务及产品使用等各个环节的质量控制，强调全过程的预防与控制。

（3）与计算机网络技术紧密结合。现代企业质量管理要求将企业内外更多的因素纳入考察监控范围、企业内部不同部门管理职能同时呈现出分工越来越细与合作越来越紧密两个特点，这都要求可快速处理不同来源的数据并做到最大程度的资源共享。为适应这种需要，SPC 与计算机技术尤其是网络技术的结合越来越紧密。

（4）系统自动化程度不断加强。传统的 SPC 系统中，原始数据是手工抄录，然后人工计算、打点描图，或者采用人工输入计算机，然后再利用计算机进行统计分析。随着生产效率的提高，在高速度、大规模、重复性生产的制造型企业里，SPC 系统已更多采取利用数据采集设备自动进行数据采集，实时传输到质量控制中心进行分析的方式。

（5）系统可扩展性和灵活性要求越来越高。企业外部和内部环境的发展变化速度呈现出加速度的趋势，成功运用的系统不仅要适合现实的需要，更要符合未来发展的要求，在系统平台的多样性、软件技术的先进性、功能适应性和灵活性以及系统开放性等方面提出越来越高的要求。

3.5 锂离子电池过程控制示例

锂离子电池在生产过程中影响电池质量的因素非常多，而且有如下几个特点：①难以量化，比如混料的均一程度；②难以测试，如是否充分浸润：③破坏性测试，如涂布质量、焊接强度、密封强度等。而其他比较容易量化和测量的指标，虽然易于控制和采集，但是实际对于电池性能的影响远不如其他指标影响大。因此在锂离子电池生产过程中采用具体的统计分析的质量控制手段比较困难。这也是国内锂离子电池在生产过程中实行质量控制的难点。

一般来说，锂离子电池生产过程的质量控制，一般是通过保证机器设备的稳定性和工艺稳定性来实现的，同时在容易量化和测量的指标上选取较有影响因素的指标作为 SPC 的过程控制。

从锂离子电池生产的过程上看，设备的稳定性是决定电池产品稳定性的关键。所以进行过程能力研究是锂离子电池生产的重要问题。

过程能力（process capacity）是工业化生产中一个重要的管理概念。它定义的是一个生产过程是否或者能够生产可接收的产品的能力，过程能力研究揭示的该过程是否有能力生产所有一致的产品，从而管理者知道是否要及时改善生产过程的各个环节。如果过程满足要求，则可以通过统计过程控制而减少传统的整体检测和监控的要求。它不仅仅在降低成本（由于减少原料检测的频度），同时也可以提高顾客满意度。

当一个过程能力研究完成后，该过程将被定义为有能力或者无能力。如果一个过程不能生产满足要求的产品，则这个过程被称为无能力，需要 100%全检。某一过程也许开始有能力，但是随着时间变化也许会变得不能满足要求。一方面是因为过程能力的分散度增加，另一方面是过程中心数值（平均数值）的漂移。

定义：过程是用以产生一个给定结果的所有的条件和行为；过程能力是一个过程行为的统计学定义，它表明在给定条件下一段时间内，一个过程生产相似部件的能力；过程能力研究是指决定过程能力的一种系统步骤。

过程能力研究有如下步骤。

（1）选择标准参数。标准参数可以从图形、合同以及检测指导书或者作业指导书中选取，比如，涂布时的厚度、质量（g）等。标准参数通常选择与产品相关的参数。

（2）数据的收集。建立良好的数据收集体系，确保合适的、准确的数据被收集。通常建议收集 60 天的数据。少于 60 天的数据必须做误差校正。

（3）建立过程的控制。产品和过程必须清晰地分开。产品是过程的最终结果。产品可能是一个物理量（比如电池）或者是一项服务（一个报告）。可以通过测量和控制产品的参数或者测量和控制输入的参数控制这个过程（如果过程输入与产品的标准参数质量的关系已经建立）。建立起通过控制输入来控制过程是最终目标。另外，过程能力系数总是通过产品的标准参数来体现的。计算过程能力系数依赖于过程的统计控制。

（4）分析过程数据。通过计算过程系数，可以估计过程的分散度（标准偏差）。

（5）建立过程监控系统。

以生产型号为 383452（表示电芯尺寸：厚度为 3.8 mm，宽为 34 mm，长为 52 mm）的液态锂离子电池为例，产品的容量控制在 675~725 mA·h，计算 CPK 是否满足要求。以对极片生产过程计算为例，在负极过量和电解液充足的情况下，电池容量基本满足：

$$C = k_{可逆}W_{正极} - k_{不可逆}W_{负极} \tag{3-25}$$

一般来说，$(k_{可逆}W_{正极})/(k_{不可逆}W_{负极})>9$。所以，容量的偏差主要取决于正极的质量（g）的偏差。考虑经验的参数值，如活性物质克容量为 130 mA·h/g，活性物质比例系数为 0.9，可以换算出产品的正极极片质量的要求为 5.7692~6.1966 g。

考虑到 383452 电池是 6 极组成的电池。选用 6 片电池极片的增重数据作为检测数据，每冲切 5000 片，随机选择 20 组极片，称取极片的质量的平均数值。持续生产，选取 60 次数据。样品质量（g）见表 3-5。

表 3-5 样品质量表

序号	质量/g	序号	质量/g	序号	质量/g	序号	质量/g
1	5.9940	16	5.8263	31	5.9757	46	6.0075
2	5.9615	17	5.8717	32	5.9698	47	5.9985
3	5.9549	18	5.9624	33	5.9734	48	6.0025
4	5.9462	19	5.8731	34	5.9933	49	5.9522
5	5.9588	20	5.9434	35	6.0129	50	5.9480
6	5.9748	21	6.0271	36	5.9920	51	5.9550
7	5.9526	22	6.0167	37	6.0078	52	6.0039
8	5.9584	23	5.9452	38	5.9887	53	5.9888
9	5.9346	24	5.9859	39	5.9899	54	5.9548
10	5.9441	25	5.9938	40	5.9816	55	5.9694
11	5.9548	26	5.9762	41	6.0392	56	5.9998
12	5.9546	27	5.9988	42	6.0102	57	5.9970
13	5.9935	28	5.9886	43	5.9630	58	5.9874
14	5.9687	29	5.9318	44	5.9569	59	5.9692
15	5.9451	30	5.9717	45	5.9944	60	5.9863

所以，极片平均数值 Mean 为 5.960983，标准偏差 S 为 0.039273849，根据 CPK 计算公式：

$$\mathrm{CPK} = \min\left[\frac{\mathrm{USL} - \mathrm{Mean}}{3S};\ \frac{\mathrm{Mean} - \mathrm{LSL}}{3S}\right] \tag{3-26}$$

要求的上限 USL=6.1966 g，要求的下限 LSL=5.7692 g，则：

$$\mathrm{CPK}_1 = (5.960983 - 5.7692)/(3 \times 0.039273849) = 1.6277 \tag{3-27}$$

$$\mathrm{CPK}_2 = (6.1966 - 5.960983)/(3 \times 0.039273849) = 1.9247 \tag{3-28}$$

根据计算结果，从 CPK_1 和 CPK_2 中取最小值可知，电池极片的过程能力为 CPK_1 = 1.6277，大于 1.33，是属于稳定过程。

据此作出的电池的 X-Bar 控制图，见图 3-22。

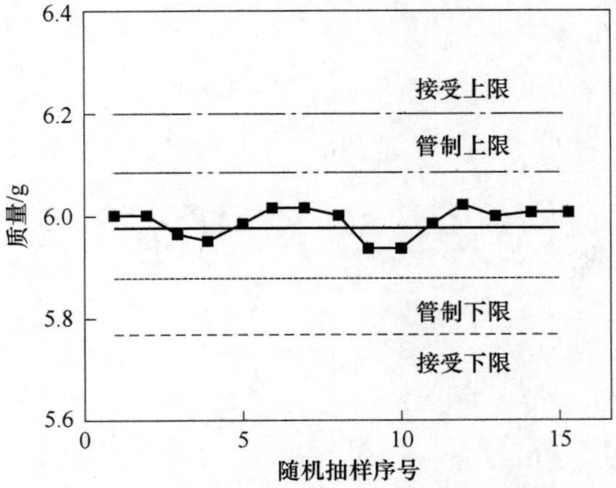

图 3-22 锂离子电池正极片质量 X-Bar 控制图

习题和思考题

3-1 新能源电池设计主要解决的问题有哪些？

3-2 新能源电池设计的基本步骤有哪些？

3-3 新能源电池需要的电性能测试项目有哪些？

3-4 新能源电池需要的安全性测试项目有哪些？

3-5 以液态锂离子电池为例，请简述电池生产工艺。

3-6 什么是统计过程控制（SPC）？

3-7 SPC 技术的优点有哪些？

3-8 SPC 控制图（管制图）异常如何判断以及怎样处理？

3-9 以锂离子电池过程控制为例，简述其 SPC 的过程控制。

3-10 假如你是电池生产商，要为小米手机生产一款电池，你需要客户小米提供的电池参数有哪些？

4 镍氢电池的性能检测

镍氢电池以金属氢化物为负极，氧化镍电极为正极，氢氧化钾溶液为电解液。镍氢电池也被称为环保绿色电池，1985 年荷兰菲利浦公司首先制成镍氢电池，1990 年以后日本、欧美各国镍氢电池实现产业化，我国镍氢电池的生产能力超过几亿只。

4.1 镍氢电池概述

4.1.1 镍氢电池的工作原理

镍氢电池正常充放电时进行如下反应：

正极反应：
$$NiOOH + H_2O + e^- \underset{充电}{\overset{放电}{\rightleftharpoons}} Ni(OH)_2 + OH^- \tag{4-1}$$

负极反应：
$$MH + OH^- \underset{充电}{\overset{放电}{\rightleftharpoons}} M + H_2O + e^- \tag{4-2}$$

电池总反应：
$$NiOOH + MH \underset{充电}{\overset{放电}{\rightleftharpoons}} Ni(OH)_2 + M \tag{4-3}$$

充电时，正极上的 $Ni(OH)_2$ 转变为 NiOOH，水分子在贮氢合金负极 M 上放电，分解出氢原子吸附在电极表面上形成吸附态的 MH_{ad}，再扩散到贮氢合金内部而被吸收形成氢化物 MH_{ab}。放电时，NiOOH 得到电子转变为 $Ni(OH)_2$，金属氢化物（MH）内部的氢原子扩散到表面而形成吸附态的氢原子，再发生电化学反应生成贮氢合金和水。

负极还可能存在副反应：

$$2MH_{ab} \longrightarrow 2M + H_2\uparrow \tag{4-4}$$

因此，为了限制负极析氢，消除氢气压力，镍氢电池一般设计成负极容量过量。

4.1.2 镍氢电池的特点

（1）能量密度高，是 Cd-Ni 电池的 1.5~2 倍。

（2）电池电压 1.2~1.3 V，与 Cd-Ni 电池相当，充放电曲线也相似，与镉镍电池具有互换性。

（3）可大电流快速充放电。

（4）低温性能好。

（5）可做成密封电池，耐过充、过放电能力强。

（6）环境相容性好，无毒、无环境污染，是绿色环保电池。

（7）无记忆效应。

（8）镍氢电池的不足是镍氢电池自放电较大，寿命也比镉镍电池稍差，但是也能达到 500 次循环以上。

4.1.3 镍氢电池的性能规格

(1) 镍氢圆柱型电池规格见表4-1。

表4-1 镍氢圆柱型电池规格

类别	型号	正常电压/V	正常容量/mA·h	尺寸		标准充电		快充		约重/g
				直径/mm	高度/mm	电流/mA	时间/h	电流/mA	时间/h	
AAAA	650 7/5AAAA	1.2	650	$8.5_{-0.5}$	$67.0_{-1.0}$	65	15	650	1.2	13
	300AAAA	1.2	300	$8.5_{-0.5}$	$42.5_{-1.0}$	30	15	300	1.2	7.0
AAA	120 1/3AAA	1.2	120	$10.5_{-0.5}$	$15.2_{-1.0}$	12	15	120	1.2	3.5
	120 1/3AAAP	1.2	120	$10.5_{-0.5}$	$15.2_{-1.0}$	12	15	120	1.2	3.5
	180 1/3AAAP	1.2	180	$10.5_{-0.5}$	$18.0_{-1.0}$	18	15	180	1.2	4.0
	240 1/2AAAP	1.2	240	$10.5_{-0.5}$	$22.0_{-1.0}$	24	15	240	1.2	5.5
	350 2/3AAAP	1.2	350	$10.5_{-0.5}$	$29.2_{-1.0}$	35	15	350	1.2	7.5
	300 2/3AAA	1.2	300	$10.5_{-0.5}$	$29.2_{-1.0}$	30	15	300	1.2	7.0
	200 2/3AAA	1.2	200	$10.5_{-0.5}$	$29.2_{-1.0}$	20	15	200	1.2	7.0
	500 4/5AAA	1.2	500	$10.5_{-0.5}$	$36_{-1.0}$	50	15	500	1.2	10.5
	450 4/5AAA	1.2	450	$10.5_{-0.5}$	$36_{-1.0}$	45	15	450	1.2	10.0
	800AAAC	1.2	800	$10.5_{-0.5}$	$44.5_{-1.0}$	80	15	800	1.2	12.5
	700AAAC	1.2	700	$10.5_{-0.5}$	$44.5_{-1.0}$	70	15	700	1.2	12.5
	600AAAC	1.2	600	$10.5_{-0.5}$	$44.5_{-1.0}$	60	15	600	1.2	12.5
	650AAAP	1.2	650	$10.5_{-0.5}$	$44.5_{-1.0}$	65	15	650	1.2	12.0
	650AAA	1.2	650	$10.5_{-0.5}$	$44.5_{-1.0}$	65	15	650	1.2	12.0
	700 5/4AAA	1.2	700	$10.5_{-0.5}$	$50.2_{-1.0}$	70	15	700	1.2	14.0
	750 5/4AAA	1.2	750	$10.5_{-0.5}$	$50.2_{-1.0}$	75	15	750	1.2	14.5
	750 5/4AAAP	1.2	750	$10.5_{-0.5}$	$50.2_{-1.0}$	75	15	750	1.2	14.0

续表 4-1

类别	型号	正常电压/V	正常容量/mA·h	尺寸		标准充电		快充		约重/g
				直径/mm	高度/mm	电流/mA	时间/h	电流/mA	时间/h	
AAA	900 7/5AAA	1.2	900	$10.5_{-0.5}$	$68.0_{-1.0}$	90	15	900	1.2	18.0
	1000 7/5AAA	1.2	1000	$10.5_{-0.5}$	$68.0_{-1.0}$	100	15	1000	1.2	19.0
AA	650 2/3AA	1.2	650	$14.5_{-0.5}$	$29.2_{-1.0}$	65	15	650	1.2	12.0
	700 2/3AA	1.2	700	$14.5_{-0.5}$	$29.2_{-1.0}$	70	15	700	1.2	12.5
	750 2/3AA	1.2	750	$14.5_{-0.5}$	$29.2_{-1.0}$	75	15	750	1.2	12.5
	650 2/3AAP	1.2	650	$14.5_{-0.5}$	$29.2_{-1.0}$	65	15	650	1.2	12.5
	700 2/3AAP	1.2	700	$14.5_{-0.5}$	$29.2_{-1.0}$	70	15	700	1.2	13.0
	800 3/4AA	1.2	800	$14.5_{-0.5}$	$38.5_{-1.0}$	80	15	800	1.2	16.0
	1100 4/5AA	1.2	1100	$14.5_{-0.5}$	$43.0_{-1.0}$	110	15	1100	1.2	21.0
	1200 4/5AA	1.2	1200	$14.5_{-0.5}$	$43.0_{-1.0}$	120	15	1200	1.2	22.0
	800AA	1.2	800	$14.5_{-0.5}$	$50.5_{-1.0}$	80	15	800	1.2	20.0
	1200AA	1.2	1200	$14.5_{-0.5}$	$50.5_{-1.0}$	120	15	1200	1.2	25.0
	1300AA	1.2	1300	$14.5_{-0.5}$	$50.5_{-1.0}$	130	15	1300	1.2	25.5
	1500AA	1.2	1500	$14.5_{-0.5}$	$50.5_{-1.0}$	150	15	1500	1.2	26.0
	1600AA	1.2	1600	$14.5_{-0.5}$	$50.5_{-1.0}$	160	15	1600	1.2	26.5
	1800AA	1.2	1800	$14.5_{-0.5}$	$50.5_{-1.0}$	180	15	1800	1.2	27.0
	1300AAC	1.2	1300	$14.5_{-0.5}$	$50.5_{-1.0}$	130	15	1300	1.2	25.5
	1500AAC	1.2	1500	$14.5_{-0.5}$	$50.5_{-1.0}$	150	15	1500	1.2	26.0
	1600AAC	1.2	1600	$14.5_{-0.5}$	$50.5_{-1.0}$	160	15	1600	1.2	26.50
	1800AAC	1.2	1800	$14.5_{-0.5}$	$50.5_{-1.0}$	180	15	1800	1.2	29.0
	2000AAC	1.2	2000	$14.5_{-0.5}$	$50.5_{-1.0}$	200	15	2000	1.2	29.5
	2100AAC	1.2	2100	$14.5_{-0.5}$	$50.5_{-1.0}$	210	15	2100	1.2	30.0
	2350AAC	1.2	2350	$14.5_{-0.5}$	$50.5_{-1.0}$	235	15	2350	1.2	30.5
	2100 7/5AA	1.2	2100	$14.5_{-0.5}$	$65.5_{-1.0}$	210	15	2100	1.2	30.5
A	900 2/3A	1.2	900	$17.0_{-0.5}$	$29.2_{-1.0}$	90	15	900	1.2	22.0
	1100 2/3A	1.2	1100	$17.0_{-0.5}$	$29.2_{-1.0}$	110	15	1100	1.2	23
	1100 2/3AP	1.2	1100	$17.0_{-0.5}$	$29.2_{-1.0}$	110	15	1100	1.2	23
	1800 4/5A	1.2	1800	$17.0_{-0.5}$	$43.0_{-1.0}$	180	15	1800	1.2	27.0
	2100 4/5A	1.2	2100	$17.0_{-0.5}$	$43.0_{-1.0}$	210	15	2100	1.2	30.0
	2100A	1.2	2100	$17.0_{-0.5}$	$50.0_{-1.0}$	210	15	2100	1.2	30.0
	2500A	1.2	2500	$17.0_{-0.5}$	$50.0_{-1.0}$	250	15	2500	1.2	35.0
	2500 7/5A	1.2	2500	$17.0_{-0.5}$	$67.5_{-1.0}$	250	15	2500	1.2	40.0
	3000 7/5A	1.2	3000	$17.0_{-0.5}$	$67.5_{-1.0}$	300	15	3000	1.2	43.5

续表 4-1

类别	型号	正常电压/V	正常容量/mA·h	尺寸		标准充电		快充		约重/g
				直径/mm	高度/mm	电流/mA	时间/h	电流/mA	时间/h	
A	3500 7/5A	1.2	3500	$17.0_{-0.5}$	$67.5_{-1.0}$	350	15	3500	1.2	45.0
	3600 7/5A	1.2	3600	$17.0_{-0.5}$	$67.5_{-1.0}$	360	15	3600	1.2	47.0
	3800 7/5A	1.2	3800	$17.0_{-0.5}$	$67.5_{-1.0}$	380	15	3800	1.2	48.0
SC	1800 4/5	1.2	1800	$23.0_{-0.5}$	$34.0_{-1.0}$	180	15	1800	1.2	43.0
	2200 4/5	1.2	2200	$23.0_{-0.5}$	$34.0_{-1.0}$	220	15	2200	1.2	46.0
	2300	1.2	2300	$23.0_{-0.5}$	$43.0_{-1.0}$	230	15	2300	1.2	56.0
	2500	1.2	2500	$23.0_{-0.5}$	$43.0_{-1.0}$	250	15	2500	1.2	58.0
	2800	1.2	2800	$23.0_{-0.5}$	$43.0_{-1.0}$	280	15	2800	1.2	59.0
	3000	1.2	3000	$23.0_{-0.5}$	$43.0_{-1.0}$	300	15	3000	1.2	60.0
	3300	1.2	3300	$23.0_{-0.5}$	$43.0_{-1.0}$	330	15	3300	1.2	62.0
C	3800	1.2	3800	$25.8_{-0.5}$	$50.0_{-1.0}$	380	15	3800	1.2	73
	4000	1.2	4000	$25.8_{-0.5}$	$50.0_{-1.0}$	400	15	4000	1.2	75
	4500	1.2	4500	$25.8_{-0.5}$	$50.0_{-1.0}$	450	15	4500	1.2	77
D	6500	1.2	6500	$33.0_{-0.5}$	$61.8_{-1.0}$	650	15	6500	1.2	160
	7000	1.2	7000	$33.0_{-0.5}$	$60.5_{-1.0}$	700	15	7000	1.2	165
	8000	1.2	8000	$33.0_{-0.5}$	$60.5_{-1.0}$	800	15	8000	1.2	170
	9000	1.2	9000	$33.0_{-0.5}$	$61.8_{-1.0}$	900	15	9000	1.2	175

（2）镍氢方型电池规格见表 4-2。

表 4-2 镍氢方型电池规格

类别	型号	正常电压/V	容量/mA·h	尺寸 $W\times T\times H$/mm	标准充电		快速充电		约重/g
					电流/mA	时间/h	电流/mA	时间/h	
7/5F6	1400 7/5F6C	1.2	1400	$17.0_{-0.5}\times6.0_{-0.5}\times67.0_{-1.0}$	140	15	1400	1.2	25.5
	1350 7/5F6C	1.2	1350	$17.0_{-0.5}\times6.0_{-0.5}\times67.0_{-1.0}$	135	15	1350	1.2	25.5
	1200 7/5F6C	1.2	1200	$17.0_{-0.5}\times6.0_{-0.5}\times67.0_{-1.0}$	120	15	1200	1.2	25.0
	1200 7/5F6	1.2	1200	$17.0_{-0.5}\times6.0_{-0.5}\times67.0_{-1.0}$	120	15	1200	1.2	25.0
	1100 7/5F6	1.2	1100	$17.0_{-0.5}\times6.0_{-0.5}\times67.0_{-1.0}$	110	15	1100	1.2	25.0
	900 7/5F6	1.2	900	$17.0_{-0.5}\times6.0_{-0.5}\times67.0_{-1.0}$	90	15	900	1.2	24.8
F6	850 F6	1.2	850	$17.0_{-0.5}\times6.0_{-0.5}\times67.0_{-1.0}$	85	15	850	1.2	17.5
	750 F6	1.2	750	$17.0_{-0.5}\times6.0_{-0.5}\times67.0_{-1.0}$	75	15	750	1.2	17.0
	750 F6C	1.2	750	$17.0_{-0.5}\times6.0_{-0.5}\times67.0_{-1.0}$	75	15	750	1.2	17.0
	600 F6	1.2	600	$17.0_{-0.5}\times6.0_{-0.5}\times67.0_{-1.0}$	60	15	600	1.2	16.5
4/5F6	600 4/5F6	1.2	600	$17.0_{-0.5}\times6.0_{-0.5}\times67.0_{-1.0}$	60	15	600	1.2	13.0
	600 4/5F6C	1.2	600	$17.0_{-0.5}\times6.0_{-0.5}\times67.0_{-1.0}$	60	15	600	1.2	13.0
	500 4/5F6	1.2	500	$17.0_{-0.5}\times6.0_{-0.5}\times67.0_{-1.0}$	50	15	500	1.2	12.5

续表 4-2

类别	型号	正常电压/V	容量/mA·h	尺寸 $W\times T\times H$/mm	标准充电		快速充电		约重/g
					电流/mA	时间/h	电流/mA	时间/h	
3/5F6	500 3/5F6	1.2	500	$17.0_{-0.5}\times 6.0_{-0.5}\times 67.0_{-1.0}$	50	15	500	1.2	12.5
3/5F6S	550 3/5F6S	1.2	550	$16.0_{-0.5}\times 6.0_{-0.5}\times 67.0_{-1.0}$	55	15	550	1.2	13.0
2/3F6	400 2/3F6	1.2	400	$17.0_{-0.5}\times 6.0_{-0.5}\times 67.0_{-1.0}$	40	15	400	1.2	11.0
F8	1100F8	1.2	1100	$17.0_{-0.5}\times 6.0_{-0.5}\times 67.0_{-1.0}$	110	15	1100	1.2	24.0
	1200F8C	1.2	1200	$17.0_{-0.5}\times 6.0_{-0.5}\times 67.0_{-1.0}$	120	15	1200	1.2	24.0
	750 4/5F8	1.2	750	$17.0_{-0.5}\times 6.0_{-0.5}\times 67.0_{-1.0}$	75	15	750	1.2	17.0

（3）镍氢扣式充电电池规格见表 4-3。

表 4-3 镍氢扣式充电电池规格

类别	型号	电压/V	容量/mA·h	尺寸		标准充电		快充		约重/g
				直径/mm	高度/mm	电流/mA	时间/h	电流/mA	时间/h	
1131	20BC	1.2	20	$11.6_{-0.5}$	$3.1_{-0.6}$	2	15	10	3	1.5
1154	40BC	1.2	40	$11.6_{-0.5}$	$5.5_{-0.6}$	4	15	20	3	2.0
1565	80BC	1.2	80	$15.6_{-0.5}$	$6.1_{-0.6}$	8	15	40	3	6.5
1575	130BC	1.2	130	$15.6_{-0.5}$	$7.95_{-0.6}$	13	15	65	3	5.0
2565	200BC	1.2	200	$25.2_{-0.5}$	$6.6_{-0.6}$	20	15	100	3	11.0
	260BC	1.2	260	$25.2_{-0.5}$	$6.6_{-0.6}$	26	15	130	3	11.0
	280BC	1.2	280	$25.2_{-0.5}$	$6.6_{-0.6}$	28	15	140	3	11.5
2575	300BC	1.2	300	$25.2_{-0.5}$	$7.7_{-0.6}$	30	15	150	3	12.0
2585	320BC	1.2	320	$25.2_{-0.5}$	$8.5_{-0.6}$	32	15	160	3	13.0
	360BC	1.2	360	$25.2_{-0.5}$	$8.5_{-0.6}$	36	15	180	3	13.5
	400BC	1.2	400	$25.2_{-0.5}$	$8.5_{-0.6}$	40	15	200	3	14.0

（4）镍氢 9 V 充电电池规格见表 4-4。

表 4-4 镍氢 9 V 充电电池规格

类别	型号	电压/V	容量/mA·h	尺寸 $W\times T\times H$/mm	标准充电		快充		约重/g
					电流/mA	时间/h	电流/mA	时间/h	
6F22	150 9 V	8.4	150	$25.6_{-0.5}\times 16.5_{-0.5}\times 48.5_{-0.5}$	15	15	75	3.0	39.0
	160 9 V	8.4	160	$25.6_{-0.5}\times 16.5_{-0.5}\times 48.5_{-0.5}$	16	15	160	1.2	40.0
	260 9 V	8.4	260	$25.6_{-0.5}\times 16.5_{-0.5}\times 48.5_{-0.5}$	26	15	260	1.2	58.0
	300 9 V	8.4	300	$25.6_{-0.5}\times 16.5_{-0.5}\times 48.5_{-0.5}$	30	15	300	1.2	59.0
9 V	150BC	1.2	150	$25.0_{-0.5}\times 14.5_{-0.5}\times 6.5_{-0.6}$	15	15	75	3.0	4.5

（5）镍氢 12 V 蓄电池（组）规格见表 4-5。

表 4-5 镍氢 12 V 蓄电池（组）规格

型号	标称电压/V	额定容量 C_3 /A·h	外形尺寸/mm			质量/kg
			长	宽	高	
10QNY5	12	4.5	140	82	65	≤0.9
10QNY7	12	7	165	100	75	≤1.7
10QNY10	12	10	197	125	75	≤2.7
10QNY18	12	18	197	125	106	≤4.1
10QNF12	12	12	165	60	90	≤2.7
10QNF25	12	25	320	60	90	≤6.8
10QNF30	12	30	320	80	100	≤8
10QNF60	12	60	248	116	175	≤15
10QNF80	12	80	318	116	175	≤19
10QNF100	12	100	388	116	175	≤23

4.2 镍氢电池的电性能

镍氢电池正极为氧化镍电极，负极为储氢合金电极，隔膜一般为无纺布。圆柱形镍氢电池外壳为镀镍钢筒，电池盖帽上装有安全排气装置。方形镍氢电池的外壳可以使用镀镍钢壳，也可以使用尼龙塑料壳。镍氢电池的特点是能量密度高，无记忆效应，耐过充过放能力强，无污染，被称为绿色电池。

4.2.1 镍氢电池充放电特性

镍氢电池的充电曲线与 Cd-Ni 电池相似，但充电后期电压比 Cd-Ni 电池低。镍氢电池的充电速率快，充电电压高，充电后期温度高，如图 4-1 所示。

镍氢电池的标称电压是 1.2 V，放电容量几乎是 Cd-Ni 电池的 2 倍。镍氢电池的放电倍率越大，放电电压越低，放电容量也越小，如图 4-2 所示。

4.2.2 镍氢电池温度特性

镍氢电池具有电压负温度系数。当充电容量接近 75%时，正极析氧，电池电压升高；充电容量 100%时，电池电压接近最大；过充，由于电池内部放热，电池温度升高，电池电压又开始降低，如图 4-3 所示。引起这种现象的原因是电池电压有一个负的温度系数。由于充电效率依赖于温度，因此，在较高的温度下充电时，电池的放电容量会降低。

镍氢电池在放电倍率相同的情况下，环境温度降低，放电容量降低；在相同的环境温度下，放电倍率越大，放电容量越低，如图 4-4 所示。随着镍氢电池放电倍率提高，温度对放电容量的影响越来越大，特别是低温大功率放电，放电容量急剧下降。

4.2.3 镍氢电池的内压

镍氢电池的内压是始终存在的，通常维持在正常水平。在过充电或过放电情况下，电

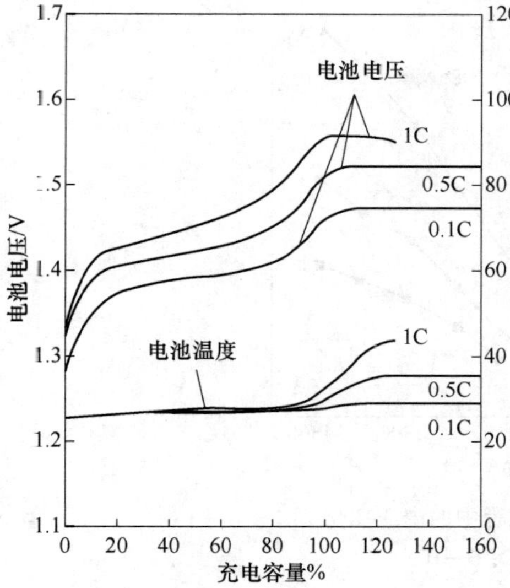

图 4-1 镍氢电池的充电曲线

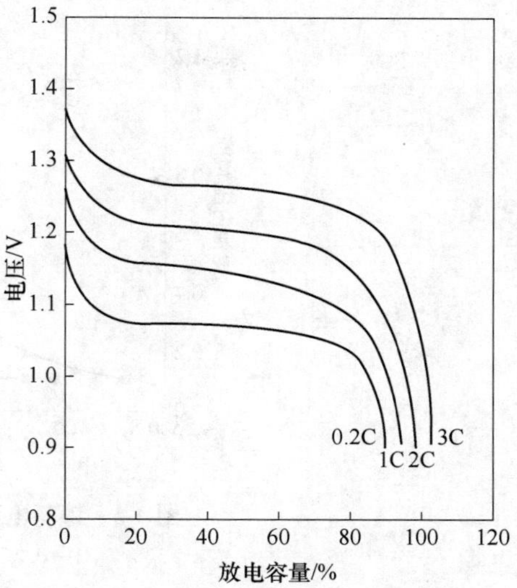

图 4-2 镍氢电池的放电曲线

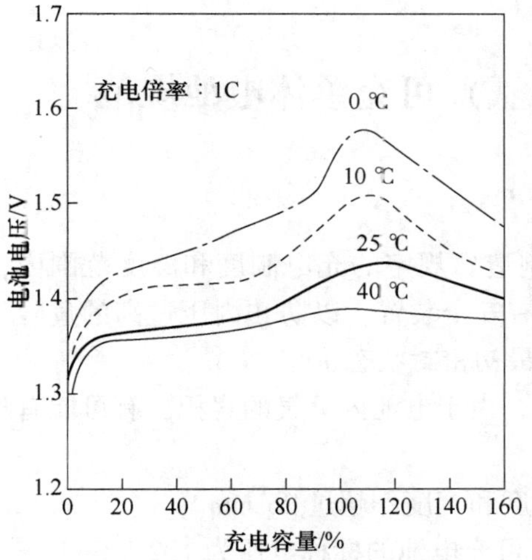

图 4-3 不同温度下的充电曲线

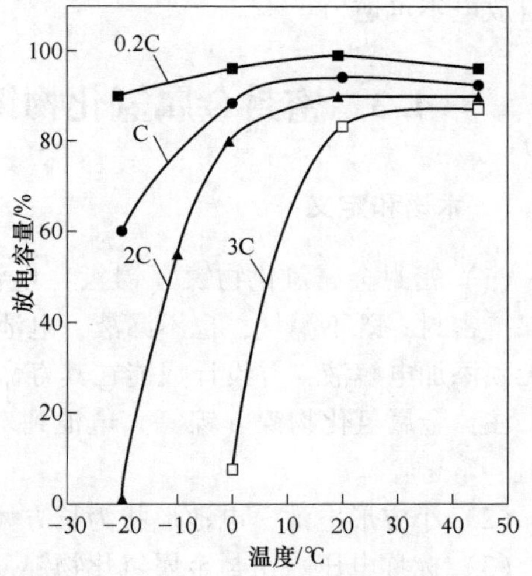

图 4-4 不同温度下的放电曲线

池内可能会产生较高压力，带来安全问题。随电池充放电循环次数增加，储氢合金的性能随之衰减，电池的内压还会逐渐升高。

镍氢电池的内压随充电电流的增大而升高，如图 4-5 所示。这主要是由于镍氢电池在充电过程中，正极上产生氧气不能及时在负极上复合，负极上产生氢气不能及时被合金吸收，都会使内压升高。

4.2.4 镍氢电池的自放电特性

镍氢电池的自放电比较大，20 ℃下，月自放电率达到 20%~25%。引起自放电的主要

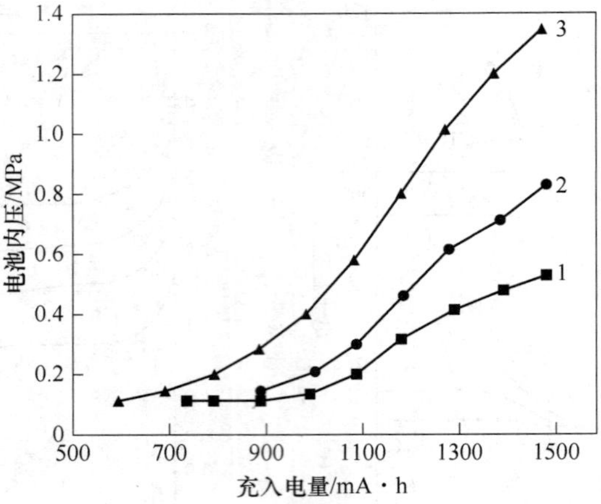

图 4-5 镍氢电池充电过程中的内压变化

1—0.2C；2—0.5C；3—1C

因素包括储氢合金的组成、环境温度、电池的组装工艺等。镍氢电池的自放电主要受控于 MH 电极。环境温度越高，自放电越大。储氢合金的氧化失效也会导致自放电，且这一部分自放电不可逆。

4.3 密封金属氢化物镍（镍氢）可充单体电池规范

4.3.1 术语和定义

（1）密封金属氢化物镍（镍氢）电池。在制造厂规定的充电制度和温度范围内，电池保持密封，既不漏气，也不漏液，电池本身装有安全装置，以防止内压过高的危险。电池无须添加电解液，并设计成能在其寿命期间以最初密封状态工作。

注：金属氢化物镍（镍氢）电池到寿命末期，由于电池内氢气的累积，有可能有气体逸出。

（2）小方形电池。电池形状为长方体，其厚度和宽度不超过 25 mm。

（3）标称电压。密封金属氢化物镍（镍氢）可充电池的标称电压为 1.2 V。

（4）额定容量。制造商所标明的电量 C_5A·h，即单体电池在 20 ℃条件下，以 0.2I_tA 的标准试验电流放电至终止电压 1.0 V 时，所能提供的最低电量。单体电池的充电、搁置和放电按 4.2.3 的规定进行。

（5）参数测量公差。相对于规定值或实际值，所有可控值或测量值的准确度应在下列公差之内：①电压±1%；②电流±1%；③容量±1%；④温度±2 ℃；⑤时间±0.1%。以上公差是由测量仪器、所使用的检测方法及测试过程中所有其他误差源组合形成的准确度。

4.3.2 型号和标志

4.3.2.1 电池型号

（1）圆柱密封金属氢化物镍（镍氢）可充单体电池：圆柱密封金属氢化物镍（镍氢）

可充单体电池的型号是以字母“HR”开头，后接以斜线分开的两组数字。

斜线左边的两个数字表示不小于电池所规定的最大直径的整数，以 mm 为单位；斜线右边的两个数字表示不小于电池所规定的最大高度的整数，以 mm 为单位。例如：HR15/51。

（2）小方形密封金属氢化物镍（镍氢）可充单体电池：小方形密封金属氢化物镍（镍氢）可充单体电池的型号是以字母“HF”开头，后接以斜线分开的三组数字。

第一个斜线左边的两个数字表示不小于电池所规定的最大宽度的整数，以 mm 为单位；中间的两个数字表示不小于电池所规定的最大厚度的整数，以 mm 为单位；第二个斜线右边的两个数字表示不小于电池所规定的最大高度的整数，以 mm 为单位。例如：HF18/07/49。

4.3.2.2　标志

无连接片的每只电池均应给出下列永久性标志：①密封金属氢化物镍可充电池或镍氢；②电池型号（按 4.3.2.1 节的规定）；③额定容量；④标称电压；⑤推荐的充电率和时间；⑥极性；⑦制造日期（可用代码）；⑧制造商或供应商的名称或商标（标志）。

注：如果带有连接片的密封金属氢化物镍可充单体电池是电池组的组成部分时，一般不需要标示，因为在这种情况下电池组本身标有上述内容。

4.3.3　电气试验

进行各种试验的充电电流和放电电流应以额定容量为基准。除（7）规定的试验外，在所有试验中不应出现电解液泄漏。

（1）试验的充电程序（方法）。除本规范另有说明外，试验的充电方法是在环境温度为 20 ℃±5 ℃条件下，以恒电流 $0.1I_t$A 充电 16 h。充电前，电池应在 20 ℃±5 ℃条件下以 $0.2I_t$A 恒流放电至终止电压 1.0 V。

（2）放电性能。应按顺序进行下面的放电试验：

1）20 ℃放电性能。电池应按（1）充电，充电后电池应在环境温度 20 ℃±5 ℃条件下搁置 1~4 h。然后在此环境温度下按表 4-6 规定放电。放电持续时间不少于表 4-6 规定的最短持续放电时间。

表 4-6　20 ℃放电性能

放电条件		最短持续放电时间
放电电流/A	终止电压/V	
$0.2I_t$①	1.0	5 h
$1I_t$	0.9	42 min

①该项试验允许进行 5 次循环，当任一次循环结束满足要求时，可停止试验。

2）0 ℃放电性能。电池按（1）充电后，应在环境温度为 0 ℃±2 ℃条件下搁置 16~24 h。然后在相同环境温度下，按表 4-7 规定放电，放电持续时间不少于表 4-7 规定的最短持续放电时间。

表 4-7 0 ℃放电性能

放电条件		最短持续放电时间
放电电流/A	终止电压/V	
$0.2I_t$	1.0	4 h
$1I_t$	0.9	36 min

(3) 荷电保持能力。荷电保持能力应采用下列试验进行检验。电池按(1)规定充电后，应在环境温度为 20 ℃±2 ℃的条件下开路搁置 28 d，搁置期间允许短时间内温度在 20 ℃±5 ℃范围内变化。

电池在 20 ℃下搁置 28 d 后，应在(2)规定的条件下以 $0.2I_t$A 恒流放电，持续放电时间不少于 3 h。

(4) 循环寿命。循环寿命试验前，电池应以 $0.2I_t$A 恒流放电至终止电压 1.0 V。所有型号的电池都应在环境温度为 20 ℃±5 ℃条件下进行下面的寿命试验。充放电应按表 4-8 中规定的条件始终以恒电流进行，试验期间，应防止电池外壳温度超过 35 ℃，必要时可采取强制通风措施。

表 4-8 循环寿命试验

循环次数	充电	充电态搁置	放电
1	$0.1I_t$A，16 h	无	$0.25I_t$A，2 h 20 min
2~48	$0.25I_t$A，3 h 10 min	无	$0.25I_t$A，2 h 20 min
49	$0.25I_t$A，3 h 10 min	无	$0.25I_t$A，放电至电压 1.0 V
50	$0.1I_t$A，16 h	1~4 h	$0.2I_t$A，放电至电压 1.0 V①

①电池在完成 50 次循环后，允许开路搁置足够的时间，以便正好隔两周开始第 51 次循环。在第 100、150、200、250、300、350、400 次和第 450 次时可采用同样的方法（程序）。如果放电电压低于 1.0 V，则放电可以停止。

重复 1~50 次循环，直至出现任一个第 50 次循环的放电时间少于 3 h 为止，这里按照第 50 次循环的规定再进行一次循环。

当两个这样的连续循环的持续放电时间均少于 3 h 时，寿命试验终止。试验结束时，循环次数应不少于 500 次。

(5) 过充电。电池耐过充电的能力应通过下列试验进行检测。

电池应在环境温度为 20 ℃±5 ℃条件下以 $0.1I_t$A 恒流充电 48 h。充电后，电池在相同环境温度下搁置 1~4 h。

然后，电池在 20 ℃±5 ℃条件下以 $0.2I_t$A 恒流放电至终止电压 1.0 V，放电持续时间不少于 5 h。

(6) 安全装置动作。警告：进行本试验时，应非常小心。电池应分别进行试验，并应注意：不符合要求的电池，即使切断充电电流也会发生爆炸，因此试验应在保护装置中进行。

为证实当电池内压超过安全装置动作的临界值时，电池的安全装置将会动作，释放气体。应进行下述试验。

电池在环境温度 20 ℃±5 ℃条件下以 $0.2I_t$A 恒流强制放电至终止电压 0 V。然后将电

流增至 $1I_t$A，并在相同的环境温度下保持 60 min。在此期间及放电结束后，电池不应破裂或爆炸，但允许漏液和变形。

（7）贮存。贮存试验前，电池应按（1）规定充电，然后在平均温度 20 ℃±5 ℃、相对湿度（65±20）%的条件下开路搁置 12 个月。

贮存期间，环境温度在任何时候都不应超出 20 ℃±10 ℃的范围。

贮存期满后，电池应按（1）规定进行放电和充电，并以（2）规定的 $0.2I_t$A 恒流放电。

在 20 ℃条件下贮存 12 个月后，放电持续时间应不少于 4 h。允许电池经 5 次充放电循环后达到容量要求。

注：随后的质量检验过程中，在电池的贮存放电取得满意的结果之前，可同意暂时认可电池性能。

（8）内阻。密封金属氢化物镍可充单体电池的内阻应用交流法或直流法检验。

在同一只电池上用交流和直流两种方法进行内阻测量时，应首先用交流法，随后用直流法。在此情况下，就无须在交流法和直流法测量之间对电池进行放电和充电。

测量前，电池应以 $0.2I_t$A 放电至终止电压 1.0 V，然后再按（1）充电，充电后电池在 20 ℃±5 ℃的环境温度下搁置 1～4 h。

1）交流内阻的测量。对电池施加频率为 1.0 kHz±0.1 kHz 的交流电流 I_a 1～5 s，测量交流电压 U_a。交流内阻 R_{ac} 按下式计算：

$$R_{ac}=\frac{U_a}{I_a} \tag{4-5}$$

式中　R_{ac}——交流内阻；

U_a——交流电压有效值；

I_a——交流电流有效值。

注 1：应选择适当的交流电流，使峰值电压保持在 20 mV 以下。

注 2：这种方法实际上是测量阻抗，在规定的频率范围之内其值近似等于内阻。

2）直流内阻的测量。电池以恒电流 I_1 持续放电 10 s，放电 10 s 后测量并记录放电电压 U_1；然后立即将电流增加到恒电流值 I_2 持续放电 3 s，放电 3 s 后测量并记录相应的放电电压 U_2。

所有电压的测量都应在电池的极端进行，并与传导电流的触点分开。

电池的直流内阻 R_{dc} 按下式计算：

$$R_{dc}=\frac{U_1-U_2}{I_1-I_2} \tag{4-6}$$

式中　R_{dc}——直流电阻；

I_1——恒流放电电流 $0.2I_t$A；

I_2——恒流放电电流 $2I_t$A；

U_1，U_2——放电过程中测得的相应电压值。

4.3.4　机械碰撞试验

电池的耐机械冲击能力应按 GB/T 2423.6—1995 规定的方法进行检测。

随机抽取电池以备试验用。如果是圆柱电池，半数电池的碰撞方向与电池的高度方向（轴向）平行，另半数电池的碰撞方向应垂直于电池的高度方向；如果是小方形电池，则每只电池必须在3个相互垂直轴线的2个最易损坏的方向上进行碰撞试验。

每只试验电池应安装牢固，用强粘接力环氧树脂胶将电池黏到至少5 mm厚的钢板上。根据试验电池的冲击方向，可将电池底或侧壁与安装板黏结在一起。

然后每只电池应按4.3.3规定进行充电。充电完成后进行碰撞试验。碰撞试验应在20 ℃±5 ℃的环境温度下，按下列条件进行：①峰值加速度（A）98 m/s^2（10g）；②脉冲宽度（D）16 ms；③相应速度变化1.00 m/s；④碰撞次数1000±10。

碰撞试验完成后，每只电池应在环境温度20 ℃±5 ℃条件下搁置1～4 h。然后在相同环境温度下，以0.2I_tA恒流放电至终止电压1.0 V，放电时间不少于5 h。

4.3.5　定型和验收

定型试验的顺序和样本大小按表4-9中的规定。电池分为6组，即A、B、C、D、E和F组，并分别进行试验。所需样品总数为27只，其中包括一只备用电池，在发生供货方责任范围之外的任何失效时，用于重复进行试验。

表4-9　定型试验程序

分组	样本数（大小）	试验方法	允许不合格电池数	
			每组	总数
A	27	标志 尺寸 20 ℃下以0.2I_tA放电 20 ℃下以1I_tA放电	0	3
B	5	0 ℃下以0.2I_tA放电 0 ℃下以1I_tA放电	1	
C	5	过充电 安全装置动作（能力）	0	
D	5	循环寿命	1	
E	6	荷电保持能力 碰撞试验	1	
F	5	贮存 20 ℃下以0.2I_tA放电	1	

各组电池应依次进行各项试验，全部电池都应进行A组试验，然后按表4-9中规定的样本大小将样品随机分为5组。

表4-9规定了每组电池允许不合格电池数和总不合格电池数。如果一只电池不符合一组中的全部或部分试验项目的要求，则认为该电池不合格。

4.4 电动车用金属氢化物镍（镍氢）蓄电池（组）规范

本规范适用于电动车辆用额定电压 12 V 的密封金属氢化物镍（镍氢）蓄电池（组）。

4.4.1 定义与符号

（1）密封蓄电池。当蓄电池在规定设计范围内工作时保持密封状态，但当内部压力超过预定值时，允许气体通过一个可复位或不可复位的压力释放装置逸出。

（2）符号如下：

C_3——3 小时率额定容量。

I_3—— 3 小时率放电电流，其数值等于$\frac{1}{3}C_3$（A）。

ΔV——蓄电池以一定电流充电时，充电电压升高至最高值 V_1 后，在规定的时间内下降至 V_2 的电压压降，用符号 ΔV 表示，即 $\Delta V=V_2-V_1$。

（3）产品分类与命名。蓄电池由 10 只单体电池组成，单体电池可分为方形和圆柱形两种，分别用“10QNF×××”和“10QNY×××”表示。例：

10 QN F 100

- 100——电池额定容量，100 A·h
- F——单体电池形状代号，方形(Y代表圆柱形)
- QN——蓄电池系列代号，金属氢化物镍蓄电池
- 10——蓄电池含单体电池只数，10只

4.4.2 要求

（1）外观。蓄电池按 4.4.3（2）检验时，外壳不得有变形及裂纹，表面平整、干燥、无碱痕，且标志清晰、正确。

（2）极性。蓄电池按 4.4.3（3）检验时，电池极性应与标志的极性符号一致。

（3）外形尺寸及质量。蓄电池外形尺寸、质量见表 4-5。

（4）短路试验。蓄电池经外部短路 5 min 时间，电池不得爆炸、起火。

（5）穿刺试验。用 ϕ6~8 mm 的钢钉从蓄电池正面贯穿，蓄电池不得爆炸、起火；允许电池变形和电解液泄漏。

（6）$2I_3$（A）充电性能。蓄电池经 $2I_3$（A）恒流充电后，再用 $1I_3$（A）电流恒流放电至 10 V，其放电时间不应少于 2 h 26 min。

（7）20 ℃放电性能。蓄电池按 4.4.3（9）试验时，在 20 ℃±5 ℃条件下，放电时间应不低于表 4-10 的规定值。

表 4-10 20 ℃放电性能

恒流放电电流/A	终止电压/V	最少放电时间
$1I_3$	10	3 h
$3I_3$	10	50 min
$6I_3$	9	22 min
$9I_3$	10	1 min

（8）−18 ℃放电性能。蓄电池按 4.4.3（10）试验时，在−18 ℃±2 ℃条件下，放电时间应不低于表 4-11 的规定值。

表 4-11 −18 ℃放电性能

恒流放电电流/A	终止电压/V	最少放电时间
$1I_3$	10	2 h 18 min
$3I_3$	10	30 min

（9）50 ℃放电性能。蓄电池按 4.4.3（11）试验时，在 50 ℃±2 ℃条件下，放电时间应不低于表 4-12 的规定值。

表 4-12 50 ℃放电性能

恒流放电电流/A	终止电压/V	最少放电时间
$1I_3$	10	2 h 15 min
$3I_3$	10	35 min

（10）荷电保持能力。蓄电池按 4.4.3（12）试验时，其放电时间不少于 2 h。

（11）单体蓄电池安全阀工作能力。单体蓄电池按 4.4.3（13）试验时，不得破裂爆炸，但允许漏液和变形。

（12）循环寿命。蓄电池按 4.4.3（14）试验时，循环寿命不少于 300 次，试验期间不得漏液。

（13）耐振动性能。蓄电池按 4.4.3（15）试验时，不允许出现放电电流锐变、电压异常、电池壳变形、电解液溢出等现象。蓄电池放电容量不低于其额定容量值。

（14）贮存。蓄电池按 4.4.3（16）贮存 12 个月，其放电时间应不低于表 4-10 的规定值。

4.4.3 试验方法

（1）试验条件如下：

1）环境条件。除另有规定外，试验应在温度 15~35 ℃、相对湿度 25%~85%、大气压力 86~106 kPa 环境中进行。

2）测量仪器、仪表量程和准确度要求如下：

①量程。所用仪表量程应随被测电压或电流数值改变，指针式仪表读数应在量程的后三分之一范围内。

②准确度。电压表：准确度不低于 0.5 级，其内阻至少为 1 kΩ/V；电流表：准确度不低于 0.5 级；温度计：具有适当的量程，其分度值不大于 1 ℃，标定准确度不低于 0.5 ℃；计时器：按时、分、秒分度，准确度为±1%；密度计：具有适当的量程，每个分度值不大于 0.005 g/cm^3；测量尺寸的量具：分度值不大于 1 mm；称量质量的衡器：准确度为±0.05%以上。

（2）外观。用目测法检查蓄电池的外观。

（3）极性。用电压表或反极仪检测蓄电池极性。

（4）外形尺寸及质量。用量具和衡器测量蓄电池的外形尺寸及质量。

（5）蓄电池的充电。在 20 ℃±5 ℃通风环境条件下，蓄电池先用 $1I_3$（A）电流放电至 10 V，然后以 $1I_3$（A）电流恒流充电最多 3 h，其间当 $-\Delta V=10$ mV 或 $\mathrm{d}T/\mathrm{d}t=0.3$ ℃/min 再转 $0.15I_3$（A）充电 6 h（或采用由用户与制造厂协商认可的充电方法）。

（6）短路试验。按（5）充电后，将蓄电池经外部短路，外部线路电阻应小于50 mΩ，短路时间 5 min。

（7）穿刺试验。按（5）充电后，用 ϕ6～8 mm 的钢钉从蓄电池正面迅速贯穿，该试验应在保护装置中进行。

（8）$2I_3$（A）充电性能。在 20 ℃±5 ℃通风环境条件下，蓄电池以 $1I_3$（A）恒电流放电至 10 V，然后用 $2I_3$（A）恒电流充 80 min，搁置 0.5～1 h 后，再以 $1I_3$（A）恒电流放电至 10 V。

（9）20 ℃放电性能。按（5）充电的蓄电池，在 20 ℃±5 ℃条件下搁置 1～4 h，然后在同一温度下按表 4-10 规定放电。

注：在进行 $1I_3$（A）恒流放电试验时，允许重复 5 次循环。当某一次循环符合要求时，即可进行下一项试验。

（10）−18 ℃放电性能。蓄电池按（5）充电后，在−18 ℃±2 ℃条件下搁置不少于 16 h，不多于 24 h。然后在同一温度下按表 4-11 规定进行放电。

（11）50 ℃放电性能。蓄电池按（5）充电后，在 50 ℃±2 ℃条件下搁置不少于 5 h，然后在同一温度下按表 4-12 规定进行放电。

（12）荷电保持能力。蓄电池按（5）充电后，在 20 ℃±5 ℃条件下以开路状态搁置 28 d，然后在同一温度下以 $1I_3$（A）电流放电至终止电压 10 V。

（13）单体蓄电池安全阀工作能力。在 20 ℃±5 ℃条件下，蓄电池以 $1I_3$（A）电流放电到终止电压 0 V 后，再将电流增大至 $2I_3$（A）并保持 10 min。

注：做试验时必须谨慎，蓄电池应在安全防爆装置中进行。

（14）循环寿命。寿命试验前，蓄电池应以 $1I_3$（A）电流放电到终止电压 10 V，在 20 ℃±5 ℃环境中，按表 4-13 规定进行循环寿命试验。

50 次循环为一周期，第 50 次循环结束后，蓄电池允许开路搁置 1～3 d，然后再进行下一周期循环试验。重复 1～50 次循环，直至任一周期的第 50 次循环的放电时间低于 2 h 15 min，这时应按第 50 次循环的方式再做一次循环。当连续 2 次放电时间都低于 2 h 15 min 时，蓄电池寿命即为终止。

试验结束时，循环寿命为累计的循环次数。

表 4-13 循环寿命试验

循环次数	充电	搁置	放电
1	$0.3I_3$（A）16 h	不	$1I_3$（A）2 h 16 min
2～4	$1I_3$（A）3 h	不	$1I_3$（A）2 h 16 min
5	$1I_3$（A）3 h	不	$1I_3$（A）放电至 10 V
6～48	重复 1～5 循环的试验		
49	$1I_3$（A）3 h	不	$1I_3$（A）放电至 10 V
50	按（5）充电	0.5～1 h	$1I_3$（A）放电至 10 V

（15）耐振动性能。蓄电池按（5）充电后，紧固到振动试验台上，按下述条件进行试验：①放电电流：$1I_3$（A）；②振动方向：上下单振动；③振动频率：30～35 Hz；④最大加速度：30 m/s^2；⑤振动时间：2 h。

（16）贮存。半荷电态蓄电池在相对湿度45%～85%的环境中贮存12个月，贮存期间环境温度不得超出20 ℃±10 ℃。贮存期满后，蓄电池按（5）充电，并按表4-10规定放电。允许蓄电池以$1I_3$（A）电流进行最多至5次充放电循环。

4.4.4 检验规则

（1）出厂检验。每批产品出厂前应在该批产品中随机抽样进行出厂检验，在出厂检验的20 ℃放电性能检验项目中，所有蓄电池样品的$1I_3$（A）放电容量差应不大于±5%。

在出厂检验（检验项目见表4-14）中，若有一项或一项以上不合格时，应将该批产品退回生产部门返工普检，然后再次提交验收。若再次检验仍有一项或一项以上不合格，则判定该批产品为不合格。

表4-14 检验项目

<table>
<tr><th>序号</th><th>检验分类</th><th>检验项目</th><th>要求</th><th>试验方法</th><th>样品数</th><th>周期</th></tr>
<tr><td>1</td><td rowspan="3">出厂检验</td><td>外观、极性</td><td rowspan="3">4. 4. 2</td><td rowspan="3">4. 4. 3</td><td>100%</td><td></td></tr>
<tr><td>2</td><td>外形尺寸及质量</td><td>1%</td><td></td></tr>
<tr><td>3</td><td>20 ℃放电性能①</td><td>500只内（含500只）
抽5只500只以上抽10只</td><td></td></tr>
<tr><td>4</td><td rowspan="10">型式检验②</td><td>20 ℃放电性能</td><td rowspan="10">4. 4. 2</td><td rowspan="10">4. 4. 3</td><td rowspan="4">2只蓄电池</td><td rowspan="10">每年一次</td></tr>
<tr><td>5</td><td>50 ℃放电性能</td></tr>
<tr><td>6</td><td>安全气阀工作能力</td></tr>
<tr><td>7</td><td>短路试验</td></tr>
<tr><td>8</td><td>-18 ℃放电性能</td><td rowspan="4">2只蓄电池</td></tr>
<tr><td>9</td><td>荷电保持能力</td></tr>
<tr><td>10</td><td>耐振动性能</td></tr>
<tr><td>11</td><td>穿刺试验</td></tr>
<tr><td>12</td><td>循环寿命</td><td>2只蓄电池</td></tr>
<tr><td>13</td><td>贮存</td><td>2只蓄电池</td></tr>
</table>

①仅按表4-10测定$1I_3$（A）放电性能。②型式检验产品，必须经出厂检验合格后，才能进行。

（2）型式检验。有下列情况之一必须进行型式检验：①新产品投产和老产品转产；②转厂；③停产后复产；④结构、工艺或材料有重大改变；⑤合同规定。

判定规则：在型式检验中，若有一项不合格时，应判定为不合格。

习题和思考题

4-1 镍氢电池的工作原理和特点？

4-2　镍氢电池的充放电特性有哪些？

4-3　镍氢电池的温度特性如何？

4-4　镍氢电池的内压特性？

4-5　密封金属氢化物镍（镍氢）可充单体电池的测试项目及其测试方法？

4-6　电动车用金属氢化物镍（镍氢）蓄电池（组）的测试项目及其测试方法？

4-7　假设为主要用于东北（冬季气温在零下 30 ℃）的某国产主战坦克设计一款电池，试问：

（1）选择何种材料电池？

（2）除常规电池测试外，还需要加测哪个测试项目？

5 锂离子电池的性能检测

5.1 锂离子电池概述

5.1.1 锂离子电池的发展历史

锂离子电池是20世纪90年代开发成功的新型高能电池，是在锂二次电池基础上发展起来的一种锂离子嵌入式电池。早在20世纪70年代初，开始有金属锂与插层化合物或硫化物（TiS_2、TiO_2、MnO_2、V_2O_5、V_6O_{13}等）组成锂电池的报道，但由于金属锂在电池充放电过程中会以锂枝晶形式沉积，随着锂枝晶在充放电过程中的不断生长，有可能刺破隔膜，导致电池内部短路，引发爆炸等事故。因此，当时以金属锂作负极的锂二次电池并没有实现商业化。

1980年，M. Armand等提出利用嵌锂化合物代替金属锂二次电池中的金属锂负极，并提出"摇椅式电池"的概念，采用低嵌锂电势的 $Li_yM_nY_m$ 层间化合物代替金属负极，配以高嵌锂电势的化合物 A_zB_w 做正极，组成了没有金属锂的锂二次电池。1987年，Auburn等提出了 $MO_2 \mid LiPF_6$ 和 $PC \mid LiCoO_2$ 类锂离子电池的设计。

1990年，日本SONY公司研究出可以商品化的以碳材料为负极的锂二次电池，正极为 $Li_{1-x}CoO_2$（或 $Li_{1-x}YO_2$），其中Y为过渡金属元素（Ni、Mn），这种电池采用能够嵌锂的焦炭作为负极材料，并且首次提出"锂离子电池"的这一全新概念。1991年，Tarascon等研制出尖晶石型正极材料的电池：$LiC_6 \mid LiClO_4$，EC-DME $\mid Li_{1-x}Mn_2O_4$。

锂离子电池一般可分为液态锂离子电池和固态锂离子电池，其输出电压达3.6 V左右，是镍氢电池的3倍。它与金属锂电池的不同在于，采用能使锂离子嵌入和脱嵌的碳材料替代金属锂作负极。由于锂离子在正负电极中的嵌入和脱嵌反应取代了锂电极上的沉积和溶解反应，避免了在负极上形成锂枝晶和钝化问题，极大提高了电池的寿命，同时也提高了安全性。

锂离子电池的快速发展，依赖于新材料的开发利用，近十几年来，锂离子电池技术取得了巨大的突破，已成为通信类电子新产品的主要能源之一。我国的锂离子电池从1998年开始起步，现在已成为世界上最大的锂离子电池制造国之一。

5.1.2 锂离子电池的工作原理

锂离子电池原理上是一种浓差电池，正负极活性物质都能发生锂离子嵌入-脱出反应。锂离子电池的工作原理如图5-1所示：充电时，锂离子从正极活性物质中脱出，在外电压的驱使下经由电解液向负极迁移；同时，锂离子嵌入负极活性物质中；电荷平衡要求等量的电子在外电路从正极流向负极。充电的结果是使负极处于富锂态、正极处于贫锂态的高能量状态。放电时则相反。Li^+从负极脱嵌，经由电解液向正极迁移，同时在正极 Li^+嵌入活性物质的晶格中，外电路电子流动则形成电流，实现化学能向电能的转换。在正常充放电情况下锂离子在层状结构的碳材料和层状结构氧化物的层间嵌入或脱出，一般不破坏晶体结构。因此从充放电反应的可逆性看，锂离子电池的充放电反应是一种理想的可逆反应。

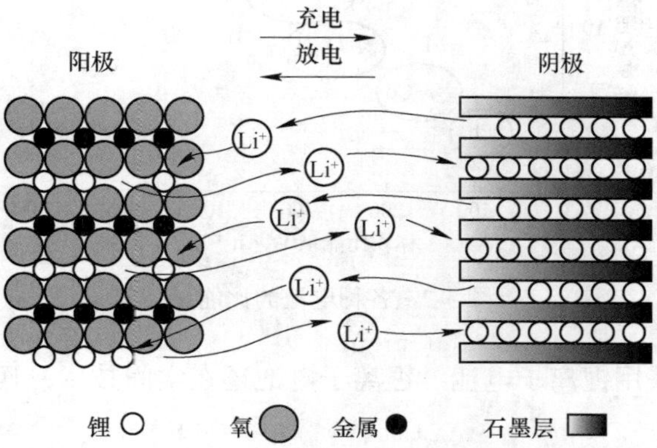

图 5-1 锂离子电池工作原理

锂离子电池的正负极充放电反应如下所述。

负极反应：
$$6C + xLi^+ + xe^- \underset{放电}{\overset{充电}{\rightleftharpoons}} Li_xC_6 \tag{5-1}$$

正极反应：
$$LiMO_2 - xe^- \underset{放电}{\overset{充电}{\rightleftharpoons}} xLi^+ + Li_{1-x}MO_2 \quad (M = Co、Ni 等) \tag{5-2}$$

电池反应：
$$LiMO_2 + 6C \underset{放电}{\overset{充电}{\rightleftharpoons}} Li_{1-x}MO_2 + Li_xC_6 \quad (M = Co、Ni 等) \tag{5-3}$$

5.1.3 锂离子电池的特点和应用

锂离子电池具有工作电压高、能量密度大、循环寿命长、自放电率小、低污染、无记忆效应等优异性能，具体表现为以下几点：

（1）单电池电压为 3.6 V，是镉镍电池、氢镍电池的 3 倍；

（2）锂离子电池的能量密度要比镉镍电池、氢镍电池大得多（见图 5-2)，而且锂离子电池还有进一步提高的潜力；

（3）由于采用非水有机溶剂，锂离子电池的自放电小；

（4）不含铅、镉等有害物质，对环境友好；

（5）无记忆效应；

（6）循环寿命长。

由于锂离子电池与氢镍电池等其他二次电池相比，具有以上优点，自 20 世纪 90 年代初商品化以来，就获得迅猛的发展，在各个领域不断取代氢镍电池，成为新能源电池应用领域中最具竞争力的电池。目前，锂离子电池已被广泛应用于移动电话、笔记本电脑、个人数据处理、手提终端机、无线装置、数字相机等便携式电子设备上。在军事装备中使用的电池，如鱼雷、声呐干扰器等水中兵器电源，微型无人驾驶侦察机动力电源，特种兵保

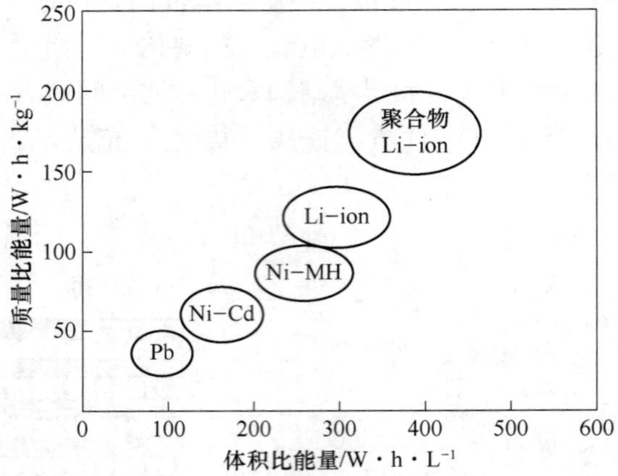

图 5-2 各种电池的比能量

障系统电源等，均可采用锂离子电池。锂离子电池还在空间技术、医疗等众多领域有着广阔的应用前景。

随着人们环保意识不断提高，电动自行车、电动汽车成为了最具发展活力的行业，锂离子电池在电动汽车上的应用非常乐观。随着锂离子电池新材料不断发展，电池的安全性和循环寿命不断提高，成本越来越低，锂离子电池成为电动汽车的首选高能动力电池之一。

5.2 锂离子电池的性能

电池性能可以分为 4 大类：能量特性，如电池的比容量、比能量等；工作特性，如循环性能、工作电压平台、阻抗、荷电保持率等；环境适应能力，如高温性能、低温性能、抗振动冲击性能、安全性能等；配套特性，主要指和用电设备的配套能力好坏，如尺寸适应能力、快速充电、脉冲放电等。

5.2.1 充放电性能

锂离子电池充电时 Li^+ 从正极活性物质中脱嵌到电解质中，同时电解质中的 Li^+ 嵌入负极。结果导致正极电势升高，负极电势降低。当充电接近完成时，电池的充电电压升高加剧。

由于锂离子电池使用的是有机溶剂电解液，存在特定的电化学窗口，充电电压过高会发生电解液的分解，一般锂离子电池采用恒流-恒压（CC/CV）充电制度，充电限制电压一般是 4.2 V。图 5-3 是锂离子电池的充电特性曲线，t_0—t_1 阶段恒流充电，截至电压为 4.2 V；t_1—t_2 阶段为恒压充电，终止充电电流为电池 0.05C 对应的电流。对锂离子电池组的充电，由于单体电池存在差异，需要在充

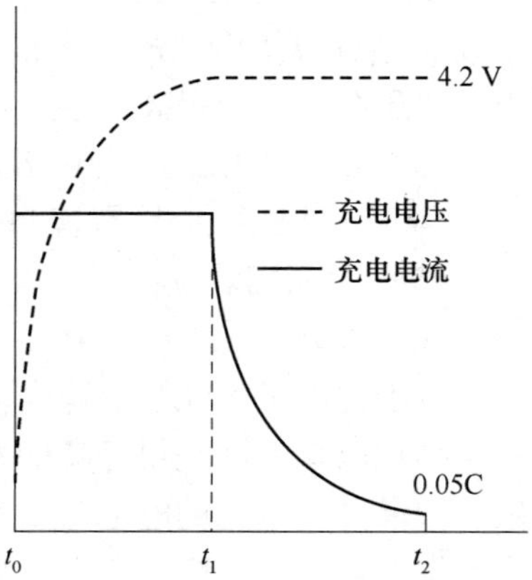

图 5-3 锂离子电池充电特性曲线

电过程中对各单体电池电压进行均衡控制，尽量保持充电结束时电压一致，保证电池的稳定性和使用寿命。

锂离子电池的放电电压与电池材料有关，以碳材料为负极时，$LiCoO_2$ 为正极材料的锂离子电池的放电电压平台 3.6 V 左右，而 $LiFePO_4$ 为正极材料的锂离子电池的放电电压平台 3.4 V 左右。

正极材料中锂离子的扩散能力对电池的放电性能影响较大，特别是在低温和高倍率条件下，锂离子在正负极中的扩散是限制电池充放电性能的主要因素。与常温相比，电池低温放电压平台低，放电容量小。

对锂离子电池充放电性能的评价指标主要有电池的充放电时间、充放电效率、充放电电压平台、不同充放电倍率下的容量等。电池的放电倍率越高，放电电压平台和放电容量越低。图 5-4 是锂离子电池不同倍率的放电特性曲线。

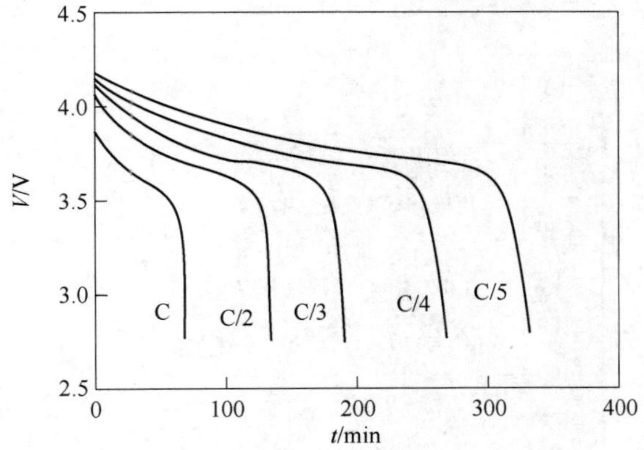

图 5-4　锂离子电池不同倍率的放电特性曲线

5.2.2　安全性

正负极材料、电解液及其添加剂、电池的结构以及制备工艺条件都对锂离子电池的安全性有重要的影响。高容量及动力型锂离子电池的安全性尤为重要，尤其在滥用条件下（如高温、短路、过充放、振动、挤压和撞击等），容易出现冒烟、着火甚至爆炸等情况。锂离子电池的热稳定性和过充保护对锂离子电池安全性有直接影响。

5.2.2.1　锂离子电池的热稳定性

锂离子电池的热稳定性是安全性的基础。若电池内阻生成热的速率大于散热速率，电池温度会不断升高、导致电池内部有机物分解和电池内压升高，可能造成电池着火、爆炸。热失控过程及热失控过程中发生的反应见图 5-5 和图 5-6。影响热稳定性的因素主要有以下几个方面。

（1）锂离子电池电解液的热分解反应。由于锂离子电池使用的是有机溶剂电解液，电解液对锂离子电池安全性的影响主要表现为：电池在过充、短路等滥用状态下，有机溶剂分解和锂盐分解产生的气体产物在电池内分别充当了燃料和氧化剂，容易引起燃烧甚至爆炸，因此要求有机电解液应具有尽可能高的闪点。锂离子电池的电解液主要是在温度升高

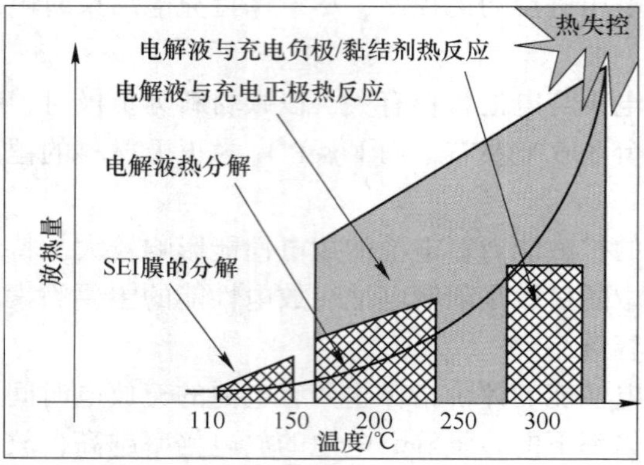

图 5-5　锂离子电池的热失控过程示意图

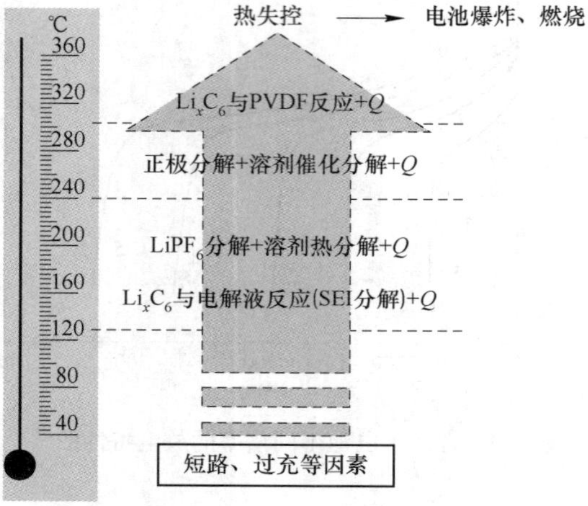

图 5-6　锂离子电池热失控过程中发生的反应

时发生 DEC、EC 与 $LiPF_6$ 之间的反应，而放出大量的热，约为 500 J/g，电解液中水分和 HF 含量过高，会加速 $LiPF_6$ 的分解。在电解液中添加一些高沸点、高闪点和不易燃的溶剂，可以改善电池的安全性，如一氟代甲基碳酸乙烯酯（CH_2F-EC）、二氟代甲基碳酸乙烯酯（CHF_2-EC）和三氟代甲基碳酸乙烯酯（CF_3-EC）。加入阻燃剂，如有机磷系阻燃剂、有机氰化物和氟代烷基磷酸酯等，也可改善电池的安全性。以三甲基磷酸酯（TMF）为例，阻燃剂阻燃原理为受热气化，并分解释放阻燃自由基，捕获体系中的氢自由基，从而阻止碳氢化合物燃烧或爆炸。反应方程式如下：

$$\text{TMP(液)} \longrightarrow \text{TMP(气)};\ \text{TMP(气)} \longrightarrow \text{P}\cdot;\ \text{P}\cdot + \text{H}\cdot \longrightarrow \text{PH}$$

用 LiBOB 作为锂盐的电解液［LiBOB/EC：PC：DMC（1：1：3 体积比）］，比起传统所采用的 $LiPF_6$ 锂盐体系电池的循环性能大为增强，而且降低了阴极在充电时与电解液所发生的热反应，使得整个体系的热稳定性得到提高。乙酸乙酯和丁酸甲酯作为锂离子电池新型的电解液溶剂也具有良好的低温性能和安全性。

（2）负极上的热分解反应。锂离子电池化成以后，碳负极的表面会形成一层 SEI 膜，阻止电解液与碳负极之间的反应，起到保护负极的作用。如果电池的温度升高，SEI 膜会发生分解，导致电解液与负极的直接接触而发生反应，加速电解液的分解。SEI 膜由稳定层（Li_2CO_3）和亚稳定层［$(CH_2OCO_2Li)_2$］组成，亚稳定层在 90～120 ℃可发生分解反应，放出热量。当温度高于 120 ℃时，SEI 膜不能保护负极，有机溶剂会与嵌入的锂发生反应而放热，并产生气体。

负极材料的种类、电极组成及结构、表面形态和电解液组成，对 SEI 膜的形成至关重要。热解碳形成的 SEI 膜较厚，热解石墨形成的较薄。锂盐的种类对 SEI 膜的稳定性也有很大的影响，用 $LiBF_4$ 代替 $LiPF_6$，放热量会明显降低，而用酰亚胺锂做电解质时，分解温度升高到 145 ℃。

电解液的有机溶剂直接关系到 SEI 膜的稳定性，不同溶剂对 SEI 膜的形成作用不同，单独用 EC 做溶剂，形成的 SEI 膜成分是（$CH_2OCOOLi)_4$，而加入 DEC 和 DMC，SEI 膜的主要成分为 C_2H_5COOLi 和 $LiCO_3$，后者形成的 SEI 膜较稳定。

（3）正极上的热分解反应。正极材料如 $LiCoO_2$、$LiNiO_2$ 和 $LiMn_2O_4$，在低温下稳定，在充电状态时处于亚稳定状态，温度升高时会发生分解。充电态的 $Li_{0.49}CoO_2$ 与 1 mol/L $LiPF_6$/EC+DEC（质量比 1∶1）电解液的分解反应从 190 ℃开始，而充电态的 $Li_{0.2}NiO_2$ 的放热从 170 ℃开始，$Li_xMn_2O_4$ 与电解液的反应温度为 200 ℃。对于 4 V 正极材料，处于充电状态时的热稳定性顺序为：$LiMn_2O_4 > LiCoO_2 > LiNiO_2$。图 5-7 是各正极材料的热分解反应放热量，可以看出，$LiFePO_4$ 的放热量最小，对应的安全性最高。

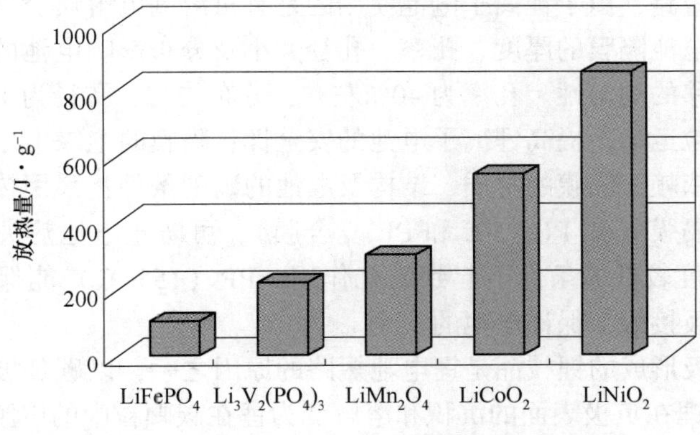

图 5-7　锂离子电池正极材料的热分解反应放热量

（4）其他热分解反应。嵌锂碳与黏结剂也存在反应，充放电过程中，含氟黏结剂（PVDF）与负极作用产生的热量是无氟黏结剂的 2 倍，用酚醛树脂黏结剂可以减少热量的产生。隔膜的融化也产生热效应。用纳米不锈钢纤维代替乙炔黑，可以降低电极的电阻，提高导电性，达到减少放电时放热量的效果。

5.2.2.2　锂离子电池的过充电

锂离子电池过充时，电池电压升高，极化增大，会引起正极活性物质结构的不可逆变化及电解液的分解，产生大量气体和热量，使电池温度和内压急剧增加，引起电池燃烧、爆炸。为防止锂离子电池的过充电，通常采用专用的充电电路或正温系数电阻器（PTC），正温系数电阻器可使电池过充而升温时增大电池的内阻，限制过充电流。也可采用专用的隔膜，当电池发生异常使隔膜温度过高时，隔膜孔隙收缩闭塞，阻止锂离子的迁移，从而降低充电电流。

在电解液中加入某些添加剂可以实现电池的过充保护，通过采用添加剂进行过充保护的方法主要有氧化还原保护和电聚合保护。其中，氧化还原内部保护的原理是在电解液中添加形成氧化还原对的添加剂，如二茂铁及其衍生物、Fe、Ru、Ir 和 Ce 的菲咯啉和联吡啶络合物及其衍生物、噻蒽和 2，7-二乙酰噻蒽、茴香醚和联（二）茴香醚等。这些添加剂在正常充电时不参与氧化还原反应，当过充电时，添加剂开始在正极上氧化，氧化产物扩散到负极被还原，还原产物再扩散到正极被氧化，整个过程循环进行，直到电池的过充电结束。

电聚合保护是在电池内部添加某种聚合物单体分子，如联苯、3-氯噻吩、呋喃喃、环己苯及其衍生物等芳香族化合物。当电池充电到一定电势时发生电聚合反应，在阴极表面生成导电聚合物膜，使电池内部微短路，电池开始自放电至安全状态。电聚合保护可使电池的内阻升高、内压增大，增强了与其联用的保护装置的灵敏度。若将此种方法与安全装置（内压开关、PTC）联用，可将锂离子电池中的安全隐患降低。电聚合添加剂的聚合反应电势应该介于溶剂的分解电压与电池的充电终止电压之间。要根据溶剂的分解电压与添加剂的聚合电压选择合适的添加剂和用量，通常不超过电解液总量的 10%。

5.2.2.3 锂离子电池的内部短路

锂离子电池的正负极内部短路是锂离子电池安全性的一大隐患，电池隔膜的作用主要是防止正负极内部短路，由于锂离子电池使用的是有机溶剂电解质，电导率低，要求隔膜越薄越好。锂离子电池隔膜的厚度、孔率、孔径大小及分布影响电池的内阻、锂离子在电极表面的嵌脱及迁移的均匀性。孔率为 40%左右、分布均匀、孔径为 10 nm 的隔膜，能阻止正负极间的小颗粒运动，提高锂离子电池的安全性；隔膜的绝缘电压与防止正负极的接触有直接关系，它依赖于隔膜的材质、结构及电池的装配条件；采用热闭合温度和熔融温度差值较大的复合隔膜（如 PP、PE 和 PP 复合膜），可防止电池热失控，利用低熔点的 PE（125 ℃）在温度较低的条件下起到闭孔作用，PP（155 ℃）能保持隔膜的形状和机械强度，防止正负极接触，保证电池的安全。

锂二次电池负极形成的锂枝晶是锂电池短路的原因之一，以碳负极替代金属锂片负极（锂离子电池），使锂在负极表面的沉积和溶解变为锂在碳颗粒中的嵌脱，防止了锂枝晶的形成。控制好正负极材料的比例，提高正负极涂布的均匀性，是防止锂枝晶形成的关键。如果锂离子电池正极容量过多，在充电过程中，会出现金属锂在碳负极表面沉积，而负极容量过多，电池容量损失较严重，因此在装配过程中，要求负极过量 10%。负极膜涂布较厚、不均匀，会导致充电过程中各处极化大小不同，有可能发生金属锂在负极表面的局部沉积。使用条件不当，也会引起电池的短路，低温条件下，锂离子的沉积速度大于嵌入速度，会导致金属锂沉积在电极表面，引起内短路。

黏结剂的晶化、铜枝晶的形成，也会造成电池内部短路。在涂布工艺中，通过加热去除浆料中的溶剂；若加热温度过高，黏结剂也有可能发生晶化，使活性物质易剥落，电池内部短路。涂布时，正极加热温度一般控制在 150 ℃左右，负极控制在 120 ℃左右；当电池过放电至 1~2 V 时，作为负极集电体的铜箔将开始溶解，在正极上析出，小于 1 V 时，正极表面开始出现铜枝晶，也会使电池内部短路。

5.2.3 自放电与储存性能

锂离子电池的自放电率比镍镉、镍氢电池明显小，镍氢电池的自放电率每月达60%，镍镉电池的月自放电率为30%，而锂离子电池月自放电率只有6%~8%。

锂离子电池自放电导致容量损失分为可逆容量损失和不可逆容量损失两种情况。自放电的程度受正极材料、电池的制作工艺、电解液的性质、温度和时间等因素影响。如果负极处于充足电而正极发生自放电，电池正负极容量平衡被破坏，将导致永久性容量损失。自放电的氧化产物堵塞电极材料上的微孔，使锂的嵌入和脱出困难并且使内阻增大和放电效率降低，也会导致不可逆容量损失。

锂离子电池进行长期储存时，不同的荷电状态会影响电池的储存性能。电池的电压在3.80 V（约40%额定容量）储存后，电池的性能基本不会发生衰减；当电池的初始电压超过3.90 V（高于60%额定容量）、完全放电态或过低荷电状态下储存时，对电池的容量、内阻、平台及循环寿命等性能都会产生明显不利的影响。在实际生产或使用过程中，最好将电池控制在半电态（40%~60%额定容量），对应电池的3.8~3.9 V（开路电压）进行长期储存。

5.2.4 使用和维护

锂离子电池没有记忆效应，每次充电前不需强制放电，也不必刻意使锂离子电池每一次都是在放电完全后再充电。但是，锂离子电池的安全性较差，而且，为了发挥锂离子电池比容量高、长寿命的特点，在使用中需要注意以下问题：

（1）锂离子电池的激活。锂离子电池在出厂时已经过活化处理，并充了约50%的电量，电极已充分浸润电解液，活性物质也得到充分活化。但到用户手上时，可能离出厂已有较长的时间，还需要如下激活的过程：拆开后即可第一次使用，等放电彻底后，再完全充满后使用，第二次也要放电彻底后再充满电，如此连续三次循环，电池才能达到最佳使用状态。

（2）锂离子电池的充放电。锂离子电池必须用专用的充电器。锂离子电池专用充电器的充电方式为先恒流后恒压（CC/CV），单节电芯充电电压上限为4.2 V，充电电压超限会损坏电池，甚至爆炸。因此，与锂离子电池配套的充电器具有充放电的控制电路，当充电完成时，电路会自动断开，指示灯会自动熄灭，以保护锂离子电池。锂离子电池过放电会导致负极的铜集流体溶解沉积，充电时产生铜枝晶，引发安全问题，因此锂离子电池的放电电压不能低于2 V。

（3）使用环境。锂离子电池在高温下的容量衰减较常温下快，高温条件下电池的放热速度大于散热速度，会引起电解液的阳极氧化以及电解液、阳极活性物质、阴极活性物质、黏结剂的热力学分解等问题；而低温条件下，由于锂离子的沉积速度可能大于嵌入速度，从而导致金属锂沉积在电极表面，容易产生枝晶，而发生安全问题。目前，商业化锂离子电池的使用温度普遍在-20~60 ℃。对于民用通信类产品的锂离子电池，由于使用环境相对较好，单体电池容量低，环境对电池安全性的影响并不突出。但对电动车、野战通信器材等使用的锂离子电池，由于使用环境复杂、单体电池的容量较高，或电池组中的单体电池工作环境相差较大，还要注意以下问题：强振动下，锂离子电池的极耳、接线柱、外部的连线、焊点等可能会折断、脱落，而电池极片上的活性物质也可能剥落，从而引发电池（组）的内部短路、外部短路、过充过放、控制电路失效等，进而导致一系列危险情况；环境湿度较大，特别是在酸性、碱性，或由于电池本身的缺陷，很容易出现电池（组）的外部短路；在高功率、大电流充放电条件下，可能导致电池及其控制电路的极耳熔化、导线及电子元器件的损坏；某些极端情况发生外部短路、碰撞、钉刺、挤压等偶然事件，也容易引起电池的安全问题。因此，应根据实际使用条件采取针对性措施。

（4）用锂离子电池组成电池组工作时，对电池的一致性要求很高，并需要特殊的电路，否则会发生某些电池的过充或过放，而发生安全问题。

（5）锂离子电池不能在 60 ℃以上的高温环境下放置，也不能接近火源，更不能随意拆卸。对于遇水湿的锂离子电池，可用干布擦干，放于通风处自行干燥或用 40 ℃左右的热风吹干。

（6）每隔一段时间可以进行一次保护电路控制下的深充放，以修正电池的电量。

5.3 锂离子电池的检测

锂离子电池的检测主要分为性能检测和质量检测两部分。锂离子电池的性能检测主要包括外观及尺寸、电性能、环境适应性和安全保护性能、安全性能等四大类检测；质量检测主要包括型式检验、接收检验和例行检验三大类检测。

5.3.1 锂离子电池的性能检测

（1）外观及尺寸检测。锂离子电池在使用时经常有形状及尺寸要求，因此锂离子电池外观及尺寸检测主要是为了使电池外形符合产品的规定。通常采用目测或产品规定的方法测量尺寸。

（2）电性能检测。电性能是新能源电池的主要指标。锂离子电池的电性能检测包括充放电性能、倍率放电性能、高低温放电性能、荷电保持能力及恢复容量、储存性能、循环寿命、内阻等。详细测试方法及要求参考附录 1。

（3）环境适应性。锂离子电池任何时候都处在一定的环境之中，在一定的条件下使用、运输和储存。因此都不可避免地受到环境的影响。测试锂离子电池在不同环境下的电池性能，有助于确保电池的使用可靠性。锂离子电池的环境适应性检测主要是检测电池在各种环境中的承受能力。锂离子电池的环境适应性检测主要包括静电放电、恒定湿热、振动、自由跌落、低气压、高温下模制壳体应力等。详细测试方法及要求参考附录 1。

（4）安全保护性能。锂离子电池能量密度高，难以确保电池的安全性，在过度充电状态下，电池温度上升后能量将过剩，于是电解液分解而产生气体，容易使内压上升而产生自燃或破裂的危险；反之，在过度放电状态下，电解液因分解导致电池特性及耐久性劣化，降低可充电次数。因此锂电池的过度充电、过度放电及过电流保护很重要，所以通常都会设计保护电路，用以保护锂电池。锂离子电池的安全保护性能检测主要是测试电池的安全保护装置是否起到应有作用。锂离子电池的安全保护性能检测主要包括过充电保护、过放电保护和短路保护等。详细测试方法及要求参考附录 1。

（5）安全性能。随着锂离子电池能量密度进一步提高，成本进一步降低，其应用领域越来越广泛，特别是最近几年来在电动汽车和储能领域的应用被寄予厚望。然而，锂离子电池的安全性是目前制约其应用领域扩展的主要瓶颈之一。电池的安全性能在本质上决定于电池材料的热稳定性，但又与电池的设计、滥用条件等密切相关。锂离子电池的安全性能检测主要是模拟电池在滥用情况下可能发生的安全性问题。锂离子电池的安全性能检测主要包括重物冲击、热滥用、过充电、强制放电、短路、机械冲击和温度循环等。详细测试方法及要求参考附录 1。

5.3.2 锂离子电池的质量检测

企业的生产是一个复杂的过程，各个工序不可能处于绝对的稳定状态。因此，进行质量检测是完全必要的。锂离子电池的质量检测主要包括在产品设计定型和生产定型时进行的型式检验、在交验的产品中进行的接收检验、在检验合格的产品中进行的例行检验。详细测试方法及要求参考附录 1。

习题和思考题

5-1 锂离子电池的工作原理和特点？

5-2 锂离子电池的充放电特性有哪些？

5-3 锂离子电池的安全性测试项目有哪些？

5-4 锂离子电池的性能检测项目主要有几个方面？

5-5 移动电话用锂离子蓄电池及蓄电池组的测试项目及其测试方法？

5-6 假设为华为设计生产一款手机用大容量（7000 mA · h）的锂离子电池，在这款电池设计定型和生产定型时进行哪些检验项目？

6 燃料电池的性能检测

6.1 燃料电池概述

6.1.1 燃料电池的发展历史

燃料电池（fuel cell）是等温地将燃料和氧化剂中的化学能直接转化为电能的一种电化学的发电装置。它能量转换效率高，环境友好，被认为是21世纪新一代的发电技术。但是燃料电池并不是一项全新的技术，它的发展最早可以追溯到160多年前。1839年，英国的威廉·格罗夫（W. Grove）发表了世界上第一篇有关燃料电池的报告，他发现电解产生的 H_2 和 O_2 在硫酸溶液中可以分别在两个镀铂电极上放电。1889年，蒙德（L. Mond）和莱格（C. Langer）采用浸有电解质的多孔材料为隔膜、以铂黑为电催化剂、以铂或金片为集流体，组装成了一个实际的燃料电池体系，并首次采用了“燃料电池”这一称谓。此后，作为现代物理化学奠基人之一的奥斯瓦尔德（W. Ostwald）对燃料电池各部分的作用原理进行了详细阐述，奠定了燃料电池的理论基础，并尝试采用煤等作为燃料利用燃料电池原形来发电，但是并没有取得太大的进展。

几乎同时，西门子发现了机-电效应并且得到了迅速的应用，使得人们对燃料电池的研究兴趣下降。但是仍有一些有远见的科学家一直关注着燃料电池技术的发展。1923年，施密特（A. Schmid）提出了多孔气体扩散电极的概念。在此基础上，20世纪50年代英国人培根（F. Bacon）提出了双孔结构电极的概念，成功开发出第一个千瓦级的中温（200 ℃）碱性燃料电池系统（称为培根型碱性燃料电池）。据此开发的碱性燃料电池作为美国宇航局“阿波罗”登月飞船的主电源为人类首次登上月球做出了贡献。

进入20世纪70年代，由于燃料电池在航天飞行中的成功应用和中东战争后石油危机的影响，人们对燃料电池技术的关注达到一个高潮。美国和日本等国都制定了燃料电池的长期发展规划，而且，人们对燃料电池研究的重点也由空间应用向地面应用转变。在这一时期，各国研究和发展的重点是以磷酸为电解质的磷酸燃料电池。随后由于在电能和热能方面的高效率，20世纪80年代的熔融碳酸盐燃料电池和90年代的固体氧化物燃料电池都受到了广泛关注，并得到了快速发展。尤其从20世纪90年代以来，随着高性能催化剂和聚合物膜的发展以及电极结构改进，质子交换膜燃料电池的发展出现重大突破，已在电动交通工具、便携式电源等方面表现出巨大的潜力。

6.1.2 燃料电池的工作原理

燃料电池在本质上是一种电化学能量转换装置，因此，它的基本结构与通常的电池是类似的。一般由含有电催化剂的阴阳极、夹在两电极间离子导电的电解质和一些辅助部件构成。燃料电池的工作原理，也是通过阴阳两极的电化学反应把存储在燃料和氧化剂中的化学能直接转化为电能。燃料电池工作时，负极（阳极）发生燃料的氧化反应，正极（阴极）发生氧化剂的还原反应。由此，总的反应就是燃料和氧化剂间所发生的氧化还原反应。

以最简单的酸性氢氧燃料电池为例，来说明燃料电池的工作原理。如图6-1所示，在氢氧燃料电池工作过程中，向阳极和阴极不断连续地供给 H_2 和 O_2。在电催化剂的作用下，阳极的 H_2 发生氧化产生氢离子和电子，氢离子将由电场驱动在将两个半反应分开的电解质内迁移到阴极，而电子则通过外电路走向移动做功并到达阴极构成总的电回路。同时，阴极的 O_2 与由阳极传递来的电子和氢离子发生还原反应被还原为水，生成热能。

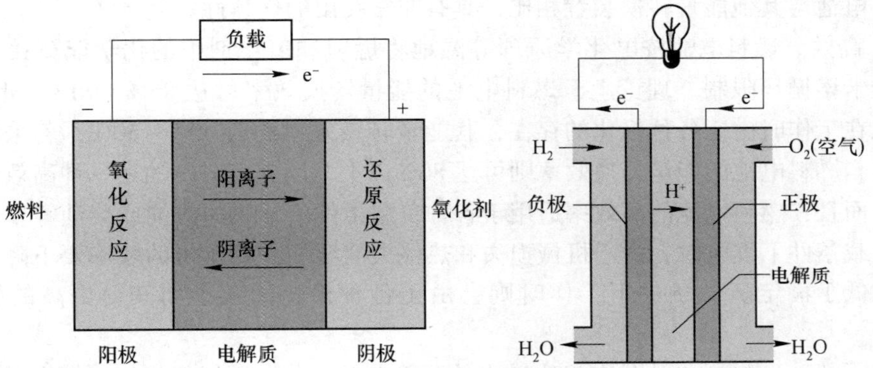

图 6-1 氢氧燃料电池的工作原理

阳极：
$$H_2 \longrightarrow 2H^+ + 2e^- \tag{6-1}$$

阴极：
$$\frac{1}{2}O_2 + 2H^+ + 2e^- \longrightarrow H_2O \tag{6-2}$$

对于碱性电解质（对应图6-1中的阴离子传递），燃料电池中所发生的电化学反应如下所述：

阳极：
$$H_2 + 2OH^- \longrightarrow 2H_2O + 2e^- \tag{6-3}$$

阴极：
$$\frac{1}{2}O_2 + H_2O + 2e^- \longrightarrow 2OH^- \tag{6-4}$$

显然，无论采用酸性还是碱性电解质，氢氧燃料电池的总反应都可以表示为：

$$H_2 + \frac{1}{2}O_2 \longrightarrow H_2O \tag{6-5}$$

因此，氢氧燃料电池的反应过程是水电解反应的逆过程。原则上，只要外部不断提供反应物质，燃料电池便可以源源不断地向外部输电，所以燃料电池是一种“发电技术”。

燃料电池与常规电池的相似性在于燃料电池和常规电池都是电化学装置，都主要由阴极、阳极和电解质的基本结构组成，并且都是通过电化学反应将物质的化学能直接转化为电能。但是燃料电池作为一种新的发电方式，又与常规电池存在明显差别。这主要表现在常规电池的活性物质是作为电池自身的组成部分而存在的，即反应物存储在电池内部，因此常规电池本质上是一种能量存储装置，所能获得的最大能量取决于电池本身所含的活性物质数量。而且，常规电池在工作过程中电极的活性物质不断消耗变化，因此电极和电池性能无法保持稳定，无论单次放电寿命还是循环寿命都很有限。而燃料电池在本质上是一种能量转换装置，它的燃料和氧化剂存储在电池外部，只要不间断地向电池内部提供燃料和氧化剂并同时排出反应产物，燃料电池就可以连续产生电能。而且燃料电池的电极在工作过程中并不发生变化，原则上电池性能非常稳定，寿命是无限的。当然实际上，由于电池组成部件的老化失效，燃料电池的使用寿命也有一定限制。

6.1.3 燃料电池的工作特点

燃料电池与其他能量转换装置相比，具有非常突出的优越性。

（1）高效。燃料电池按电化学原理等温地将燃料和氧化剂中的化学能直接转化为电能，不受卡诺循环限制。理论上，燃料电池的能量转换效率可达85%~90%。但实际上，燃料电池在工作时由于各种极化的存在，其能量转换效率约为40%~50%，若采用热电联供的方式，燃料电池的能量转换效率则可达80%以上。因此燃料电池是一种高效的能量转换装置。而且，燃料电池的高效率适用于各种负载条件。常规的汽油或柴油等发电机在低于额定负载条件下发电时，由于机械损失和热损失的增加，发电机的效率要下降，但是燃料电池在低于额定负载条件下工作时则会由于各种极化的减小而获得更高的能量转换效率。

（2）污染小。燃料电池具有极为突出的环境效益。若采用氢气和氧气作为燃料，燃料电池的反应产物是水，因此非常清洁。当然，考虑到来源和成本等问题，一般燃料电池都以化石燃料重整后获得的富氢气体作为燃料，在制备富氢气体过程中也会排放CO_2，但是这一过程所排放的CO_2要比热机发电过程的排放量减少30%以上。燃料电池的燃料气在进入燃料电池前都要进行净化以去除杂质，而且燃料电池是按电化学原理发电，没有燃烧过程，所以排放的氮氧化物和硫氧化物是非常少的。表6-1为燃料电池和传统发电方式的排放有害物比较。显然，燃料电池的污染物排放几乎可以忽略。

表6-1 燃料电池和传统发电方式的排放有害物比较 （$kg/(10^6\ kW\cdot h)$）

排气成分	火力发电厂（天然气）	火力发电厂（石油）	火力发电厂（煤）	燃料电池
SO_2	2.5~230	4550~10900	8200~14500	0~0.12
NO_2	1800	3200	3200	63~107
烃类	20~1270	135~5000	30~10000	14~102
粉尘	0~90	45~320	365~580	0~0.014

（3）噪声低。燃料电池按电化学原理工作，很少有常规发电机中的运动部件。因此它工作时安静，噪声很低。

（4）负载响应快速。燃料电池具有很快的负载响应速度，小型燃料电池在微秒范围内其功率就可以达到所要求的输出功率，而兆瓦级的电站，也可以在数秒内完成对负载变化的响应，这对常规的发电机是不容易实现的。

（5）良好的建设和维护特性。燃料电池工作时不需要庞大的配套设备，占地面积小，而且安静、清洁，适合安装在城区、居民区或风景区等作为现场电源，电池部件模块化，可以方便地扩大或缩小安装规模，建造极其灵活。此外，燃料电池没有较大的机械运动部件，系统运行的可靠性较高，具有良好的维护性。

6.1.4 燃料电池的类型

到目前为止，人们已经开发出多种类型的燃料电池。燃料电池可以根据燃料和电解质的类型、系统的运行温度等进行分类。按工作温度，燃料电池可以分为低温、中温、高温和超高温燃料电池，它们所对应的工作温度范围一般分别是25~100 ℃、100~500 ℃、500~1000 ℃及大于1000 ℃。按燃料的类型，燃料电池可以分为直接型、间接型和再生型燃料电池。直接型燃料电池是指燃料不经过转化步骤直接参加燃料电池的电极反应，比如氢-氧燃料电池；间接型燃料电池是指燃料不直接参加电化学反应，而是要通过重整等方法将燃料转化后再供给燃料电池发电，比如将甲醇重整后的富氢混合气作为燃料电池的燃料；再生型燃料电池则是指将燃料电池反应生成的水经过某种方式（如热和光等）分解成氢和氧，再将氢和氧重新输入燃料电池中发电的燃料电池。

目前最常用的分类方法是按燃料电池所采用的电解质的类型分类。一般根据燃料电池的电解质性质可以将燃料电池分为五大类：碱性燃料电池（AFC）一般以碱性的氢氧化钾溶液为电解质；磷酸燃料电池（PAFC）以浓磷酸为电解质；熔融碳酸盐燃料电池（MCFC）以熔融的锂-钾或锂-钠碳酸盐为电解质；固体氧化物燃料电池（SOFC）以氧离子导体固体氧化物为电解质；质子交换膜燃料电池（PEMFC）通常以全氟或部分氟化的磺酸型质子交换膜为电解质。各种燃料电池的具体技术特点见表6-2。

表6-2 燃料电池的技术特点

类型	AFC	PAFC	MCFC	SOFC	PEMFC
电解质	KOH溶液	H_3PO_4 溶液	熔融 K_2CO_3-$LiCO_3$	ZrO_2-Y_2O_3 固体	全氟质子交换膜
导电离子	OH^-	H^+	CO_3^{2-}	O^{2-}	H^+
阴极	Pt/Ni	Pt/C	Ni/Al，Ni/Cr	Ni/YSZ	Pt/C
阳极	Pt/Ag	Pt/C	Li/NiO	Sr/$LaMnO_3$	Pt/C
燃料气	纯氢	氢，重整气	煤气，天然气，重整气	煤气，天然气	氢，甲醇，重整气
氧化剂	纯氧	空气	空气	空气	纯氧，空气
工作温度/℃	50~200	100~200	600~700	800~1000	60~100
发电效率/%	60~90	40	>50	>50	50
应用领域	航天和特殊地面应用	区域性电站	区域性电站	区域性电站	车载、可移动电源和小型固定性电站

上述几种类型的燃料电池具有各自的工作特性和适用范围，并且处于不同的发展阶段。碱性燃料电池的效率很高，并且发展非常成熟，但是由于其工作条件要求隔绝CO_2，应用领域主要集中在航天方面。磷酸燃料电池是最接近商业化的燃料电池，它的技术已经非常成熟，被称为第一代燃料电池，但是磷酸燃料电池需要用到贵金属铂催化剂，成本较

高，而且其工作温度足够高，余热利用价值低。熔融碳酸盐燃料电池和固体氧化物燃料电池被认为最适合实现热电联供，工作效率高，其中：熔融碳酸盐燃料电池发展较早，被称为第二代燃料电池；固体氧化物燃料电池的研究则起步较晚，被称为第三代燃料电池。这两种燃料电池虽然性能良好，但由于其工作温度较高，所以对电池材料的要求也较高。质子交换膜燃料电池技术发展迅速，采用较薄高分子隔膜作电解质，具有很高的比功率，而且工作温度较低，特别适合作为便携式电源和车载电源，但目前的主要问题是成本太高，难以与传统电源竞争。

6.2 燃料电池的性能

6.2.1 碱性燃料电池性能

碱性燃料电池的典型放电曲线如图 6-2 所示。随着温度、压力和反应气体组成等工作条件的不同，碱性燃料电池的性能也会出现一些变化。

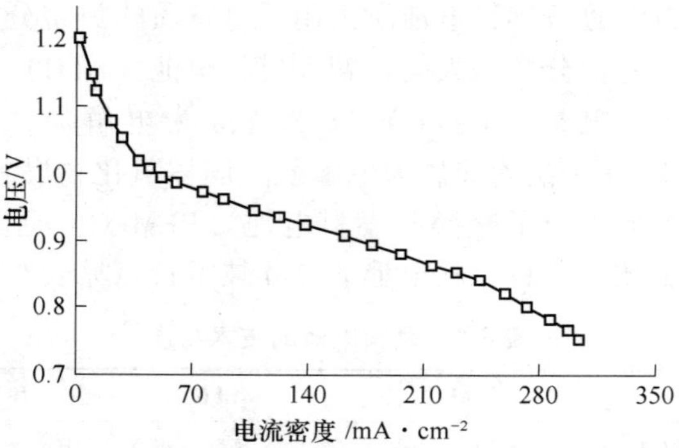

图 6-2 碱性燃料电池的典型放电曲线

（1）压力对燃料电池性能的影响。从热力学看，碱性氢氧燃料电池的电动势为：

$$E = E^{\ominus} - \frac{RT}{nF}\ln \frac{a_{H_2O}}{p_{H_2}p_{O_2}^{1/2}} \tag{6-6}$$

显然提高工作气体压力能够提高燃料电池的电动势，而且电动势的增加值与反应气体压力的对数成正比。从动力学的角度看，根据电极过程动力学中的塔费尔方程，电极的极化与反应气体的工作压力成负对数关系，提高工作气体的压力，电极的极化会降低。因此，放电时碱性燃料电池的工作电压会随着反应气体压力的增加而提高，这是电动势提高和极化降低的共同结果。研究发现，反应气体的工作压力每提高 0.01 MPa，燃料电池的工作电压提高约 1 mV。但是在高工作压力下需要使用机械强度高的材料，提高了电池的质量，而且反应物压力增大，还可能导致气体涌入电解质区，甚至造成气体溶解渗透，这在一定程度上降低燃料电池的工作电压，并干扰电池的正常工作。若两侧气体同时发生这种情况，则可能在电解质区发生氢氧混合的危险事故。因此，一般情况下，碱性燃料电池的工作压力维持在 0.4~0.5 MPa。

（2）温度对燃料电池性能的影响。从电化学热力学角度考虑，氢氧燃料电池电动势的温度系数为负值，即随着温度的提高，燃料电池的电动势降低。但是，从动力学的角度讲，电池温度提高能够提高电化学反应速度，从而减少电化学极化；另一方面能提高传质速度，减少浓差极化；而且提高温度能够改善 KOH 溶液的离子电导率，减小欧姆极化。所以总的来看，提高温度有利于改善碱性燃料电池的性能。碱性燃料电池的工作温度一般维持在 60~70 ℃，如果工作温度太低（如低于 15 ℃时），电池性能明显下降。在一定范围内升高工作温度，燃料电池的工作电压会提高，当电池的工作温度提高到 80 ℃以上时，提高温度对电池性能的改进并不明显，从提高电池系统运行可靠性的角度考虑，电池工作温度不宜选择太高，一般不宜超过 90 ℃。

（3）反应气体组成对燃料电池性能的影响。碱性燃料电池的运行要采用纯氢和纯氧作为反应气体，气体中的氮气和氨气等杂质对碱性燃料电池的性能影响不大，CO_2 则是碱性燃料电池性能的重要影响因素。重整气和空气中一般会含有一定量的 CO_2，会严重影响碱性燃料电池的电化学性能和寿命。CO_2 的影响主要是因为 CO_2 会与电解质中的 OH^- 发生反应：

$$CO_2 + 2OH^- \longrightarrow CO_3^{2-} + H_2O \tag{6-7}$$

这一反应的发生会导致一些严重后果。所生成的碳酸盐电解质的黏度增加，其电导率远低于 KOH，会导致燃料电池的欧姆电阻增加，而且碳酸盐沉积在气体扩散电极的气孔中会阻碍反应气体的传输，碳酸盐的存在还会降低气体在电解质中的溶解度，增加电池的浓度极化。此外，碳酸盐水溶液的蒸气压高，会导致隔膜失水，直至失去电气性能。而且，生成碳酸盐会导致 OH^- 浓度降低，影响正负极的电化学反应速率。这些后果都会降低碱性燃料电池的性能并且缩短其寿命。例如 9 mol/L KOH 溶液在 65 ℃下以含有 CO_2 的空气作为反应气体，其寿命在 1600~3300 h，而去除 CO_2 后电极的寿命却可以达到 4000~5500 h。

6.2.2 磷酸燃料电池性能

磷酸燃料电池的工作电压一般在 600~800 mV，工作电流密度为 100~400 mA/cm^2。磷酸燃料电池寿命约为 40000 h，相当于连续运行约 5 年时间。燃料电池的工作寿命一般是指在额定输出电流的条件下，燃料电池的工作电压从初始值降低 10%所需要的时间。也就是说，如果磷酸燃料电池在额定电流密度下初始状态的输出电压为 0.7 V，经过 40000 h 运行后，其输出电压将降低到 0.63 V。具体的磷酸燃料电池性能与工作温度、反应气体压力、反应气体的组成和利用率等条件密切相关。磷酸燃料电池性能的主要影响电极是阴极，即氧气的电化学还原过程。

（1）工作压力的影响。压力对磷酸燃料电池性能的影响可分为两部分：对电池电动势的影响和对不可逆极化的影响。根据电化学热力学，磷酸燃料电池的电动势 E 与工作压力的对数成线性关系，即：

$$E(T,\ p_2) = E(T,\ p_1) - 2.3\frac{\Delta mRT}{nF}\lg\left(\frac{p_2}{p_1}\right) \tag{6-8}$$

式中 p_1，p_2——两个电动势不同的压力值；

Δm——燃料电池反应方程式中气体分子数的减少值，对于氢氧磷酸燃料电池，$\Delta m = -0.5$。

随反应气体的压力升高，磷酸燃料电池的电动势也相应增加。

根据电化学动力学，反应气体压力对不可逆极化的作用表现在增加压力会增加工作气体中氢气、氧气和水蒸气的分压，氢气和氧气分压的增加减小了电极的浓度极化，而水蒸气分压的增加则降低了电解质的浓度，提高了电解质的电导率，从而降低燃料电池的欧姆电阻。当然，压力对磷酸燃料电池性能的影响会随着工作电流密度的增加而提高，这是因为高工作电流密度下浓度极化的影响增加，因此增加反应气体工作压力的效果更为明显。虽然随反应气体压力的提高，磷酸燃料电池的能量转化效率改善，但是采用较高的反应气体压力需要提高电池组件的机械强度并且要改善燃料电池系统的气密性，还会增加额外的能量损失，并增加燃料电池系统的体积。

（2）工作温度的影响。与碱性燃料电池类似，温度对磷酸燃料电池放电性能的影响也可分为两个方面：对燃料电池电动势的影响和对不可逆极化的影响。根据电化学热力学，磷酸燃料电池电动势 E 与温度 T 的关系为：

$$\left(\frac{\partial E}{\partial T}\right)_p = \frac{\Delta S}{nF} \approx -0.27\ \text{mV/℃} \tag{6-9}$$

磷酸燃料电池电动势的温度系数为负值，这表明，增加工作温度会降低磷酸燃料电池的电动势。温度每升高 1 ℃，磷酸燃料电池的电动势降低 0.27 mV。

从动力学看，随着温度升高，磷酸燃料电池的极化性能会改善。因为增加燃料电池的工作温度可以改善电池的传质能力，降低电池内阻；而且氧气在铂催化剂上的还原反应速率极大改善，高于 180 ℃时效果更为明显，因为如果温度低于 180 ℃，磷酸分子或者磷酸分解产生的阴离子会吸附在催化剂表面从而降低氧气电化学还原反应速率。尽管升高温度对阳极氢气氧化反应速率的作用不大，但却对阳极催化剂的中毒问题有明显影响。随着温度的升高，阳极催化剂表面的 CO_2 吸附量降低，因此有利于缓解阳极的催化剂中毒问题，提高燃料电池对重整气中 CO_2 的耐受能力。综合温度变化对热力学和动力学的影响，提高工作温度能够改善磷酸燃料电池的总体性能和能量转换效率。磷酸燃料电池在中等电流密度下工作时，温度每提高 1 ℃，磷酸燃料电池的工作电压能够提高 0.5~1.2 mV。

虽然提高磷酸燃料电池的工作温度可以改善燃料电池性能，但加剧了催化剂铂晶粒团聚、电池组件腐蚀、电解质分解、蒸发和浓度改变等后果，这不利于提高磷酸燃料电池的寿命，从目前的技术水平来看，磷酸燃料电池的峰值工作温度不能超过 220 ℃，连续工作温度不能超过 210 ℃。目前磷酸燃料电池的工作温度一般维持在 180~210 ℃。

（3）反应气体利用率的影响。一般而言，增加燃料的利用率或者降低入口处燃料的气体浓度都会增加磷酸燃料电极的浓度极化和电动势损失，降低燃料电池性能。但是因为氢气氧化反应的可逆性非常好，因此一般情况下，燃料气的利用率对磷酸燃料电池的性能并没有明显的影响。磷酸燃料电池燃料气废气中的剩余氢气通常被燃烧以提供燃料气相重整过程所需要的热量。氧化剂的利用率会影响磷酸燃料电池性能，磷酸燃料电池所用的氧化剂主要是空气中的氧气，与阳极情况类似，氧气利用率增加，阴极极化也相应增加。

虽然降低燃料和氧化剂的利用率可以提高燃料电池的性能，但是会增加燃料的浪费并且会增加反应气体的流率，导致额外的能量损失，同时会增加电解质的流失，因此对燃料和氧化剂的利用率进行优化是非常必要的。目前，磷酸燃料电池燃料气的利用率为 70%~

85%，而氧气的利用率为 50%~60%。

（4）杂质对燃料电池性能的影响。磷酸燃料电池很少采用纯氢和纯氧作燃料和氧化剂，通常采用化石燃料经重整获得的富氢气体作为燃料，而以空气作为氧化剂。富氢气体中除氢气外，还含有一定量的 CO 和 CO_2 等副产物，此外，还可能存在一些未反应的有机化合物。例如天然气的重整气中含有 78%左右的 H_2、20%左右的 CO_2 和少量的其他气体（如 CH_4、CO 和一些硫和氮的化合物等）。这些气体杂质虽然含量不高，但对磷酸燃料电池的性能有非常大的影响。

氢气中含有的少量 CO 对铂催化剂的氢气氧化反应具有非常大的毒性，它的存在会导致阳极极化明显增加。在磷酸燃料电池的工作温度下，燃料气中含有 1%的 CO 不会对燃料电池性能产生明显影响。CO 对磷酸燃料电池的阳极性能有毒化作用，但是这种毒化作用是可逆的，吸附的 CO 被去除掉以后，电极的性能很容易恢复。

当燃料气中的 H_2S 和 COS 含量或者是空气中的 SO_2 和 SO_3 超过允许值时，会导致磷酸燃料电池性能迅速恶化。硫化物的毒化作用是因为硫化物会强烈吸附在铂催化剂表面，阻碍了氢气氧化和氧气还原反应的活性点。

由于硫化物的严重毒化作用，因此有些燃料在进入重整过程之后必须进行脱硫处理。硫化物对电极的毒化作用随着硫化物浓度的升高和毒化时间的延长而增加，并且硫化物和 CO 对磷酸燃料电池的毒化作用存在协同效应。如图 6-3 所示，燃料气中不含有 CO 的情况下，当 H_2S 含量超过 360 mg/m^3 时燃料电池性能迅速下降，而燃料气中含有 10%CO 的情况下，当 H_2S 含量超过 160 mg/m^3 时燃料电池性能就急剧恶化。硫化物的毒化作用也是可逆的，升高工作温度可以降低或者消除其毒化作用。

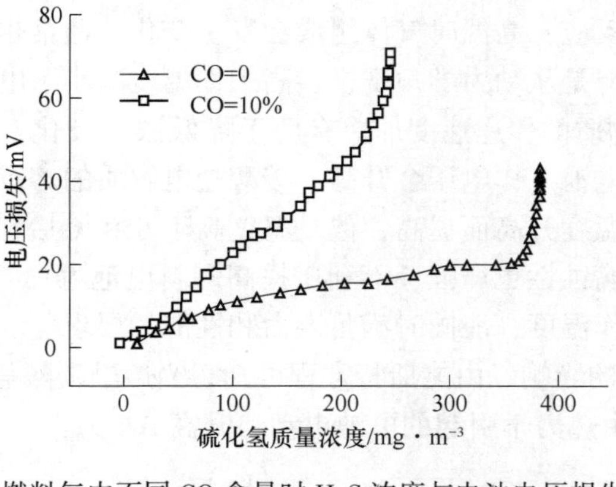

图 6-3 燃料气中不同 CO 含量时 H_2S 浓度与电池电压损失的关系

反应气体中的氮化物也对磷酸燃料电池性能有一定影响。氮气对磷酸燃料电池性能没有明显毒害作用，它主要是作为气体的稀释剂。其他含氮化合物如 NH_3、HCN 和 NO_x 等则有一定程度的毒害作用。HCN 和 NO_x 等氮化物会毒化催化剂，造成电化学极化增加。燃料或氧化剂中的 NH_3 则会和磷酸电解质反应，生成磷酸盐；降低电解质的电导率，而且还会影响氢气氧化和氧气还原反应的速率，因此反应气体中 NH_3 的含量要低于 0.2%。

6.2.3 熔融碳酸盐燃料电池性能

熔融碳酸盐燃料电池的典型工作极化曲线如图 6-4 所示。熔融碳酸盐燃料电池的典型工作电流密度为 100~300 mA/cm^2，工作电压为 0.7~0.95 V，设计寿命一般在 40000 h 左右。工作条件对熔融碳酸盐燃料电池性能会产生各种影响。

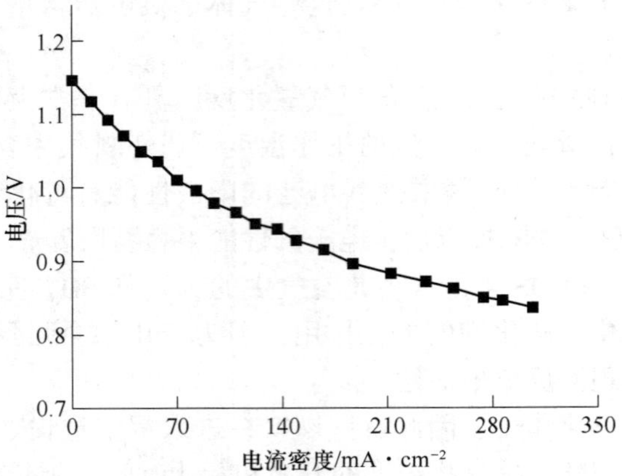

图 6-4 熔融碳酸盐燃料电池的典型工作极化曲线

（1）温度的影响。根据电化学热力学可知，氢氧熔融碳酸盐燃料电池电动势的温度系数为负。而且由于电池的工作温度很高，$T\Delta S$ 数值较大，所以熔融碳酸盐燃料电池的电动势较低，即其理论能量转换效率较低。熔融碳酸盐燃料电池多以重整气为燃料，工作时存在水汽转换和甲烷化等反应，高温时气体组成会发生变化，通常也会导致燃料电池的电动势随温度升高而降低。但是从动力学角度讲，高工作温度减小了电化学极化（尤其是阴极的电化学极化），而且物质的传递速度加快有助于降低浓度极化，欧姆极化也会降低。因此，高温下实际的燃料电池工作电压会升高。碳酸盐电解质的熔点一般高于 500 ℃，在此温度以上，电池性能随温度升高而提高，但是温度高于 650 ℃后性能的提高有限，而且电解质的挥发损失增加，腐蚀性也增强，不利于提高燃料电池寿命。因此，650 ℃是熔融碳酸盐燃料电池最佳的工作温度，能同时满足寿命和性能的要求。

（2）反应气体压力的影响。由能斯特方程可知，当熔融碳酸盐燃料电池的反应气体压力由 p_1 提高到 p_2 时，由热力学引起的电池电动势升高 ΔE 为：

$$\Delta E = 46\lg\left(\frac{p_2}{p_1}\right) \tag{6-10}$$

因此反应气体的工作压力升高一个数量级，熔融碳酸盐燃料电池的电动势增加 46 mV。此外，提高反应气体的工作压力，提高了反应物的分压，气体在电解质中的溶解度增大，而且气体的传质速率增加，因此从动力学的角度看，极化减小，燃料电池的放电性能提高。此外，提高反应气体的压力还对减少电解质的蒸发有利。

当然，提高反应气体的压力也有利于一些副反应的发生，如碳沉积和甲烷化反应等，碳沉积可能堵塞阳极气体通路，而甲烷化则会消耗较多氢气分子。而且，加压会加速电极的腐蚀，缩短燃料电池的寿命。

（3）气体组成和利用率的影响。除温度和工作气体的压力外，反应气体的组成和利用率对熔融碳酸盐燃料电池性能也有明显影响。在熔融碳酸盐燃料电池的阴极 CO_2 和 O_2 消耗比例为 2∶1，因此在 CO_2 和 O_2 组成为 2∶1 时，阴极反应性能最佳。如果阴极的 CO_2 和 O_2 组成偏离这一比例，其性能就会下降。在阳极，除了氢气氧化反应外，还存在水汽转换反应和重整反应，这两个反应是快速平衡反应，因此，氢气含量越高，燃料电池的性能越好。

因为熔融碳酸盐燃料电池的工作温度高，可以直接采用重整气和煤制气等作为燃料，其中含有硫化物、卤化物和含氮化合物等杂质。气体中的杂质也是影响熔融碳酸盐燃料电池性能的重要因素。硫化物可以在镍催化剂表面发生化学吸附，覆盖电化学反应和水汽转换的活性点，而且电极尾气中的硫化物经燃烧后会生成 SO_2，随 CO_2 循环进入阴极与电解质中的碳酸盐反应，这些都会影响燃料电池的性能。卤化物则具有很强的腐蚀性，会严重腐蚀电极材料。而且 HCl、HF 等卤化物可以与熔盐（Li_2CO_3、K_2CO_3）反应，生成水、CO_2、KCl 和 KF，由于 KCl 和 KF 蒸气压高，会增加电解质的损失速率。此外，氮化物杂质也对熔融碳酸盐燃料电池性能有影响。

与其他类型的燃料电池类似，随着反应气体的消耗，燃料电池的电压下降，因此提高反应气体的利用率一般会导致熔融碳酸盐燃料电池电压降低。不能为了单纯提高工作电压而降低反应气体的利用率，这会浪费燃料，并且造成系统能耗增加。

6.2.4 固体氧化物燃料电池性能

固体氧化物燃料电池具有良好的放电性能。工作温度是影响固体氧化物燃料电池放电性能的重要因素。虽然固体氧化物燃料电池的理论效率低于熔融碳酸盐燃料电池和磷酸燃料电池，但是高温下固体氧化物燃料电池的电化学极化、浓度极化和欧姆极化都较低，因此固体氧化物燃料电池的实际工作效率都较高。虽然高温有利于提高固体氧化物燃料电池性能，但是高温对电池材料的要求更高，固体氧化物燃料电池的寿命难以保证。因此，近年来提出中温固体氧化物燃料电池的概念，其工作温度一般在 500~800 ℃。通过降低工作温度，可以使用价格低的材料，对配套设备的要求和成本也随之降低，而且电池的寿命可以延长。

除了温度的影响外，压力、工作气体组成和利用率及杂质等也对固体氧化物燃料电池性能有一定的影响。其影响与熔融碳酸盐燃料电池类似，在此不进行详细叙述。

6.2.5 质子交换膜燃料电池性能

质子交换膜燃料电池由于采用较薄的固体聚合物膜作电解质而具有非常好的放电性能。通过优化工作温度、反应气体压力和气体组成等条件，能够使质子交换膜燃料电池的性能维持在较高的水平。

提高工作气体压力会增加质子交换膜燃料电池的电动势，而且会降低质子交换膜燃料电池的电化学极化和浓度极化。当然反应气体压力的提高会增加燃料电池系统的能耗。温度也对质子交换膜燃料电池性能有明显影响。升高温度，传质和电化学反应速度提高，电解质的欧姆电阻降低，而且有利于缓解催化剂中毒问题。但是温度过高，会造成质子交换膜脱水导致质子电导率降低，而且 Nafion 膜的稳定性会降低，可能发生分解。反应气体中的杂质也是影响质子交换膜燃料电池性能的重要因素。燃料的重整气中通常都会含有少量的CO，会严重毒化质子交换膜燃料电池的阳极催化剂。因此，通过各种净化方式降低燃料气中的CO含量对质子交换膜燃料电池的稳定运行是非常关键的。

6.3 燃料电池的检测

燃料电池与镍氢电池、锂离子电池等储能电池不同，属于将氢气等燃料中的化学能直接转成电能的发电电池。因此，燃料电池的检测项目与镍氢电池、锂离子电池不同，不仅包括对电池本身性能测试，还包括对燃料气和氧化气性能的测试。

燃料电池的主要检测项目包括：

（1）电池稳态检测；

（2）电池 *I-V* 特性测试；

（3）电池 *I-R* 测量；

（4）电池极限电流测试；

（5）扩散增益测试；

（6）气体计量比测试；

（7）温度影响测试；

（8）压力影响测试；

（9）湿度影响测试；

（10）燃料组成测试；

（11）过载测试；

（12）长时间运行测试；

（13）启动/关机循环测试；

（14）加载循环测试；

（15）杂质影响测试。

燃料电池的检测方法与技术参照附录2。

习题和思考题

6-1 燃料电池的工作原理及工作特点有哪些？

6-2 燃料电池的类型有哪些？

6-3 简述碱性燃料电池的特点及应用。

6-4 简述磷酸燃料电池的特点及应用。

6-5 简述熔融碳酸盐燃料电池的特点及应用。

6-6 简述固体氧化物燃料电池的特点及应用。

6-7 简述质子交换膜燃料电池的特点及应用。

6-8 简述聚合物电解质燃料电池单电池测试项目及测试方法。

7 太阳能电池的性能检测

7.1 太阳能电池概述

7.1.1 太阳能电池的工作原理

7.1.1.1 半导体的内光电效应

当光照射到半导体上时，光子将能量提供给电子，电子将跃迁到更高的能态，在这些电子中，作为实际使用的光电器件里可利用的电子有：

(1) 价带电子；

(2) 自由电子或空穴（free carrier）；

(3) 存在于杂质能级上的电子。

太阳能电池可利用的电子主要是价带电子。由价带电子得到光的能量跃迁到导带的过程决定的光的吸收称为本征或固有吸收。

太阳能电池能量转换的基础是结的光生伏特效应。当光照射到 PN 结上时，产生电子-空穴对，在半导体内部结附近生成的载流子没有被复合而到达空间电荷区，受内建电场的吸引，电子流入 n 区，空穴流入 p 区，结果使 n 区储存了过剩的电子，p 区有过剩的空穴。它们在 PN 结附近形成与势垒方向相反的光生电场，光生电场除了部分抵消势垒电场的作用外，还使 p 区带正电，n 区带负电，在 n 区和 p 区之间的薄层就产生电动势，这就是光生伏特效应。此时，如果将外电路短路，则外电路中就有与入射光能量成正比的光电流流过，这个电流称作短路电流，另外，若将 PN 结两端开路，则由于电子和空穴分别流入 n 区和 p 区，使 n 区的费米能级比 p 区的费米能级高，在这两个费米能级之间就产生了电位差 V_{OC}。可以测得这个值，并称为开路电压。由于此时结处于正向偏置，因此，上述短路光电流和二极管的正向电流相等，并由此可以决定 V_{OC} 的值。

7.1.1.2 太阳能电池的能量转换过程

太阳能电池是将太阳能直接转换成电能的器件，它的基本构造是由半导体的 PN 结组成。此外，异质结、肖特基势垒等也可以得到较好的光电转换效率。本节以最普通的硅 PN 结太阳能电池为例，详细地观察光能转换成电能的情况。

首先研究太阳能电池工作时，在外部观测到的特性。图 7-1 表示了无光照时典型的电流电压特性（暗电流）。当太阳光照射到这个太阳能电池上时，将有和暗电流方向相反的光电流 I_{ph} 流过。

当给太阳能电池连接负载 R，并用太阳光照射时，则负载上的电流 I_m 和电压 V_m 将由图中有光照时的电流-电压特性曲线与 $V=-IR$ 表示的直线的交点来确定。此时负载上有 $P_{out}=RI_m^2$ 的功率消耗，它清楚地表明正在进行着光电能量的转换。通过调整负载的大小，

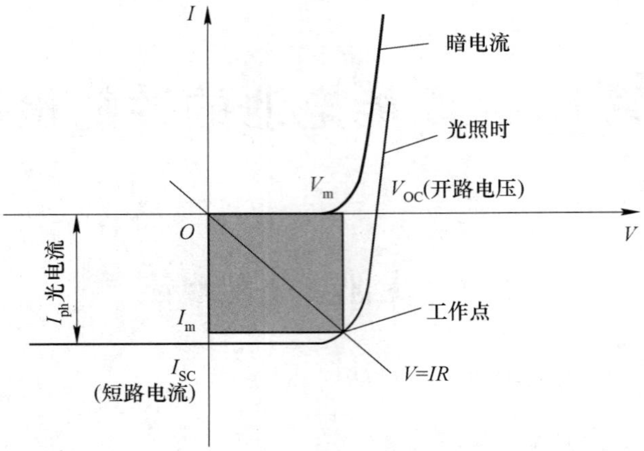

图 7-1　无光照及光照时电流-电压特性

可以在一个最佳的工作点上得到最大输出功率。输出功率（电能）与输入功率（光能）之比称为太阳能电池的能量转换效率。

下面我们把目光转到太阳能电池的内部，详细研究能量转换过程。太阳能电池由硅 PN 结构成，在表面及背面形成无整流特性的欧姆接触。并假设除负载电阻 R 外，电路中无其他电阻成分。当具有 $h\nu(h\nu > E_g$，E_g 为硅的禁带宽度）能量的光子照射在太阳能电池上时，产生电子-空穴对。由于光子的能量比硅的禁带宽度大，因此电子被激发到比导带底还高的能级处。对于 p 型硅来说，少数载流子浓度 n_p 极小（一般小于 10^5/cm），导带的能级几乎都是空的，因此电子又马上落在导带底。这时电子及空穴将总的 $h\nu - E_g$ 的多余能量以声子（晶格振动）的形式传给晶格。落到导带底的电子有的向表面或结扩散，有的在半导体内部或表面复合而消失了。但有一部分到达结的载流子，受结处的内建电场加速而流入 n 型硅中。在 n 型硅中，由于电子是多数载流子，流入的电子按介电弛豫时间的顺序传播，同时为满足 n 型硅内的载流子电中性条件，与流入的电子相同数目的电子从连接 n 型硅的电极流出。这时，电子失去相当于空间电荷区的电位高度及导带底和费米能级之间电位差的能量。设负载电阻上每秒每立方厘米流入 N 个电子，则加在负载电阻上的电压 $V = QNr = IR$ 。由于电路中无电源，电压 $V = IR$ 实际加在太阳能电池的结上，即结处于正向偏置。一旦结处于正向偏置，二极管电流 $I_d = I_0[\exp(qV/(nkT)) - 1]$ 朝着与光激发产生的载流子形成的光电流 I_{ph} 相反的方向流动，因而流入负载电阻的电流值为：

$$I = I_{ph} - I_d = I_{ph} - I_0[\exp(qV/(nkT)) - 1] \tag{7-1}$$

在负载电阻上，一个电子失去一个 qV 的能量，即等于光子能量 $h\nu$ 转换成电能 qV 。流过负载电阻的电子到达 p 型硅表面电极处，在 p 型硅中成为过剩载流子，于是和被扫出来的空穴复合，形成光电流。

7.1.2　太阳能电池的特点

太阳能电池具有如下特点：

（1）它不受地域限制，有阳光就可发电；

（2）发电过程是简单的物理过程，无任何废气废物排出，对环境基本上没有任何影响；

(3) 电池静态运行，无运转部件，无磨损，可靠性高，没有任何噪声；

(4) 发电功率由太阳能电池决定，可按所需功率装配成任意大小；

(5) 既便于作为独立能源，也可与别的电源联网使用；

(6) 寿命长（可达20年以上）；

(7) 太阳能电池重量轻、性能稳定、灵敏度高；

(8) 太阳寿命达60亿年，因而太阳能发电相对来说是无限能源；

(9) 它是一种通用的电力技术，可以用在许多或大或小的领域，可用于任何有阳光的地方，可以安装到任何物体的表面，也可以集成到建筑结构中，容易实现无人化和全自动化。

7.2 太阳能电池的性能

7.2.1 短路电流

太阳能电池的短路电流等于其光生电流。分析短路电流的最方便的方法是将太阳光谱划分成许多段，每一段只有很窄的波长范围，并找出每一段光谱所对应的电流，电池的总短路电流是全部光谱段贡献的总和：

$$I_{SC}=\int_0^{\infty}j_{sc}(\lambda)\mathrm{d}\lambda\approx\int_{0.3\ \mu m}^{\lambda_0}j_{sc}(\lambda)\mathrm{d}\lambda=\int_{0.3\ \mu m}^{\lambda_0}(1-R(\lambda))qF(\lambda)\eta(\lambda)\mathrm{d}\lambda \tag{7-2}$$

式中 λ_0——本征吸收波长限；

$R(\lambda)$——表面反射率；

$F(\lambda)$——太阳光谱中波长为 $\lambda\sim\lambda+\mathrm{d}\lambda$ 间隔内的光子数。

$F(\lambda)$ 的值很大程度上依赖于太阳天顶角。作为表示 $F(\lambda)$ 分布的参数是AM（air mass）。AM表示入射到地球大气的太阳直射光所通过的路程长度。一般情况下，AM1相当于太阳在天顶位置（垂直入射）时的情况，AM2相当于太阳高度角为30°时的情况，AM0则表示在宇宙空间中的分布。

在实际的半导体表面的反射率与入射光的波长有关，一般为30%~50%。为防止表面的反射，在半导体表面制备折射率介于半导体和空气折射率之间的透明薄膜层。这个薄膜层称为减反射膜（antireflective coating）。

7.2.2 开路电压

当太阳能电池处于开路状态时，对应光电流的大小产生电动势，这就是开路电压。在式（7-1）中，设 $I=0$（开路），$I_{ph}=I_{SC}$，则

$$V_{OC}=\frac{nkT}{q}\ln\left(\frac{I_{SC}}{I_0}+1\right) \tag{7-3}$$

在可以忽略串联、并联电阻的影响时，I_{SC} 为与入射光强度成正比的值，在很弱的阳光下，$I_{SC}\ll I_0$，因此

$$V_{OC}=\frac{nkT}{q}\frac{I_L}{I_0}=I_LR_0 \tag{7-4}$$

式中，$R_0=\frac{nkT}{qI_0}$。

在很强的阳光下，$I_{SC} \gg I_0$，

$$V_{OC}=\frac{nkT}{q}\ln\frac{I_{SC}}{I_0} \tag{7-5}$$

由此可见，在较弱阳光时，硅太阳能电池的开路电压随光的强度作近似直线的变化。而当有较强的阳光时，V_{OC} 则与入射光的强度的对数成正比。

7.2.3 转换效率

转换效率表示在外电路连接最佳负载电阻 R 时，得到的最大能量转换效率，其定义为：

$$\eta=\frac{P_{max}}{P_{in}}=\frac{I_{mp}V_{mp}}{P_{in}} \tag{7-6}$$

即电池的最大功率输出与入射功率之比，这里我们定义一个填充因子 FF 为：

$$FF=\frac{I_{mp}V_{mp}}{I_{SC}V_{OC}}=\frac{P_m}{I_{SC}V_{OC}} \tag{7-7}$$

填充因子正好是 I-V 曲线下最大长方形面积与 $I_{SC}\times V_{OC}$ 之比，所以转换效率可表示为：

$$\eta=\frac{FFI_{SC}V_{OC}}{P_{in}} \tag{7-8}$$

7.2.4 太阳能电池的光谱响应

太阳能电池的光谱响应是指光电流与入射光波长的关系，设单位时间波长为 λ 的光入射到单位面积的光子数为 $\Phi_0(\lambda)$，表面反射系数为 $\rho(\lambda)$，产生的光电流为 J_L，则光谱响应 $SR(\lambda)$ 定义为：

$$SR(\lambda)=\frac{J_L}{q\Phi_0(\lambda)[1-\rho(\lambda)]} \tag{7-9}$$

式中，$J_L=J_L|_{顶层}+J_L|_{势垒}+J_L|_{顶层基区}$。

理想吸收材料的光谱响应应该是：当光子能量 $h\nu<E_g$ 时，$SR=0$；$h\nu>E_g$ 时，$SR=1$。

7.2.5 太阳能电池的温度效应

载流子的扩散系数随温度的增高而增大，所以少数载流子的扩散长度也随温度的升高稍有增大，因此，光生电流 J_L 也随温度的升高有所增加。但是 J_0 随温度的升高是指数增大，因而 V_{OC} 随温度的升高急剧下降。当温度升高时，I-V 曲线形状改变，填充因子下降，所以转换效率随温度的增加而降低。

7.2.6 太阳能电池的辐照效应

作为人造卫星和宇宙飞船的电源，太阳能电池已获得了广泛的应用。但是在外层空间

存在着高能粒子，如电子、质子、γ 粒子等。高能粒子辐照时通过与晶格原子的碰撞，将能量传给晶格，当传递的能量大于某一阈值时，便使晶格原子发生位移，产生晶格缺陷，如填隙原子、空位、缺陷簇、空位-杂质复合体等。这些缺陷将起复合中心的作用，从而降低少子寿命。大量研究工作表明，寿命参数对辐照缺陷最为灵敏，也正因为辐照影响了寿命值，从而使太阳能电池性能下降。

7.2.7 影响太阳能电池转换效率的因素

（1）禁带宽度。V_{OC} 随 E_g 的增大而增大，但另一方面，I_{SC} 随 E_g 的增大而减小。结果是可期望在某一个确定的 E_g 处出现太阳能电池效率的峰值。

（2）温度。随温度的增加，效率 η 下降。I_{SC} 对温度 T 很敏感，温度还对 V_{OC} 起主要作用。对于 Si，温度每升高 1 ℃，V_{OC} 下降室温值的 0.4%，η 也因而降低约同样的百分数。例如，一个硅电池在 20 ℃时的效率为 20%，当温度升到 120 ℃时，效率仅为 12%。又如 GaAs 电池，温度每升高 1 ℃，V_{OC} 降低 1.7 mV 或降低 0.2%。

（3）复合寿命。希望载流子的复合寿命越长越好，这主要是因为这样做 I_{SC} 大。在间接带隙半导体材料，如 Si 中，离结 100 μm 处也产生相当多的载流子，所以希望它们的寿命能大于 1 μs。在直接带隙材料，如 GaAs 中，只要 10 ns 的复合寿命就已足够长了。长寿命也会减小暗电流并增大 V_{OC} 。

达到长寿命的关键是在材料制备和电池的生产过程中，要避免形成复合中心。在加工过程中，适当进行工艺处理，可以使复合中心移走，因而延长寿命。

（4）光强。将太阳光聚焦于太阳能电池，可使一个小小的太阳能电池产生出大量的电能。设想光强被浓缩了 X 倍，单位电池面积的输入功率和 I_{SC} 都将增加 X 倍，同时 V_{OC} 也随着增加 $(kT/q)\ln X$ 倍。因而输出功率的增加将远远超过 X 倍，而且聚光的结果也使转换效率提高。

（5）掺杂浓度。对 V_{OC} 有明显的影响的另一因素是掺杂浓度。掺杂浓度愈高，V_{OC} 愈高。目前，在 Si 太阳能电池中，掺杂浓度大约为 10^{16} cm^{-3}；在直接带隙材料制作的太阳能电池中，约为 10^{17} cm^{-3}，为了减小串联电阻，前扩散区的掺杂浓度经常高于 10^{19} cm^{-3}，因此重掺杂效应在扩散区是较为重要的。

（6）表面复合速率。低的表面复合速率有助于提高 I_{SC}，并由于 I_0 的减小而使 V_{OC} 改善。如背表面场（BSF）电池设计，在沉积金属接触之前，电池的背面先扩散一层 P^+ 附加层。

（7）串联电阻。在任何一个实际的太阳能电池中，都存在着串联电阻，其来源可以是引线、金属接触栅或电池体电阻。不过通常情况下，串联电阻主要来自薄扩散层。PN 结收集的电流必须经过表面薄层再流入最靠近的金属导线，这就是一条存在电阻的路线，显然通过金属线的密布可以使串联电阻减小。一定的串联电阻 R_S 的影响是改变 I-V 曲线的位置。

（8）金属栅和光反射。在前表面上的金属栅线不能透过阳光。为了使 I_{SC} 最大，金属栅占有的面积应最小。为了使 R_S 小，一般是使金属栅做成又密又细的形状。因为有太阳光反射的存在，不是全部光线都能进入 Si 中。裸 Si 表面的反射率约为 40%。使用减反射膜可降低反射率。对于垂直地投射到电池上的单波长的光，用一种厚为 1/4 波长、折射率等于 $\sqrt{n}$（n 为 Si 的折射率）的涂层能使反射率降为零。对太阳光，采用多层涂层能得到更好的效果。

7.3　太阳能电池测试

7.3.1　太阳光

7.3.1.1　概述

太阳能电池是将太阳能转变成电能的半导体器件，从应用和研究的角度来考虑，其光电转换效率、输出伏安特性曲线及参数是必须测量的，而这种测量必须在规定的标准太阳光下进行才有参考意义。如果测试光源的特性和太阳光相差很远，则测得的数据不能代表它在太阳光下使用时的真实情况，甚至也无法换算到真实的情况，考虑到太阳光本身随时间、地点而变化，因此必须规定一种标准阳光条件，才能使测量结果既能彼此进行相对比较，又能根据标准阳光下的测试数据估算出实际应用时太阳能电池的性能参数。

7.3.1.2　太阳辐射的基本特性

（1）发光强度。按照 1979 年第 16 届国防计量会议（CGPN）确定，以坎德拉（cd）为发光强度的计量单位。坎德拉是一光源在给定的方向上的光强度，该光源发出频率为 540×10^{12} Hz 的光学辐射，且在此方向上的辐射强度为 1/683 WSr^{-1}。

（2）光通量。光通量的单位是流明（lm），它用来计量所发出的总光量，发光强度为 1 cd 的点光源，向周围空间均匀发出 4π 流明的光能量。

（3）光照度。指照射于一表面的光强度，它用勒克斯（lx）作为单位，当 1 lm 光通量的光强射到 1 m^2 面积上时，该面积所受的光照度（简称照度）就是 1 lx。

（4）辐照度，通常称为光强，即入射到单位面积上的光功率，单位是 W/m^2 或 mW/cm^2。

7.3.1.3　辐照度及其均匀性

对空间应用，规定的标准辐照度为 1367 W/m^2（另一种较早的标准规定为 1353 W/m^2），对地面应用，规定的标准辐照度为 1000 W/m^2。实际上地面阳光和很多复杂因素有关，这一数值仅在特定的时间及理想的气候和地理条件下才能获得。地面上比较常见的辐照度是在 600~900 W/m^2，除了辐照度数值范围以外，太阳辐射的特点之一是其均匀性，这种均匀性保证了同一太阳能电池方阵上各点的辐照度相同。

7.3.1.4　光谱分布

太阳能电池对不同波长的光具有不同的响应，就是说辐照度相同而光谱成分不同的光照射到同一太阳能电池上，其效果是不同的，太阳光是各种波长的复合光，它所含的光谱成分组成光谱分布曲线，而且其光谱分布也随地点、时间及其他条件的差异而不同，在大气层外情况很单纯，太阳光谱几乎相当于 6000 K 的黑体辐射光谱，称为 AM0 光谱。在地面上，由于太阳光透过大气层后被吸收掉一部分，这种吸收和大气层的厚度及组成有关，因此是选择性吸收，结果导致非常复杂的光谱分布。而且随着太阳天顶角的变化，阳光透射的途径不同吸收情况也不同。所以地面阳光的光谱随时都在变化。因此从测试的角度来考虑，需要规定一个标准的地面太阳光谱分布。目前国内外的标准都规定，在晴朗的气候条件下，当太阳透过大气层到达地面所经过的路程为大气层厚度的 1.5 倍时，其光谱为标准地面太阳光谱，简称 AM1.5 标准太阳光谱。此时太阳的天顶角为 48.19°，原因是这种情况在地面上比较有代表性。

7.3.1.5 总辐射和间接辐射

在大气层外，太阳光在真空中辐射，没有任何漫射现象，全部太阳辐射都直接从太阳照射过来。地面上的情况则不同，一部分太阳光直接从太阳照射下来，而另一部分则来自大气层或周围环境的散射，前者称为直接辐射，后者称为天空辐射。两部分合起来称为总辐射，在正常的大气条件下，直接辐射占总辐射的 75%以上，否则就是大气条件不正常所致，例如由于云层反射或严重的大气污染所致。

7.3.1.6 辐照稳定性

天气晴朗时，阳光辐照是非常稳定的，仅随高度角而缓慢地变化，当天空有浮云或严重的气流影响时才会产生不稳定现象，这种气候条件不适宜于测量太阳能电池，否则会得到不确定的结果。

7.3.2 太阳模拟器

综上所述，标准地面阳光条件具有 1000 W/m^2 的辐照度，AM1.5 的太阳光谱以及足够好的均匀性和稳定性，这样的标准阳光在室外能找到的机会很少，而太阳能电池又必须在这种条件下测量，因此，唯一的办法是用人造光源来模拟太阳光，即所谓太阳模拟器。

7.3.2.1 稳态太阳模拟器和脉冲式太阳模拟器

稳态太阳模拟器是在工作时输出辐照度稳定不变的太阳模拟器，它的优点是能提供连续照射的标准太阳光，使测量工作能从容不迫地进行。缺点是为了获得较大的辐照面积，它的光学系统，以及光源的供电系统非常庞大。因此比较适合于制造小面积太阳模拟器，脉冲式太阳模拟器在工作时并不连续发光，只在很短的时间内（通常是毫秒量级以下）以脉冲形式发光。其优点是瞬间功率可以很大，而平均功率却很小。其缺点是由于测试工作在极短的时间内进行，因此数据采集系统相当复杂，在大面积太阳能电池组件测量时，目前一般都采用脉冲式太阳模拟器，用计算机进行数据采集和处理。

7.3.2.2 太阳模拟器的电光源及滤光装置

太阳模拟器的电光源装置通常有以下几种：

（1）卤光灯。简易型太阳模拟器常用卤光灯作为电光源装置。但卤光灯的色温值在 2300 K 左右，它的光谱和日光相差很远，红外线含量太多，紫外线含量太少。太阳模拟器尽量避免采用昂贵的滤光设备，通常用 3 cm 厚的水膜来滤除一部分红外线，使它近红外区的光谱适当改善，但却无法补充过少的紫外线。

（2）冷光灯。冷光灯是由卤钨灯和一种介质膜反射镜构成的组合装置。这种反射镜对红外线几乎是透明的，而对其余光线却能起良好的反射作用。因此经反射后红外线大幅减弱而其他光线却成倍增加。和卤光灯相比，冷光灯的光谱有了大幅度的改善，而且避免了非常累赘的水膜滤光装置。因此目前简易型太阳模拟器多数采用冷光灯。为了使它的色温尽可能地提高些，和冷光罩配合的卤钨灯常设计成高色温，可达 3400 K，但使它的寿命大幅缩短，额定寿命仅 50 h，因此需经常更换。

（3）氙灯。氙灯的光谱分布从总的情况来看比较接近于日光，但波长在 800~1000 nm 有红外线，比太阳光大几倍。因此必须用滤光片滤除，现代的精密太阳模拟器几乎都用氙灯作电源，主要原因是光谱比较接近日光，只要分别加上不同的滤光片即可获得 AM 0 或 AM1.5 等不同的太阳光谱。氙灯模拟器的缺点从光学方面来考虑是它的光斑很不均匀，需要有一套复杂的光学积分装置来使光斑均匀。从电路来考虑是它需要一套复杂而比较庞大的电源及起辉装置。总的来说，氙灯模拟器的缺点是装置复杂，价格高，特别是有效辐照面积很难做得很大。

（4）脉冲氙灯。脉冲式太阳模拟选用各种脉冲氙灯作为光源，这种光源的特点是能在短时间内发出比一般光源强若干倍的强光，而且光谱特性比稳态氙灯更接近于日光。由于亮度高通常可放在离太阳能电池较远的位置进行测量，因此改善了辐照均匀性，可得到大面积的均匀光斑。

7.3.3 太阳模拟器某些光学特性的检测

7.3.3.1 辐照不均匀度的检测

辐照不均匀度是对测试平面上不同点的辐照度来说，当辐照度不随时间改变时，辐照度不随时间改变时，辐照不均匀度按下式计算：

$$\text{辐照不均匀度} = \pm(\text{最大辐照度} - \text{最小辐照度})/(\text{最大辐照度} + \text{最小辐照度}) \times 100\% \tag{7-10}$$

在测量单体电池时，辐照不均匀度应使用不超过待测电池面积 1/4 的检测电池来检测。在测量组件时，应使用不超过待测组件面积 1/10 的检测电池来检测。

7.3.3.2 辐照不稳定度的检测

测试平面上同一点的辐照度随时间改变时。辐照不稳定度按下式计算：

$$\text{辐照不稳定度} = \pm(\text{最大辐照度} - \text{最小辐照度})/(\text{最大辐照度} + \text{最小辐照度}) \tag{7-11}$$

7.3.3.3 光谱失配误差计算

消除光谱失配误差的方法有两种：一种是太阳模拟器的光谱和标准太阳光谱完全一致；另一种是被测太阳能电池的光谱响应和标准太阳能电池的光谱响应完全一致。这两种方法都难以严格实现，相比之下后一种方法更难实现，因为待测太阳能电池是多种多样的，不可能每一片待测电池都能够配上和它光谱响应完全一致的标准太阳能电池。因此为了改善光谱匹配，最好的办法是设计光谱分布和标准太阳光谱非常接近的精密型太阳模拟器，从而对太阳能电池的光谱响应不必再提出要求。

7.3.4 单体太阳能电池测试

测量太阳能电池的电性能归结为测量它的伏安特性，由于伏安特性与测试条件有关，必须在统一的规定的标准测试条件下进行测量，或将测量结果换算到标准测试条件，才能鉴定太阳能电池电性能的好坏，标准测试条件包括标准太阳光（标准光谱和标准辐照度）和标准测试温度，温度可以人工控制。标准太阳光可以人工模拟，或在自然条件下寻找。使用模拟阳光，光谱取决于电光源的种类及滤光、反光系统。辐照度可以用标准太阳能电池短路电流的标定值来校准。为了减少光谱失配误差，模拟阳光的光谱应尽量接近标准阳光光谱，或选用和被测量电池光谱响应基本相同的标准太阳能电池。

测量伏安特性的原理见图 7-2。

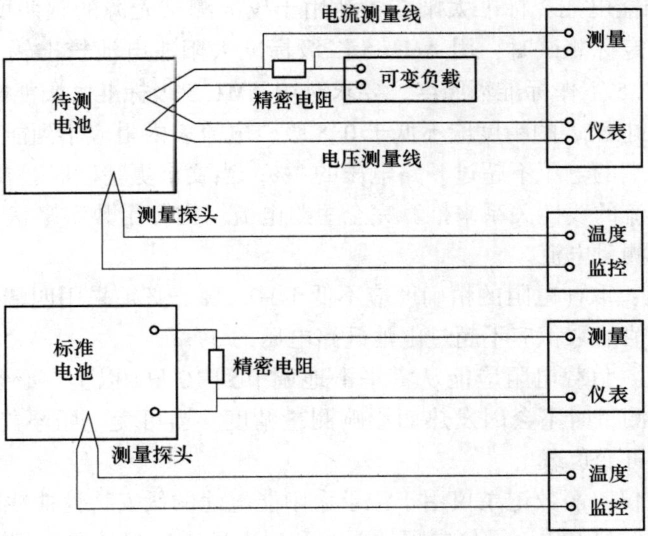

图 7-2　测量伏安特性的电路框图

注意：测量太阳能电池的电压和电流，应从被测件的端点单独引出电压线和电流线。

7.3.4.1　测试项目

(1) 开路电压 V_{OC}；
(2) 短路电流 I_{SC}；
(3) 最佳工作电压 V_{max}；
(4) 最佳工作电流 I_{max}；
(5) 最大输出功率 P_{max}；
(6) 光电转换效率 η；
(7) 填充因子 FF；
(8) 伏安特性曲线或伏安特性；
(9) 短路电流温度系数 α，简称电流温度系数；
(10) 开路电压温度系数 β，简称电压温度系数；
(11) 内部串联电阻 R_s；
(12) 内部并联电阻 R_{sb}。

7.3.4.2　电性能测试的标准测试条件

(1) 标准规定地面标准阳光光谱采用总辐射的 AM1.5 标准阳光光谱；
(2) 地面阳光的总辐照度规定为 1000 W/m^2；
(3) 标准测试温度规定为 25 ℃；
(4) 对定标测试，标准测试温度的允许差为±1 ℃；
(5) 对非定标测试，标准测试温度允许差为±2 ℃。

注意：如受客观条件所限，只能在非标准条件下进行测试，则必须将测量结果换算到标准测试条件。

7.3.4.3 测量仪器与装置

（1）标准太阳能电池：标准太阳能电池用于校准测试光源的辐照度。对AM1.5工作标准太阳能电池作定标测试时，用AM1.5二级标准太阳能电池校准辐照度。在非定标测试中，一般用AM1.5工作标准辐照度，要求时用AM1.5级标准太阳能电池。

（2）电压表：电压表的精度应不低于0.5级。电流表内阻应小到能保证在测量短路电流时，被测电池两端的电压不超过开路电压的3%。当要求更精确时，在开路电压的3%以内可利用电压和电流的线性关系来推算完全短路电流。推荐用数字毫伏表测量取样电阻两端电压降的方法来测量电流。

（3）取样电阻：取样电阻的精确度应不低于±0.2%。必须采用四端精密电阻，电池短路电流和取样电阻值的乘积应不超过电池开路电压的3%。

（4）负载电阻：负载电阻应能从零平滑地调节到10 kΩ以上。必须有足够的功率容量，以保证在通电测量时不会因发热而影响测量精度。当可变电阻不能满足上述条件时，应采用等效的电子可变负载。

（5）函数记录仪：函数记录仪用于记录太阳能电池的伏安特性曲线。函数记录仪的精度应不低于0.5级。对函数记录仪内阻的要求和对电压表内阻的要求相同。

（6）温度计：温度计或测温系统的仪器误差应不超过±0.5 ℃，测量系统的时间响应不超过1 s。测量探头的体积和形状应保证它能尽量靠近太阳能电池的PN结安装。

（7）室内测试光源：辐照度、辐照和均匀度、稳定度、准直性及光谱分布均应符合一定的要求。

7.3.4.4 基本测试方法

所规定的测试项目中，开路电压和短路电流可以直接测量，其他参数从伏安特性求出。太阳能电池伏安特性应在标准地面阳光、太阳模拟器或其他等效的模拟阳光下测量。太阳能电池的伏安特性应在标准条件下测试，如受客观条件所限，只能在非标准条件下测试，则测试结果应换算到标准测试条件。

在测量过程中，单体太阳能电池的测试温度必须恒定在标准测试温度。可以用遮光法来控制太阳能电池组件、组合板或方阵的测试温度，模拟阳光的辐射度只能用标准太阳能电池来校准，不允许用其他辐射测量仪表。用于校准辐照度的标准太阳能电池应和待测太阳能电池具有基本相同的光谱响应。（注：系指同材料、同结构、同工艺的太阳能电池）。

7.3.4.5 从非标准测试条件换算到标准测试条件

当测试温度、辐照度和标准测试条件不一致时，可用以下换算公式校正到标准测试条件：

$$I_2 = I_1 + I_{SC}\left(\frac{I_{SR}}{I_{MR}} - 1\right) + \alpha(T_2 - T_1) \tag{7-12}$$

$$V_2 = V_1 - R_S(I_2 - I_1) - KI_2(T_2 - T_1) + \beta(T_2 - T_1) \tag{7-13}$$

式中 I_1，V_1——待校正的特性曲线的坐标点；

I_2，V_2——校正后的特性曲线的对应坐标点；

I_{SC}——所测试电池的短路电流；

I_{SR}——标准电池在标准的或其他想要的辐照度下的短路电流；

I_{MR}——标准电池在实测条件下的短路电流；

T_1——测试温度；

T_2——标准测试温度；

R_S——所测电池的内部串联电阻；

K——曲线校正因子，一致可取 $K=1.25\times10^{-3}\ \Omega/℃$；

α——所测电池在标准辐照度下，以及在所需的温度范围内的短路电流温度系数；

β——和上述短路电流温度系数相对应的开路电压温度系数。

注：以上各参数的单位必须统一。

7.3.4.6 室外阳光下测试

(1) 测试场地及周围环境。测试场地周围的地面空旷，不遮光，无反光及散光的任何物体。测试场地周围地面上应无高反射的物体，如冰雪、白灰和亮沙子等。

(2) 气候及阳光条件。天气晴朗，太阳周围无云。阳光总辐照度不低于标准总辐照度的80%。天空散射光所占比例不大于总辐射的25%。在测试周期内，辐照的不稳定度应不大于±1%。

(3) 安装。要求被测电池、标准电池应安装在同一平面上，并尽量靠近，测试平面的法线和入射光线的夹角应不大于5°。

7.3.4.7 太阳能电池内部串联电阻的测量

(1) 在太阳模拟器或其他模拟阳光下测量太阳能电池内部串联电阻，所用的装置和测量伏安特性的装置相同。但要求测试平面上的辐照度大致能在600~1200 W/m² 调节。

(2) 用2种不同的辐照度，分别测量2条伏安特性曲线，画在同一坐标上，见图7-3。2种辐照度大致取为900 W/m² 和1100 W/m²，不需知道正确的数值。辐照度改变时要求温度变化不超过2 ℃。

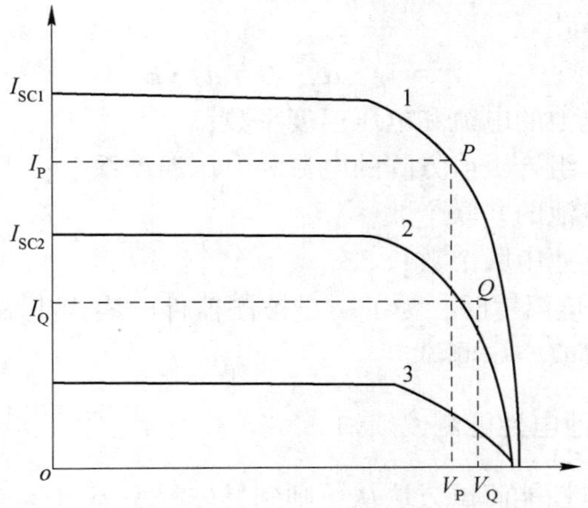

图7-3 伏安特性曲线

(3) 图7-3中，在2条曲线的最大功率点附近各选择一点 P 和 Q，使其满足：

$$I_{SC1}-I_P=I_{SC2}-I_Q \tag{7-14}$$

（4）按下式计算出 R_{S1}：

$$R_{S1}=\frac{V_Q-V_P}{I_{SC1}-I_{SC2}} \tag{7-15}$$

（5）保持温度不变，把辐照度调节到 700 W/m^2 左右，再描绘一条伏安特性曲线 3。

（6）重复（3）和（4），从曲线 2 和曲线 3 计算出 R_{S3}，从曲线 1 和曲线 3 计算出 R_{S2}。

（7）被测太阳能电池的内部串联电阻 R_S：

$$R_S=\frac{R_{S1}+R_{S2}+R_{S3}}{3} \tag{7-16}$$

7.3.4.8 太阳能电池电流和电压温度系数的测量

太阳能电池的短路电流温度系数 α 和开路电压温度系数 β 随辐照情况而改变，并与温度有关，因此必须在规定的辐照条件下进行测量。而测量结果只在所测的温度范围内适用，温度范围根据需要来确定。

（1）测试光源用太阳模拟器或其他模拟阳光，推荐使用脉冲式太阳模拟器。

（2）温度传感器附着在被测的太阳能电池上，尽量靠近 PN 结。

（3）被测器件安装在能控制温度的测试架上，接触面应有良好的热传导，温度恒定在标准测试温度。

（4）工作标准电池和被测电池并排放置在测试平面的有效辐照区内。

（5）工作标准电池校准辐照度。

（6）把温度调节到所需温度范围的最低点，测量开路电压和短路电流。

（7）把温度升高 10 ℃，稳定后再测量开路电压和短路电流。

（8）重复（7），直到所需温度范围的最高点。

（9）用统计方法处理数据，画出短路电流-温度以及开路电压-温度 2 条曲线。

（10）在所需温度范围的中点，求出上述 2 条曲线的斜率，即 α 和 β。

（11）太阳能电池组件、组合板和方阵的温度系数可根据单体电池的温度系数，以及单体电池串、并联个数算出。

$$A=n_p\cdot\alpha_c;\ \beta=n_s\cdot\beta_c \tag{7-17}$$

式中 α_c，β_c——单体电池的电流和电压温度系数；

A，β——组件、组合板或方阵的电流和电压温度系数；

n_p——单体电池的并联个数；

n_s——单体电池串联个数。

（12）当温度低于环境温度时，为了防止被测器件的表面生成冷凝水珠，可以用干燥的氮气保护，必要时在高真空中测试。

7.3.5 非晶硅太阳能电池电性能测试须知

非晶硅太阳能电池电性能测试方法从原则到具体程序都和单晶硅、多晶硅太阳能电池电性能测试相同，但必须注意以下几点区别，否则可能导致严重的测量误差。

7.3.5.1 校准辐照度

应选用恰当的、专用于非晶硅太阳能电池测试的非晶硅标准太阳能电池来校准辐照度。采用单晶硅太阳能电池，将会得到毫无意义的测试结果。当然，按照光谱失配的理论，如果所选用的测试光源十分理想，那么，即使用单晶硅标准太阳能电池校准辐照度也能获得正确的结果。

7.3.5.2 光源

用于非晶硅太阳能电池电性能测试的光源应尽可能选用波长在300~800 nm，光谱特性非常接近AM 1.5太阳光谱的太阳模拟器。在自制太阳模拟器的情况下，应当给出300~580 nm波长范围内光谱分布的详细数据或曲线，以便计算光谱失配误差。

7.3.5.3 光谱响应

非晶硅太阳能电池的光谱响应特性与所加偏置光及偏置电压有关，在非标准条件下进行测试和换算时应注意有关情况。

7.3.6 太阳能电池组件测试和环境试验方法

7.3.6.1 测试项目

太阳能电池组件参数测量的内容，除常用的和单体太阳能电池相同的一些参数外，还应包括绝缘电阻、绝缘强度、工作温度、反射率及热机械应力等参数。

7.3.6.2 组件电性能参数测量中所需的参考组件

关于太阳能电池电性能参数测量方法的总原则已在前文中作了说明，这些原则性的方法当然也适用于组件参数测量。这里需要补充的是：在组件参数测量中采用参考组件（而不是直接用标准太阳能电池）来校准辐照度。在室内测试和室外测试两种情况下，对参考组件的形状、尺寸、大小的要求不一致。在室内测试的情况下，要求参考组件的结构、材料、形状、尺寸等都尽可能和待测组件相同。而室外阳光下测量时，上述要求可稍微放宽，即可以采用尺寸较小，形状不完全相同的参考组件。

7.3.6.3 太阳能电池组件的额定工作温度（NOCT）

额定工作温度NOCT（nominal operating cell temperature），其定义是在辐照度为800 W/m^2、环境温度为20 ℃、风速为1 m/s的环境条件下，太阳能电池的工作温度。某种组件的额定工作温度和它的实际工作温度t_1以及环境温度t_e之间有如下的经验公式：

$$t_1 = t_e + \frac{NOCT - 20}{80}E \tag{7-18}$$

式中 E——测量时的实际辐照度。

由于太阳能电池组件的实际工作温度常难以直接测定。因此采用式（7-16）来进行估算是有意义的。测定了环境温度及辐照度便可根据它的NOCT数据来估算实际工作温度。各种组件的NOCT应当由专门机构来测定。某种组件的NOCT取决于它的封装情况，表7-1为一组典型的NOCT数据，可作为参考标准。

表7-1 典型封装组件的NOCT数据

组件封装状况	NOCT/℃
用玻璃做基板的无气隙封装	41
用玻璃做基板的有气隙封装	60
采用带有散热片的铝质基板	40
采用不带散热片的铝质基板	43
采用塑料基板	47

7.3.6.4 电阻的测量

绝缘电阻测量是测量组件输出端和金属基板或框架之间的绝缘电阻。在某些环境试验项目进行前后都需测量绝缘电阻。在测量前先作安全检查，对于已经安装使用的方阵首先应检查对地电位、静电效应，以及金属基板、框架、支架等接地是否良好等，建议最好选用容量足够大的开关设备把待测方阵的输出端短路后再进行测量，可以用普通的兆欧表来测量绝缘电阻，但应选用电压等级大致和待测方阵的开路电压相当的兆欧表。测量绝缘电阻时，大气相对湿度应不大于75%。

7.3.7 地面用硅太阳能电池组件环境试验概况

地面用硅太阳能电池组件长年累月运行于室外环境，必须能反复经受各种恶劣的气候条件及其他多变的环境条件，并保证要在相当长的额定寿命（通常要求15年以上）内其电性能不发生严重的衰退，为此在出厂前应按规定抽样进行各项环境模拟试验，以下简略介绍环境试验的具体项目及技术要求。在环境试验项目进行前后（注意：这里是指每一个项目进行前后）均需观察和检查组件外表有无异常现象，最大输出功率的下降是否大于5%。凡是外观发生异常或最大输出功率下降大于5%者均为不合格。这是各项试验的共同要求，以下不再逐一说明。

7.3.7.1 温度交变

从高温到低温反复交替变化称为温度交变。交变的温度范围规定为-40 ℃±3 ℃~+35 ℃±2 ℃。凡用钢化玻璃为盖板的组件应交变200次，用优质玻璃作盖板的组件应交变50次。在进行每项试验前后均应测量电性能参数，并观察试验后外表是否异常。

7.3.7.2 高温贮存

地面用硅太阳能电池组件应放在85 ℃±2 ℃的高温环境下存贮16 h。

7.3.7.3 低温贮存

地面用硅太阳能电池组件应放在-40 ℃±3 ℃的低温环境下贮存16 h。

7.3.7.4 恒定湿热贮存

地面用硅太阳能电池组件应在相对湿度为90%~95%，温度为40 ℃±2 ℃的湿热环境下存放4天。试验结束电性能测试及外观检查绝缘电阻，小于1 MΩ者为不合格。

7.3.7.5 振动、冲击

振动及冲击试验的目的是考核其耐受运输的能力。因此应在良好的包装条件下进行试验。试验条件规定如下：

振动频率：10~55 Hz；

振幅：0.35 mm；

振动时间：法向20 min，切向20 min；

冲击波形：半正弦、梯形、后峰锯齿、持续11 ms；

冲击的峰值加速度：150 m/s^2；

冲击次数：法向、切向各3次。

7.3.7.6 盐雾试验

在近海环境中使用的硅太阳能电池组件应进行此项试验，即在温度35 ℃±2 ℃、5%

氯化钠水溶液的雾气中贮存 96 h 后，检查外观、最大输出功率及绝缘电阻。

7.3.7.7 冰雹试验

模拟冰雹试验所用的钢球重 227 g±2 g，下落高度视组件盖板材料而定，钢化玻璃：高度 100 cm，优质玻璃：50 cm。向太阳能电池组件中心下落 1 次。

7.3.7.8 地面太阳光辐照试验

此项试验应在模拟地面太阳光辐照试验箱中进行。模拟太阳光应垂直照射组件，辐照度为 1.12±10% kW/m^2，并具有地面阳光光谱分布。每 24 h 为一周期，光照 20 h，温度 55 ℃，停照 4 h，温度为 25 ℃。每小时喷水 5 min，持续进行 18 个月。最大输出功率下降不得超过 10%。

7.3.7.9 扭弯试验

在 15~35 ℃的室温环境下，将硅太阳能电池组件的三个角固定。另一角安装在扭弯测试仪上，使组件的一个短边扭转 1.2°，试验完毕检查外观及电性能。

习题和思考题

7-1 太阳能电池的工作原理及特点？

7-2 太阳能电池的主要电性能参数有哪些？

7-3 影响太阳能电池转换效率的因素有哪些？

7-4 太阳能电池电性能测试的标准测试条件有哪些？

7-5 太阳电流组件测试和环境试验方法有哪些？

7-6 地面用晶体硅太阳电池的测试项目及测试方法？

7-7 航天用太阳电池电性能测试项目及测试方法？

7-8 假如，需要你为某款卫星设计一款四结太阳能电池，试问：

(1) 预计这款太阳能电池需要测试哪些电性能参数？

(2) 这款太阳能电池的电性能测试流程及测试方法？

附　　录

附录1　移动电话用锂离子蓄电池及蓄电池组总规范（节选）

4　要求

4.1　外观及尺寸

4.1.1　电池

电池外观及尺寸符合制造商的规定。

4.1.2　电池组

电池组的外观及尺寸应符合以下要求：

a）电池组外表应清洁，无机械损伤，触点无锈蚀；

b）电池组表面应有必要的产品标志应符合7.1的规定；

c）电池组尺寸符合制造商的规定。

4.2　电性能

4.2.1　**0.2I_tA**放电

电池或电池组按5.3.2.2规定进行试验，放电时间应不低于5 h。

4.2.2　倍率放电

不同额定容量的电池或电池组应符合以下要求：

a）对额定容量不大于1000 mA·h的电池或电池组按5.3.2.3规定进行试验，放电时间应不低于51 min。

b）对额定容量大于1000 mA·h的电池或电池组按5.3.2.3规定进行试验，放电时间应满足制造商规定时间。

4.2.3　高温放电

电池或电池组按5.3.2.4规定进行试验，放电时间应不低于5 h。

4.2.4　低温放电

电池或电池组按5.3.2.5规定进行试验，放电时间应不低于3 h。

4.2.5　荷电保持能力及恢复容量

电池或电池组按5.3.2.6规定进行试验，放电时间应不低于4.25 h，充电后再次放电的放电时间应不低于4.5 h。

4.2.6　储存性能

电池或电池组按5.3.2.7规定进行试验，放电时间应不低于4 h。

4.2.7 循环寿命

电池或电池组按5.3.2.8规定进行试验，电池的循环寿命应不低于400次，电池组的循环寿命应不低于300次。

4.2.8 内阻

电池组按5.3.2.9规定进行试验，电池组的内阻应不大于制造商的规定。

4.3 环境适应性

4.3.1 ESD（静电放电）

电池组按5.3.3.1规定进行试验，电池组所有功能正常。

4.3.2 恒定湿热

电池组按5.3.3.2规定进行试验，外观应无变形、无锈蚀、不泄漏、不泄气、不破裂、不起火和不爆炸，放电时间应不低于3 h。

4.3.3 振动

电池或电池组按5.3.3.3规定进行试验，开路电压应不低于90%的初始电压，应不泄漏、不泄气、不破裂、不起火和不爆炸。

4.3.4 自由跌落

电池或电池组按5.3.3.4规定进行试验，开路电压应不低于90%的初始电压，应不泄漏、不起火和不爆炸。

注：该试验不适用于聚合物电池和用户不可更换型电池组，但适用于聚合物电池组。

4.3.5 低气压

电池按5.3.3.5规定进行试验，应不泄漏、不泄气、不破裂、不起火和不爆炸。

4.3.6 高温下模制壳体应力

电池组按5.3.3.6规定进行试验，外壳不能发生导致内部组成暴露的物理形变。

4.4 安全保护性能

对于用户不可更换型手机电池组以下试验随设备一同进行。

4.4.1 过充电保护

电池组按5.3.4.2规定进行试验，应不泄漏、不泄气、不破裂、不起火和不爆炸。

4.4.2 过放电保护

电池组按5.3.4.3规定进行试验，应不泄漏、不泄气、不破裂、不起火和不爆炸。

4.4.3 短路保护

电池组按5.3.4.4规定进行试验，应不泄漏、不泄气、不破裂、不起火和不爆炸。

4.5 安全性能

4.5.1 重物冲击

电池按5.3.5.2规定进行试验，应不起火和不爆炸。

4.5.2 热滥用

电池按5.3.5.3规定进行试验，应不起火和不爆炸。

4.5.3　过充电

电池按5.3.5.4规定进行试验，应不起火和不爆炸。

4.5.4　强制放电

电池按5.3.5.5规定进行试验，应不起火和不爆炸。

4.5.5　短路

电池按5.3.5.6规定进行试验，应不起火和不爆炸，电池的外表面温度不得高于150 ℃。

4.5.6　机械冲击

电池或电池组按5.3.5.7规定进行试验，应不泄漏、不起火和不爆炸。

4.5.7　温度循环

电池或电池组按5.3.5.8规定进行试验，应不泄漏、不泄气、不破裂、不起火和不爆炸。

5　试验方法

5.1　试验条件

除另有规定外，本标准中各项试验应在以下大气条件下进行：

a）温度：20 ℃±5 ℃；

b）相对湿度：不大于75%；

c）大气压力：86 kPa~106 kPa。

5.2　测量仪表与设备要求

5.2.1　测量电压的仪表准确度应不低于±0.5%。

5.2.2　测量电流的仪表准确度应不低于±0.5%。

5.2.3　测量时间的仪表准确度应不低于±0.1%。

5.2.4　测量温度的仪表准确度应不低于±0.5 ℃。

5.2.5　恒流源的电流可调，在恒流充电或放电过程中，其电流的相对变化应在±1%范围内。

5.2.6　恒压源的电压可调，在恒压充电过程中，其电压变化应在±1%范围内。

5.3　试验方法

5.3.1　外观及尺寸

用目测法检查被测电池和电池组的外观，按制造商规定的方法测量尺寸，应符合4.1.1和4.1.2的要求。

5.3.2　电性能

5.3.2.1　充电方法

电池或电池组在充电前应首先在23 ℃±2 ℃的环境温度下以0.2I_tA进行放电至终止电压。电池或电池组在下列试验中可采用下列方法之一进行充电：

a）在23 ℃±2 ℃的环境温度下，以0.2I_tA充电，当电池或电池组端电压达到充电限制电压时，改为恒压充电，直到充电电流小于或等于0.02I_tA，最长充电时间不大于8 h，停止充电。此充电制式为试验的仲裁充电方法。

b）在23 ℃±2 ℃的环境温度下，以1I_tA充电，当电池或电池组端电压达到充电限制电压时，改为恒压充电，直到充电电流小于或等于0.02I_tA，最长充电时间不大于4 h，停止充电。

5.3.2.2　0.2I_tA放电

电池或电池组按5.3.2.1规定充电，停止充电后，搁置0.5 h~1 h，在23 ℃±2 ℃的环境温度下以0.2I_tA电流放电到终止电压。上述试验可以重复循环5次，当有一次循环的电池或电池组容量符合4.2.1的要求时，试验即可停止。

5.3.2.3　倍率放电

不同额定容量的电池或电池组在下列试验中可采用下列方法进行放电：

对于额定容量不大于1000 mAh的电池或电池组按5.3.2.1规定充电，停止充电后，搁置0.5 h~1 h，在23 ℃±2 ℃的环境温度下以1I_tA电流放电到终止电压。电池或电池组的放电时间应符合4.2.2的要求。

对于额定容量大于1000 mAh的电池或电池组按5.3.2.1规定充电，停止充电后，搁置0.5 h~1 h，在23 ℃±2 ℃的环境温度下，按照制造商规定的电流放电至终止电压，电池或电池组放电时间应符合4.2.2的要求。

5.3.2.4　高温放电

电池或电池组按5.3.2.1规定充电，将电池或电池组放入55 ℃±2 ℃的高温箱中恒温2 h，然后以0.2I_tA电流放电至终止电压，放电时间应符合4.2.3的要求。

5.3.2.5　低温放电

电池或电池组按5.3.2.1规定充电，将电池或电池组放入-10 ℃±2 ℃的低温箱中恒温4 h后，以0.2I_tA电流放电至终止电压，放电时间应符合4.2.4的要求。

5.3.2.6　荷电保持能力及恢复容量

电池或电池组按5.3.2.1规定充电，在20 ℃±5 ℃的环境温度下，将电池或电池组开路搁置28 d后，在23 ℃±2 ℃的环境温度下以0.2I_tA电流进行放电至终止电压，放电时间应符合4.2.5的规定。然后按5.3.2.1规定充电后，再在23 ℃±2 ℃的环境温度下以0.2I_tA放电至终止电压，放电时间应符合4.2.5的要求。

5.3.2.7　储存性能

电池或电池组储存前按5.3.2.1规定的方法给电池或电池组充入40%~45%的容量，然后在环境温度20 ℃±5 ℃，相对湿度45%~75%的环境中储存12个月。然后再按5.3.2.1规定充电后，在23 ℃±2 ℃的温度环境下以0.2I_tA放电至终止电压。充放电试验可以循环5次，放电时间应符合4.2.6的要求。

5.3.2.8　循环寿命

试验应在23 ℃±2 ℃的环境温度下进行，试验过程中，每50次循环做一次容量检查，电池或电池组寿命以50的倍数表示，步骤按表1进行。

重复进行1次~50次循环，充放电之间搁置0.5 h~1 h，直至任一个第50次循环放电时间低于3 h时，按照第50次循环的规定再进行一次循环，如果放电时间仍然低于3 h时，则认为寿命终止。电池的循环寿命应符合4.2.7的要求。

表 1　电池的循环寿命

循环次数	充电			放电	
	充电电流	充电限制电压	截止电流	放电电流	终止电压
1~49	制造商规定	制造商规定	0.1I_tA	制造商规定	制造商规定
50	0.2I_tA	制造商规定	0.02I_tA	0.2I_tA	制造商规定

5.3.2.9　内阻

电池组的内阻一般用交流法进行测试。

在试验之前，电池组应当以 0.2I_tA 放电至终止电压。电池组按照 5.3.2.1 规定充电后，在 23 ℃±2 ℃的环境温度下搁置 1 h~4 h。电池组应当在 23 ℃±2 ℃的环境温度下测量内阻。

在 23 ℃±2 ℃的环境温度下，在频率为 1.0 kHz±0.1 kHz 时，测量 1 s~5 s 内的电压有效值 U_a 和电流有效值 I_a，交流内阻阻值为：

$$R_{ac} = U_a / I_a$$

式中　R_{ac}——交流内阻阻值，单位为欧姆（Ω）；

I_a——交流电流有效值，单位为安培（A）；

U_a——交流电压有效值，单位为伏特（V）。

电池组内阻应符合 4.2.8 的规定。

注 1：交流电压峰值应低于 20 mV；

注 2：本方法主要测试频率一定时电池组的阻抗。

5.3.3　环境适应性

5.3.3.1　ESD（静电放电）

本试验测试电池组在静电放电下的承受能力。按 GB/T 17626.2 的规定对电池组每个端子或者电路板的输出端子进行±4 kV 接触放电测试各 5 次和±8 kV 空气放电测试各 5 次，每两次放电测试之间间隔 1 min。电池组应符合 4.3.1 的要求。

5.3.3.2　恒定湿热

电池组按 5.3.2.1 规定充电，将电池组放入温度为 40 ℃±2 ℃，相对湿度为 90%~95%的恒温恒湿箱中搁置 48 h，将电池组取出在 23 ℃±2 ℃的环境温度下搁置 2 h，目测电池组外观，并以 0.2I_tA 电流放电至终止电压，电池组应符合 4.3.2 的要求。

5.3.3.3　振动

电池或电池组按 5.3.2.1 规定充电后，将电池或电池组固定在振动台上，不可使电池或电池组变形。采用正弦波进行振动，并以对数扫频方式在 15 min 内从 7 Hz 扫频到 200 Hz 并返回到 7 Hz。振动沿样品互相垂直的 3 个方向（其中一个方向必须与样品正负极所在平面垂直）进行，每个方向按上述对数扫频方式重复 12 次，振动 3 h。

对数扫频方式如下：7 Hz~18 Hz 保持 9.8 m/s^2 的峰值加速度。将振幅保持在 0.8 mm（位移为 1.6 mm）直至峰值加速度达到 78.4 m/s^2（频率约为 50 Hz）。保持 78.4 m/s^2 的峰值加速度直到频率增长到 200 Hz。电池或电池组应符合 4.3.3 的要求。

5.3.3.4　自由跌落

电池或电池组按 5.3.2.1 规定充电，搁置 1 h~4 h 后进行测试：

a）将电池按1 m的跌落高度自由落体跌落于混凝土板上。电池每个面各跌落一次，共进行6次试验，电池应符合4.3.4要求。

b）将电池组按1.5 m的跌落高度自由落体跌落于混凝土板上。电池组每个面各跌落一次，共进行6次试验，电池组应符合4.3.4要求。

5.3.3.5 低气压

电池按5.3.2.1规定充电，将其搁置在真空箱中。真空箱密闭后，逐渐减少其内部压力至不高于11.6 kPa（模拟海拔15240 m）并保持6 h，电池应符合4.3.5的要求。

5.3.3.6 高温下模制壳体应力

电池组按5.3.2.1规定充电，将电池组放在70 ℃±2 ℃的鼓风恒温箱中搁置7 h，然后取出电池组并恢复至室温，电池组应符合4.3.6的要求。

5.3.4 安全保护性能

5.3.4.1 通则

以下安全保护性能试验应在有保护人员安全措施的条件下进行。

5.3.4.2 过充电保护

电池组按5.3.2.1规定充电，电源电压设定为2倍的标称电压，电流设定为$2I_t$A的外接电流，用电源持续给电池组加载7 h，电池组应符合4.4.1的要求。

5.3.4.3 过放电保护

电池组以$0.2I_t$A放电至终止电压后，外接（n×30）Ω负载放电7 h，锂离子单体蓄电池的串联只数用“n”表示，电池组应符合4.4.2的要求。

5.3.4.4 短路保护

电池组按5.3.2.1规定充电，短路其正负极1 h，短路导线电阻80 mΩ±20 mΩ，电池组应符合4.4.3的要求。

5.3.5 安全性能

5.3.5.1 通则

下述试验是模拟电池或电池组在滥用情况下可能发生的安全性问题。

下述试验都应在有强制排风条件及防爆措施的装置内进行。除5.3.5.4和5.3.5.5外，试验前所有电池或电池组都要按5.3.2.1规定充电，并在充电后24 h以内开始进行试验。

5.3.5.2 重物冲击

电池放置于一平面上，并将一个ϕ15.8 mm±0.2 mm的钢柱置于电池中心，钢柱的纵轴平行于平面，让质量9.1 kg±0.1 kg的重物从610 mm±25 mm高度自由落到电池中心上方的钢柱上，测试完毕观察6 h。

电池在接受冲击试验时，其纵轴要平行于平面，垂直于钢柱的纵轴。每只电池只能接受一次冲击试验，电池应符合4.5.1的要求。

注：电池宽边进行重物冲击。

5.3.5.3 热滥用

电池放置于热箱中，温度以（5 ℃±2 ℃）/min的速率升温至130 ℃±2 ℃并保温30 min。试验结束后，电池应符合4.5.2的要求。

5.3.5.4 过充电

电池以$0.2I_t$A进行放电至终止电压，然后将电池置于通风橱中，连接电池正负极与电源，调节电流至 $3I_t$A，充电时电压由制造商规定，但不低于 4.6 V，直至电池电压达到最大值后。满足以下两种情况任一种即可停止：

a）电池持续充电时间达到 7 h；

b）电池温度下降到比峰值低 20%。

电池应符合 4.5.3 的要求。

5.3.5.5　强制放电

该试验要求在 20 ℃±5 ℃的环境温度下进行。电池以 $0.2I_t$A 进行放电至终止电压，然后以 $1I_t$A 的电流对电池进行反向充电，要求充电时间不低于 90 min，电池应符合 4.5.4 的要求。

5.3.5.6　短路

该试验在 55 ℃±5 ℃的环境温度下进行，将接有热电偶的电池（热电偶的触点固定在电池大表面的中心部位）置于通风橱中，短路其正负极，短路导线电阻 80 mΩ±20 mΩ。满足以下两种情况任一种即可停止：

a）电池温度下降到比峰值低 20%；

b）短接时间达到 24 h。

电池应符合 4.5.5 的要求。

5.3.5.7　机械冲击

采用刚性固定的方法（该方法能支撑电池或电池组所有的固定表面）将电池或电池组固定在试验设备上。在 3 个相互垂直的方向上各承受一次等值的冲击。至少 1 个方向垂直于电池或电池组的宽面。

每次冲击按下述方法进行：在最初的 3 ms 内，最小平均加速度为 735 m/s^2，峰值加速度应该在 1 225 m/s^2 和 1 715 m/s^2 之间，脉冲持续时间为 6 ms±1 ms。

电池或电池组应符合 4.5.6 的要求。

5.3.5.8　温度循环

将电池按照 5.3.2.1 规定的试验方法充满电后，将电池放置在温度为 20 ℃±5 ℃的温控箱体中进行如下步骤（见图 1）：

a）将样品放入温度为 75 ℃±2 ℃的实验箱中保持 6 h；

b）将实验箱温度降为−40 ℃±2 ℃，并保持 6 h；

c）温度转换时间不大于 30 min；

d）重复步骤 a)~b)，共循环 10 次；

e）电池或电池组应符合 4.5.7 的要求。

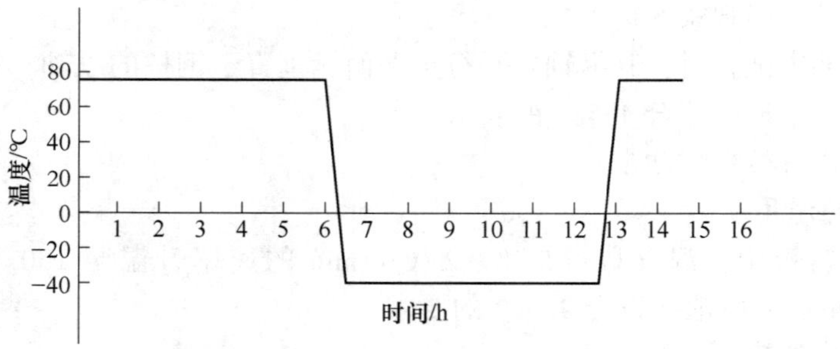

图 1　温度循环流程示意图

6 质量评定程序

6.1 检验分类

本标准规定的检验分为：

a）型式检验（见6.2）；

b）接收检验（见6.3）；

c）例行检验（见6.4）。

6.2 型式检验

6.2.1 检验时机

型式检验一般在产品设计定型和生产定型时进行，但在产品的主要设计、工艺、元器件及材料有重大改变，影响产品的重要性能，使原来的检验结论不再有效时，也应进行型式检验。

6.2.2 抽样方案

试验使用的电池或电池组的制造期限不应超过3个月。型式检验的样品是使用与正常生产相同的材料、设备和工艺生产并随机抽取的。样品数量见表2。

6.2.3 检验程序

型式检验项目、顺序及分组按表2规定。经过第1组试验后的电池或电池组用于第2~8组的检验。

6.2.4 判定规则

当所有检验项目均满足规定时，则判为型式检验合格。如果任何一个项目中一只样品或一只以上样品不符合规定的要求时，应停止检验，生产方对不合格项目进行分析，找出不合格原因并采取纠正措施后，可重新进行型式检验，若重新检验合格，则仍判定检验合格；若重新试验仍有某个项目中一只样品或一只以上样品不符合规定的要求，则判定型式检验不合格。

表2 型式检验

组号	检验项目	电池			电池组		
		要求章条号	试验方法章条号	样品数量	要求章条号	试验方法章条号	样品数量
1	外观	4.1	5.3.1	39	4.1	5.3.1	30
	$0.2I_t$A放电	4.2.1	5.3.2.2		4.2.1	5.3.2.2	
	内阻	—	—	—	4.2.8	5.3.2.9	
2	倍率放电	4.2.2	5.3.2.3	3	4.2.2	5.3.2.3	3
	高温放电	4.2.3	5.3.2.4		4.2.3	5.3.2.4	
	低温放电	4.2.4	5.3.2.5		4.2.4	5.3.2.5	
3	荷电保持能力及恢复容量	4.2.5	5.3.2.6	3	4.2.5	5.3.2.6	3

续表 2

组号	检验项目		电池			电池组		
			要求章条号	试验方法章条号	样品数量	要求章条号	试验方法章条号	样品数量
4	环境适应性	ESD（静电放电）	—	—	—	4.3.1	5.3.3.1	3
		恒定湿热	—	—	—	4.3.2	5.3.3.2	
		振动	4.3.3	5.3.3.3	3	4.3.3	5.3.3.3	3
		自由跌落	4.3.4	5.3.3.4	3	4.3.4	5.3.3.4	3
		低气压	4.3.5	5.3.3.5	3	—	—	—
		高温下模制壳体应力	—	—	—	4.3.6	5.3.3.6	3
5	安全保护性能	过充电保护	—	—	—	4.4.1	5.3.4.2	3
		过放电保护	—	—	—	4.4.2	5.3.4.3	
		短路保护	—	—	—	4.4.3	5.3.4.4	
6	电池或电池组安全要求	重物冲击	4.5.1	5.3.5.2	3	—	—	—
		热滥用	4.5.2	5.3.5.3	3	—	—	—
		过充电	4.5.3	5.3.5.4	3	—	—	—
		强制放电	4.5.4	5.3.5.5	3	—	—	—
		短路	4.5.5	5.3.5.6	3	—	—	—
		机械冲击	4.5.6	5.3.5.7	3	4.5.6	5.3.5.7	3
		温度循环	4.5.7	5.3.5.8		4.5.7	5.3.5.8	
7	循环寿命		4.2.7	5.3.2.8	3	4.2.7	5.3.2.8	3
8	储存性能[a]		4.2.6	5.3.2.7	3	4.2.6	5.3.2.7	3

[a] 储存性能试验结果不影响产品定型。

6.3 接收检验

6.3.1 接收检验规定

供检验的样品在交验的产品中随机抽取，采用 GB/T 2828.1 的正常检验一次抽样方案，检验项目、要求、测试方法、检验水平（IL）及接收质量限（AQL）按表 3 规定。

表 3　接收检验

组号	检验项目	要求章条号	测试方法章条号	IL	AQL
1	外观	4.1	5.3.1	Ⅱ	4.0
2	0.2I_tA 放电	4.2.1	5.3.2.2	S-3	2.5

6.3.2 接收检验处置

接收检验后，按 GB/T 2828.1 中规定对产品进行处置。

6.4 例行检验

6.4.1 例行检验规定

例行检验的样品在接收检验合格的产品中随机抽取，检验项目、要求、测试方法、抽样周期、样品数量和允许不合格数按表4和表5规定。

表4 例行检验（电池适用）

组号	检验项目		要求章条号	测试方法章条号	抽样周期	样品数量	允许不合格数
1	倍率放电		4.2.2	5.3.2.3	90 d	5	0
	高温放电		4.2.3	5.3.2.4			
	低温放电		4.2.4	5.3.2.5			
2	荷电保持能力及恢复容量		4.2.5	5.3.2.6		5	0
3	环境适应性	振动	4.3.3	5.3.3.3	0.5 a	6	0
		自由跌落	4.3.4	5.3.3.4		6	0
		低气压	4.3.5	5.3.3.5		6	0
4	安全性能	重物冲击	4.5.1	5.3.5.2	0.5 a	5	0
		热滥用	4.5.2	5.3.5.3		5	0
		过充电	4.5.3	5.3.5.4		5	0
		强制放电	4.5.4	5.3.5.5		5	0
		短路	4.5.5	5.3.5.6		5	0
		机械冲击	4.5.6	5.3.5.7		5	0
		温度循环	4.5.7	5.3.5.8			
5	循环寿命		4.2.7	5.3.2.8	1 a	5	0
6	储存性能		4.2.6	5.3.2.7	1 a	5	0

表5 例行检验（电池组适用）

组号	检验项目		要求章条号	测试方法章条号	抽样周期	样品数量	允许不合格数
1	倍率放电		4.2.2	5.3.2.3	90 d	5	0
	高温放电		4.2.3	5.3.2.4			
	低温放电		4.2.4	5.3.2.5			
2	荷电保持能力及恢复容量		4.2.5	5.3.2.6		5	0
3	内阻		4.2.8	5.3.2.9		5	0
4	环境适应性	ESD（静电放电）测试	4.3.1	5.3.3.1	0.5 a	6	0
		恒定湿热	4.3.2	5.3.3.2			
		振动	4.3.3	5.3.3.3		6	0
		自由跌落	4.3.4	5.3.3.4		6	0
		高温下模制壳体应力	4.3.6	5.3.3.6		6	0

续表 5

组号	检验项目		要求章条号	测试方法章条号	抽样周期	样品数量	允许不合格数
5	安全保护性能	过充电保护	4.4.1	5.3.4.2	0.5 a	5	0
		过放电保护	4.4.2	5.3.4.3			
		短路保护	4.4.3	5.3.4.4			
6	安全性能	机械冲击	4.5.6	5.3.5.7	0.5 a	5	0
		温度循环	4.5.7	5.3.5.8		5	
7	循环寿命		4.2.7	5.3.2.8	1 a	5	0
8	储存性能		4.2.6	5.3.2.7		5	0

6.4.2 例行检验处置

例行检验后，按 GB/T 2829 中规定对产品进行处置。

附录2　聚合物电解质燃料电池单电池测试方法（节选）

11　基本性能试验方法

11.1　概述

聚合物电解质燃料电池单电池的基本试验项目如下：

——极化曲线测试（11.2）；

——稳态测试（11.3）；

——长时间运行测试（11.4）；

——伏安法（11.5）；

——IR 测量（11.6）；

——电化学阻抗谱（EIS）（11.7）。

11.2　极化曲线试验

11.2.1　概述

本试验的目的是测量在表2（本节选略去，可参见 GB/T 28817—2022）所示的试验中定义的电池条件下的极化曲线。

注：极化曲线也被称为 *I-V* 曲线或 *V-I* 曲线。

测量极化曲线有两种方法：恒定气体化学计量比测量法和恒定气体流量测量法。

在恒定气体化学计量比测量法中，燃料和氧化剂的化学计量比保持不变，电流在0至 I_{max} 范围内变化，除了电流低于 I_{min} 的数值外，燃料和氧化剂的流量都随着电流的变化而变化。这与燃料电池运行的实际情况类似。对于最小电流密度 I_{min}，通常采用电池制造商规定的恒定的最小流量，以避免电池电压不稳定。如果没有详细说明，I_{min} 可认为是 I_{max} 的 10%。

在恒定气体流量测试法中，燃料和氧化剂流量保持恒定，电流在 0 至 I_{max} 电流范围内变化，燃料和氧化剂的化学计量比都会随电流的变化而变化。

虽然这可能与燃料电池的实际运行情况不同，但在恒定流量下，电池的温度、压力和湿度等条件也不随电流改变而改变。

恒定气体化学计量比测量法和恒定气体流量测量法下的极化曲线测试方法分别在 11.2.2 和 11.2.3 中给出。

11.2.2　恒定气体化学计量比时的极化曲线

11.2.2.1　概述

本试验的目的是确定恒定气体化学计量比条件下改变电流密度时电池电压（以及相应的功率密度）的变化。

11.2.2.2　试验方法

在电池生产商规定的最大电流密度 I_{max} 下，将燃料和氧化剂的流量设置为与化学计量一致。

设置电流 I_{max} 并保持恒定，直到电池电压稳定在±5 mV，持续 15 min。

通过以适当的间隔改变 0 到 I_{max} 范围内的电流，得到电池在 0 到 I_{max} 范围内的极化曲线，同时将每个电流水平上的燃料和氧化剂化学计量比保持恒定并高于规定的 I_{min}，并记录电流变化方向。

在每个电流密度值下，电池电压稳定的最小要求为±5 mV，持续 5 min。具体电流密度增量见附录 G（本节选略去，可参见 GB/T 28817—2022）。本测试也可通过在 OCV 到最小电池电压范围内改变电池电压，并保持电流在 5 min 内稳定在±2%内来完成。

建议在极化曲线试验中进行 IR 测量（11.6）。

当电流增加时，气体流量的变化应先于电流的变化。

当电流减小时，气体流量的变化应随电流的变化而变化。

在低化学计量比时，应注意设备能够将所需的气体流量控制在 7.3 e）（本节选略去，可参见 GB/T 28817—2022）规定的限度内，并相应地选择 I_{min}。

11.2.3　恒定流量时的极化曲线

11.2.3.1　概述

本试验的目的是测量恒定气体流量条件下，改变电流密度时电池电压（以及相应的功率密度）的变化情况。

11.2.3.2　试验方法

将燃料和氧化剂的流量设置为最大电流密度 I_{max} 符合标准化学计量对应的流量。

设置最大电流 I_{max} 并保持，直到电池电压稳定在±5 mV 内并保持 15 min。

在保持燃料和氧化剂流量恒定的情况下，通过以适当的间隔改变在 0 到 I_{max} 范围内的电流，得到电池的极化曲线。

在每个电流密度值下，电池电压稳定的最小要求为±5 mV，持续 5 min。应记录确切的程序。典型的电流密度增量见附录 G。

本测试也可通过改变电池电压进行，在 OCV 到最小电池电压，并允许电流稳定在±2%内 5 min。

建议在极化曲线试验中进行 IR 测量（11.6）。

11.3　稳态试验

11.3.1　概述

本测试的目的是在恒电流条件下，将所有测试输入参数定为设定值，以验证电池的输出。该试验也可在恒电压条件下进行。

11.3.2　试验方法

有两种类似的方法进行该试验：

a）恒电流法

将所有测试输入参数定为设定值。设定电流为额定电流密度（I_{st}）并保持不变，在基于试验目的确定的时间内，电池电压稳定在±5 mV 内。记录电池电压值（V_{st}）。从试验结果计算出标准试验条件下的功率输出（P_{st}）。

b）恒电压法

将所有测试输入参数定为设定值。设定电压为设置值（V_{st}）并保持不变，直到电池电流稳定在±2%。记录电池电流值（I_{st}）。从试验结果计算出标准试验条件下的功率输出（P_{st}）。

11.4　长时间运行试验

11.4.1　概述

本试验的目的是测定电池在规定的恒定电流条件下长时间运行时的电压变化。应在测试前和测试后对电池进行检测，如需要，也应在测试期间进行检测，并在测试之后进行拆解分析，此步骤不在本文件的范围内。

诊断可能包括以下内容：

——阳极和阴极的电化学表面积（ECA）测量（11.5.3）；

——氢渗透（11.5.2）；

——极化曲线（11.2）；

——IR 测量（11.6）；

——电化学阻抗谱（11.7）。

比较这些测试结果有助于考察性能下降的原因。

11.4.2　试验方法

进行稳态试验（11.3），如需要，还可进行附加试验。

根据电池制造商规定的允许运行时间在标准试验条件下持续运行电池，建议的最小运行时间为 1000 h。

记录电池运行期间的电池电压。如果需要，进行诊断测试。建议测试次数为每 1000 h 进行 1 次至 10 次。

在测试循环结束时，进行稳态测试（11.3），如果需要，可进行附加测试。

性能衰减以 μV/h 表示，通过测试循环开始和结束时两个稳态测试（11.3）之间的电压降除以两个稳态测试（11.3）之间的运行时间来评估。

在稳态测试和其他测试之前进行适当的恢复程序，可以去区分暂时衰减和永久衰减。

11.5　伏安法

11.5.1　概述

伏安法作为一种诊断测试方法，可在 MEA 的使用寿命内的任一阶段对氢渗透速率以及铂催化剂在每个电极上的电化学表面积（ECA）进行量化。伏安法也可以通过污染物的吸附来确定表面覆盖面积。应使用恒电位仪，用于控制测量过程中施加的电势。

11.5.2　氢渗透试验

11.5.2.1　概述

本试验的目的是测量氢气通过膜从阳极到阴极的渗透率（透过速率）。

氢气渗透率的增加会导致性能的下降。它是由膜的衰减引起的，并可导致 MEA 的进一步劣化，包括膜，尤其是阴极活性层材料的衰减。

氢的渗透性不仅取决于膜的物理性质，还取决于气体的湿度、温度和压力。建议在一定的操作条件下进行试验。

11.5.2.2 试验方法

对电池进行活化，采用制造商建议的测试条件。

在阳极侧注入氢气［2 mL/(min/cm^2)~4 mL/(min/cm^2) 活性面积］，阴极侧注入氮气［2 mL/(min/cm^2)~20 mL/(min/cm^2) 活性面积］，在 0.1 V~0.5 V（相对于 RHE）之间对电池进行线性电位扫描，扫描速度不超过 5 mV/s。

应避免氢的析出。如果出现这种情况，则应提高最低电位。

在伏安法中，将电池端子连接到恒电位仪，并将对电极和参比电极导线连接到阳极，工作电极导线连接到阴极。

氢的渗透率 v_{CO}[mol/(s · cm^2)] 可从渗透电流密度中得到，I_{CO}（插值零电位电流密度），如公式（1）所示：

$$v_{CO} = I_{CO}/(2F) \quad (1)$$

式中 F——法拉第常数（96485 C/mol）。

有关说明请参见图 3。

该测试还提供了阳极和阴极之间的短路电阻，从图 3 的线性部分的斜率可得。电池应在相应的温度和压力下进行测试。

为了比较结果，温度应控制在一个固定的值。应记录试验条件。

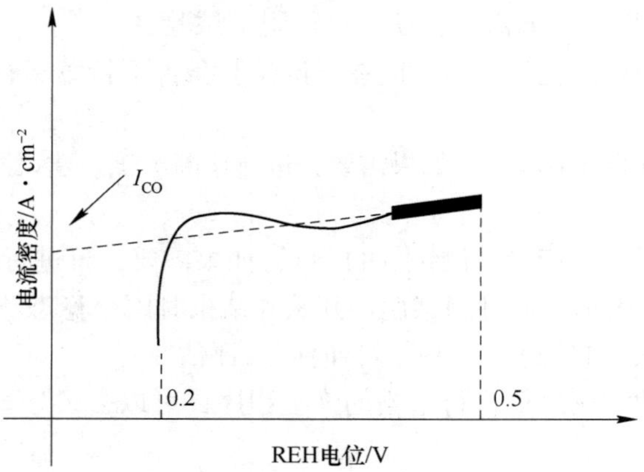

图 3 氢气渗透测试

11.5.3 电化学表面积（ECA）测量

11.5.3.1 概述

本试验的目的是测定阳极和阴极电极的电化学表面积（ECA）。该测试针对铂催化剂；测定铂的电化学面积。

阴极和阳极的电化学面积都可以测量。在电化学伏安法中，测试电极为工作电极，另一电极为参比电极和对电极。

将电池端子连接至恒电位仪，工作电极连接至测试电极，对电极和参比电极连接至另一电极。

11.5.3.2 试验方法

可采用以下两个流程测试。

a）氢的欠电位吸附（脱附）法

保持电池在制造商建议的条件下进行测试。若制造商未指定条件，建议温度在 10 ℃～80 ℃之间，压力为大气压至 150 kPa，气体 100%增湿。为了比较结果，所有条件应控制在一个固定的值，并记录试验条件。

试验开始前，在两个电极腔都通入氮气［4 mL/(min/cm^2) 活性面积］，持续 30min，以吹扫电池中的氧气。

在工作电极腔通入氮气［2 mL/(min/cm^2) 至 20 mL/(min/cm^2) 活性面积］15 min。

在对照电极/反电极上注入氢气流［2 mL/(min/cm^2) 至 4 mL/(min/cm^2) 活性面积］15 min。

选定的氮气流量下（或者无氮气流）进行伏安法测试，在电势范围 0.05 V～0.6 V（电压上限的最低值）内不同的扫描速率下进行测试，取最大的 ECA 值。

注意应选择合适的电压上下限，以尽量减少析氢和材料氧化的影响。

重复获得循环伏安曲线直到其变得稳定，并使用最后一个波形来计算 ECA。

在伏安法中，通过积分曲线下的相关面积，确定氢的脱附或吸附电荷（q_h），如图 4（本节选略去，可参见 GB/T 28817—2022）所示。可以使用吸附峰面积或脱附峰面积。使用最合适的等效系数来计算 ECA，如公式（2）和公式（3）所示：

$$A_{e-Pt} = q_h/(\sigma_H \times A) \tag{2}$$

$$A_g = q_h/(\sigma_H \times L) \tag{3}$$

式中 A_{e-Pt}——单位电极面积铂催化剂的 ECA，单位为平方米每平方厘米（m^2/cm^2）；

q_h——氢的脱附或吸附电荷量，单位为库仑（C）；

σ_H——铂单位有效面积的氢脱附或吸附电荷量（2.1 C/m^2）；

A——电极的几何面积，单位为平方厘米（cm^2）；

A_g——每 1 g 铂催化剂的电化学表面积，单位为平方米每克（m^2/g）；

L——铂负载，单位为克（g）。

如果使用脱附电荷或吸附电荷，或者两者的平均值，则应在报告中指出。

b）一氧化碳溶出伏安法

保持电池在制造商建议的条件下进行测试。若制造商未指定条件，建议温度在 10 ℃～80 ℃之间，压力为大气压至 150 kPa，气体 100%增湿。为了比较结果，所有条件应控制在一个固定的值，并记录试验条件。试验开始前，在两个电极上都注入氮气流［4 mL/(min/cm^2) 活性面积］，持续 30 min，以清除电池中的氧气。

在工作电极腔通入流速为 2 mL/(min/cm^2) 至 4 mL/(min/cm^2) 的氮气（99%）和一氧化碳（1%）混合气，持续 15 min。

在对电极/参比电极上通入氢气［2 mL/(min/cm^2) 至 4 mL/(min/cm^2) 活性面积］。

选定的流量或无流量下，用氮气进行伏安法测试，在电势范围 0.05 V～0.6 V（电压上限的最低值）内，在扫描速率 10 mV/s～50 mV/s 条件下进行测试。

为了减少这些测量对 ECA 的影响，应将最大电势限制在一个较低的值，以避免造成活性层的材料过度氧化。

通过积分曲线下的相关面积，确定一氧化碳脱附电荷（q_{CO}），如图 5（本节选略去，可参见 GB/T 28817—2022）所示。

使用最合适的等效系数来计算 ECA，如公式（4）和公式（5）所示：

$$A_{e-Pt} = q_{CO}/(\sigma_{CO} \times A) \tag{4}$$

$$A_g = q_{CO}/(\sigma_{CO} \times L) \tag{5}$$

式中 A_{e-Pt}——单位电极面积铂催化剂的 ECA，单位为平方米每平方厘米（m^2/cm^2）；
q_{CO}——一氧化碳的脱附电荷量，单位为库仑（C）；
σ_{CO}——铂单位有效面积的一氧化碳脱附电荷量（4.2 μC/m²）；
A——电极的几何面积，单位为平方厘米（cm^2）；
A_g——每 1 g 铂催化剂的电化学表面积，单位为平方米每克（m^2/g）；
L——铂载量，单位为克（g）。

11.6 IR 测量

11.6.1 概述

本试验的目的是测定不同电流密度下电池的电阻 R_{int}，以便于对电压测量进行 IR 校正。8.2.4 中描述的测量技术（本节选略去，可参见 GB/T 28817—2022）可以用来进行 IR 测量。如果 IR 测量和极化曲线测量同时进行，IR 测量不应影响电池的稳定状态。如果 IR 测量会干扰电池的稳定，应先记录电压、电流密度值，再进行 IR 测量。极化曲线的测量根据 11.2 进行。

11.6.2 试验方法

11.6.2.1 电流中断法

本方法的原理是，当电流被中断时，电池电压的瞬时变化，即 ΔV_{CI}，是电池内电阻的函数。

将电流密度设置为所需值，并允许电池电压达到稳定值（最低要求±5 mV，持续 5 min）。

将电池电流调至零，使用示波器或类似的测量仪器监测电池电压随时间的变化，如图 6（本节选略去，可参见 GB/T 28817—2022）所示。ΔV_{CI} 是电流中断时电池电压的瞬时变化，其由电流中断前后的电池电压外推得到。

电池电阻 R_{int} 计算方法如公式（6）所示：

$$R_{int} = \Delta V_{CI}/I \tag{6}$$

式中 R_{int}——电池电阻，单位为欧姆（Ω）；
ΔV_{CI}——电池电压在电流中断时的瞬时变化，单位为伏（V）；
I——电池电路，单位为安（A）。

面电阻 R_{ASR} 的计算如公式（7）所示：

$$R_{ASR} = R_{int} \times A \tag{7}$$

式中 R_{ASR}——面电阻，单位为欧姆每平方厘米（$\Omega \cdot cm^2$）；
R_{int}——电池电阻，单位为欧姆（Ω）；
A——电极的几何面积，单位为平方厘米（cm^2）。

11.6.2.2 单频交流阻抗测量

将电路密度设置为所需值，并且让电池电压达到稳定值（最低要求±5 mV，持续5 min）。

将交流电阻计连接到电池上，并记录电池电阻 R_{int} 的读数。

应注明测试的条件，包括测量的交流信号的幅值和频率、电流密度、电池电压、电池温度、阳极和阴极的进气口条件（成分、湿度、温度、压力和流量）。

面电阻 R_{ASR}（$\Omega \cdot cm^2$）按 11.6.2.1 中的公式计算。

11.7 电化学阻抗谱（EIS）

11.7.1 概述

电化学阻抗谱是一种电化学技术，它将电池的阻抗谱记录为交流信号频率的函数，通过传递函数分析得到的阻抗谱。

11.7.2 测试条件

进行初步试验时，应提前确定下列试验条件：

a）频率测量范围；

b）测量点数量；

c）恒电流法或恒电位法；

d）加载交流信号的幅值；

e）原料气（H_2/H_2、H_2/N_2、H_2/Air、H_2/O_2 等）；

f）操作条件（温度、压力、湿度等）。

关于测量点的数量，最好每个对数单位绘制 5~20 个测量点，以便将其以对数形式均匀分布，使阻抗图的几何结构清晰，同时避免基本电网频率机器谐波。

11.7.3 试验方法

试验方法如下：

a）确定测试条件；

b）确认电池达到稳定状态；

c）将交流正弦波叠加在直流电流或电压上，并开始测量；

d）将交流正弦波扫到规定的频率范围内，测量每个频率的阻抗；

用于测量的交流信号的振幅应足够小，以免干扰电池的工作。

阻抗测量的有效性应加以验证，例如，可通过使用克莱默-克朗尼格（K-K）关系进行验证。

11.7.4 EIS 数据分析

测试结果应表示为复阻抗图（奈奎斯特图/科尔作图）或波特图（以被测频率对数为横坐标的阻抗图）。每单位有效面积的阻抗被绘制成图，典型的阻抗图如图 7（本节选略去，可参见 GB/T 28817—2022）所示。截距 *A* 表示电池内的 IR 下降。其他参数可以通过为电池构造一个等效电路来得到，该电路由电路元件组成（如电阻、电容、常相位元件），表示不同的电荷转移和传质过程。在使用这种等效电路时应加以注意，并应采用其他的表征技术来加以验证。

11.7.5 电化学阻抗谱下的 IR 测量

阻抗图的实轴截距一般位于 1 kHz 和 20 kHz 之间，用 *A* 点表示。在 *A* 点测得的阻抗或插值表示 IR 降，由纯电阻阻抗组成。

附录 3 地面用晶体硅太阳电池总规范（节选）

4 要求

4.1 设计和结构

4.1.1 电极

4.1.1.1 电极图形完整性，电极图形尺寸、形状和位移应符合产品详细规范的规定。

4.1.1.2 电极应无变色现象。

4.1.1.3 电极应具有良好的可焊性。

4.1.2 背面铝膜[1)]

4.1.2.1 背面铝膜与基体材料的附着强度

背面铝膜应牢固附着在基体材料上，按 5.1.2.1 规定的方法检测，背面铝膜不应出现任何脱落现象。

4.1.2.2 背面铝膜的外观

背面铝膜的允许凸起高度应在产品详细规范中规定。背面铝膜应图形完整。背面铝膜的形状、图形位移应符合产品详细规范的规定。

4.1.3 减反射膜的附着强度

采用减反射膜设计结构的电池，减反膜应牢固附着在基体材料上，按 5.1.3 规定的方法检测，减反射膜不应出现任何脱落现象。

4.1.4 尺寸

表 1 和表 2 规定了典型电池的尺寸要求，其他电池的尺寸规格要求应符合产品详细规范的规定。

表 1 多晶硅太阳电池的尺寸要求

尺寸/mm	尺寸公差/mm	垂直度/(°)	厚度偏差/μm	总厚度变化率/%
103×103 125×125 156×156	±0.5	90±0.3	±20	16

注 1：厚度偏差：电池厚度的测量值与标称厚度的最大差值。

注 2：总厚度变化率：在一系列点的厚度（包含电极厚度）测量中，被测电池的最大厚度与最小厚度的差值与电池标称厚度的比率。

1） 4.1.2 针对采用背面铝膜设计结构的电池。

表2　单晶硅太阳电池的尺寸要求

尺寸/mm	（准方）直径/mm	尺寸公差/mm	垂直度/(°)	厚度偏差/μm	总厚度变化率/%
103×103	135				
125×125	150 或 165	±0.5	90±0.3	±20	16
156×156	195 或 200				

注1：厚度偏差：电池厚度的测量值与标称厚度的最大差值。

注2：总厚度变化率：在一系列点的厚度（包含电极厚度）测量中，被测电池的最大厚度与最小厚度的差值与电池标称厚度的比率。

4.1.5　外观

电池的外观应符合以下要求：

——电池的颜色应均匀一致，无水痕、手印等外观缺陷。电池间应无明显的色差；

——电池上不应存在肉眼可见的孔洞、裂纹及V形缺口；

——同一片电池上出现的崩边、钝形缺口不应超过两处，且外形缺陷的长度应不大于1.5 mm，由边缘向中心的深度应不大于0.5 mm。

4.2　力学性能

4.2.1　弯曲变形

一般情况下，电池的弯曲变形用电池的弯曲量来衡量，电池的弯曲量如图1所示。不同尺寸规格的电池允许的最大弯曲量应符合产品详细规范的规定。

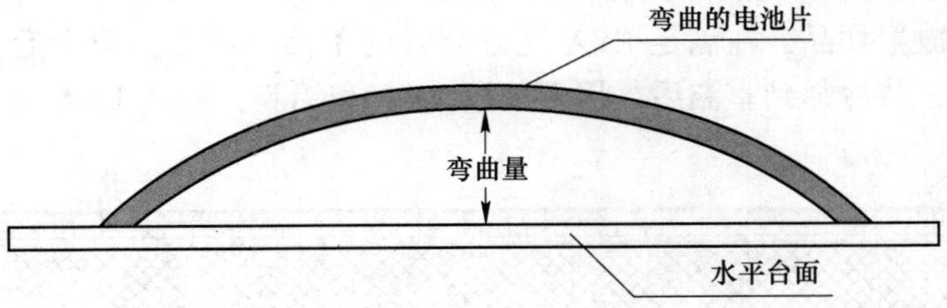

图1

4.2.2　电极附着强度及电极与焊点的抗拉强度

电极附着应牢固，焊接后，电极与焊点应结合牢固，按5.2.2规定的方法检测，电极不应从基体材料上脱落，电极与焊点之间不应脱离。

4.2.3　电池隐性裂纹

电池体内不应有影响电池性能的隐性裂纹。

4.3　电性能

4.3.1　电性能参数

电池电性能参数包括但不仅限于开路电压、短路电流、填充因子、最大功率、转换效率、低辐照度性能。电池电性能参数应符合相关产品详细规范的规定。

4.3.2 电性能参数的温度系数

电池电性能参数的温度系数包括但不仅限于短路电流温度系数 α、开路电压温度系数 β 和最大功率温度系数 γ。电池电性能参数的温度系数应符合相关产品详细规范的规定。

4.3.3 电池最大功率初始光衰减比率

电池最大功率初始光衰减比率应符合产品详细规范的规定。

4.4 热循环试验

按 5.4 规定的方法检测，电池的外观、力学性能应符合 4.1.5、4.2 的规定，电池的最大功率衰减比率应不超过 3%。

5 试验方法

5.1 设计和结构

5.1.1 电极

5.1.1.1 电极图形完整性，电极图形尺寸、形状和位移的检验应使用分辨力优于 0.02 mm 的卡尺测量。

5.1.1.2 在照度不小于 800 lx 的白色光源下，目测电极是否变色。

5.1.1.3 电池电极的可焊性按 GB/T 17473.7—2008 进行检测。

5.1.2 背面铝膜[2)]

5.1.2.1 背面铝膜与基体材料的附着强度

如图 2 所示放置样品，在满足 EVA 充分交联的条件下层压，取出后立即撕下聚四氟乙烯耐高温漆布，待冷却到室温后，用刀割断 EVA 和铝膜，撕去 EVA 条，观察有无铝膜脱落现象。

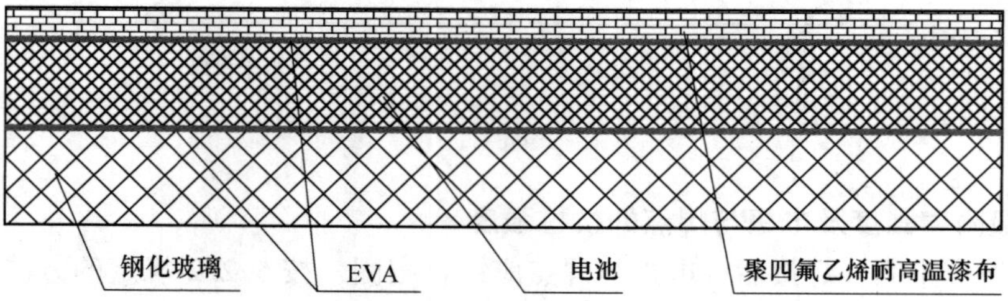

图 2

5.1.2.2 背面铝膜的外观

背面铝膜的凸起高度应使用分辨力优于 0.01 mm 的带标尺的光学显微镜测量，图形缺陷采用目测。图形位移采用分辨力优于 0.02 mm 的卡尺测量。

5.1.3 减反射膜附着强度

减反射膜附着强度的检测采用胶带试验测定黏合性的方法，胶带附着强度不小于

---

2) 针对采用背面铝膜结构设计的电池。

0. 44 N/mm。具体参照 ASTM D 3359 的规定进行。

5.1.4　尺寸

电池的尺寸采用分辨力优于 0. 02 mm 的卡尺测量，电池的厚度采用分辨力优 0. 01 mm 的千分尺测量。

电池的角度偏差采用分辨力优于 0. 1°的量角器测量。

电池的厚度偏差和总厚度变化率参照 GB/T 6618 进行检测。

5.1.5　外观

在照度不小于 800 lx 的白色光源下对电池进行目测。

电池的崩边、钝形缺口等外形缺损的尺寸检测，采用分辨力优于 0. 02 mm 的卡尺测量。

5.2　力学性能

5.2.1　弯曲变形

使用表面平整度优于 0. 01 mm 平台，电池背面朝下水平放置，用分辨力优于 0. 01 mm 的量具进行检测。

5.2.2　电极附着强度及电极与焊点抗拉强度

电极的附着强度及电极与焊点的抗拉强度检测采用同一方法。按图 3 所示，将小于或等于电极宽度的镀锡铜带焊接在电池电极上，焊接长度为 10 mm±0. 5 mm，焊接质量以不虚焊为准，按图 4 所示将焊接镀锡铜带的电池固定在上下两片硬质夹板之间，将镀锡铜带通过上夹板的开槽引出（开槽的宽度应略大于镀锡铜带的宽度）。在与焊接面成 45°角方向对镀锡铜带逐渐施加拉力，拉力达到 1. 73 N/mm（拉力/镀锡铜带宽度）后持续 10 s。

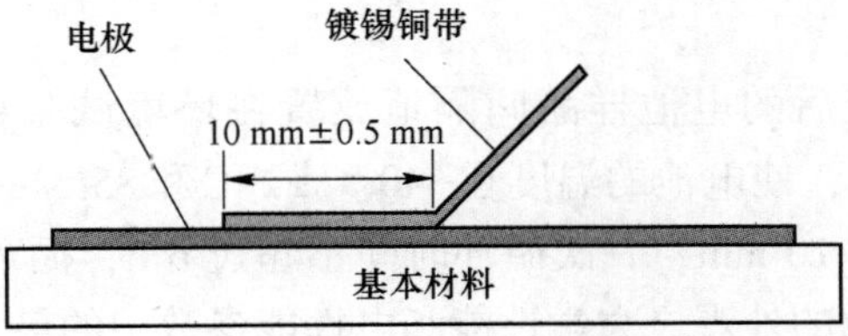

图 3

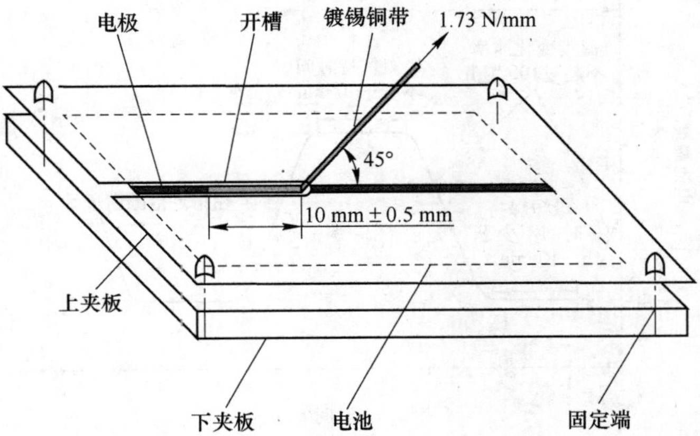

图 4

5.2.3 电池隐性裂纹

在电池电极两端加正向电压，使电流密度大小和电池短路电流密度相当，用分辨率优于0.5 mm/pixel的红外相机采集图像。

5.3 电性能

5.3.1 电性能参数

电池电性能参数检测按GB/T 6495.1—1996和GB/T 6495.3—1996进行。

注：低辐照度性能的检测应在25 ℃、200 W/m^{2}的室外自然光或模拟光源条件下进行。

5.3.2 电性能参数的温度系数

电池电性能参数的温度系数检测按IEC 60891进行。

5.3.3 电池最大功率初始光衰减比率

按照5.3.1要求检测过电性能参数的电池，在辐照度为800 W/m^2~1100 W/m^{2}的室外自然光或模拟光源下照射2 h（该过程中应保证电池温度不超过80 ℃），再次按照5.3.1要求检测电性能，电池最大功率初始光衰减比率由式（1）计算：

$$\text{最大功率初始光衰减比率}(\%) = \frac{P_1 - P_0}{P_0} \times 100\% \tag{1}$$

式中　P_0——光衰减前电池最大功率；

P_1——光衰减后电池最大功率。

5.4 热循环试验

将经初始光衰减稳定后的电池样品间隔地放置在环境试验箱（相对湿度小于60%）中，按照图5的湿度分布，使电池的温度在-40 ℃±2 ℃和85 ℃±2 ℃之间循环。在两个极端温度的保持时间不少于10 min，一次循环时间不超过6 h，循环次数5次。再按5.1.5、5.2、5.3.1的规定对电池的外观、力学性能和电性能参数中的最大功率进行检测。

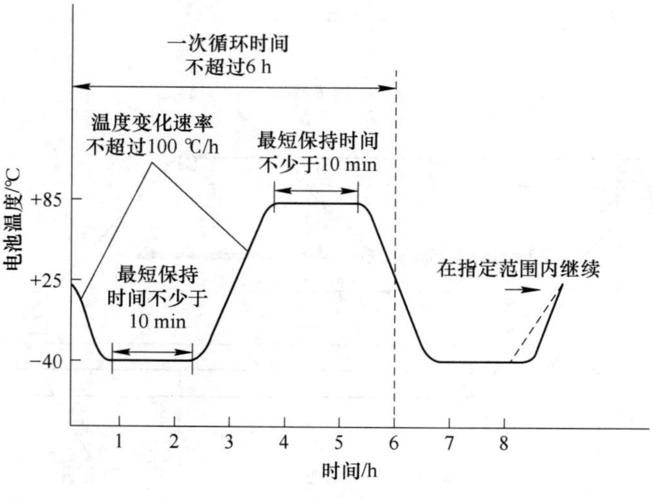

图5

6　检验规则

6.1　检验分类

检验分为型式试验、交收检验。

6.2　型式试验

每年至少进行一次型式试验，有下列情况之一时，也应进行型式试验：

——设计定型鉴定和生产定型鉴定时；

——停产半年恢复生产时；

——当设计、工艺或者材料变更可能影响产品性能时；

——交收检验结果与上次型式试验结果有较大差异时；

——国家质量监督机构提出进行型式试验的要求时。

一个型式试验批由采用同一材料、同一结构设计、同一工艺条件、基本相同的生产设备在不超过三天的时间内所生产的电池组成。型式试验时，按GB/T 2829规定的方法从同一批样品中随机抽取10片样品，按图6所示的程序进行全项目检测。检测项目、试验方法及要求见表3规定，各项检测结果应符合对应要求条款的规定，如任意一片样品的任一项目不符合要求，则该设计被判定达不到定型要求，应查明原因，进行改进后，重新进行型式试验。

表3　型式试验项目

序号	项目	要求章条号	试验方法章条号
1	外观	4.1.5	5.1.5
2	背面铝膜外观	4.1.2.2	5.1.2.2
3	尺寸	4.1.4	5.1.4
4	电极图形完整性、图形尺寸及形状	4.1.1.1	5.1.1.1
5	电极颜色	4.1.1.2	5.1.1.2
6	弯曲变形	4.2.1	5.2.1
7	电池隐性裂纹	4.2.3	5.2.3
8	电性能参数	4.3.1	5.3.1
9	电性能参数的温度系数	4.3.2	5.3.2
10	电池最大功率初始光衰减比率	4.3.3	5.3.3
11	减反射膜的附着强度	4.1.3	5.1.3
12	电极的可焊性	4.1.1.3	5.1.1.3
13	电极附着强度及电极与焊点的抗拉强度	4.2.2	5.2.2
14	背面铝膜与基体材料的附着强度	4.1.2.1	5.1.2.1
15	热循环试验	4.4	5.4

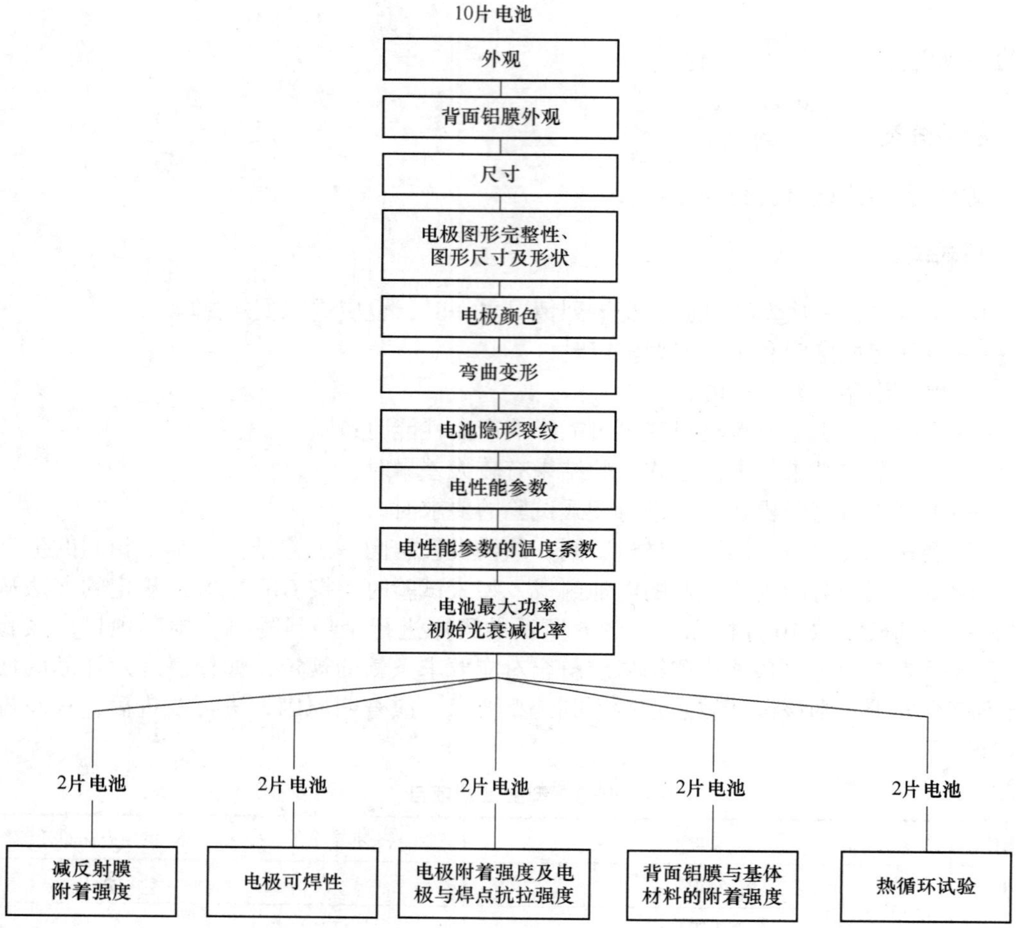

图 6

6.3 交收检验

一个交收检验批可由一个生产批组成或由采用基本相同的材料、工艺和设备，间隔时间不超过一周的几个生产批组成。交收检验项目除全检项目外。其他项目抽样方案按 GB/T 2828.1—2003 中的规定进行，其检测项目、抽样方案，检验水平、接收质量限（AQL）按照表 4 规定进行。对于在线全检项目，如电池达不到任意一项要求，则该片电池应被判定为不合格品。

表 4 交收试验项目

序号	项目	要求章条号	试验方法章条号	检测水平	AQL
1	外观	4.1.5	5.1.5	在线 100%全检	
2	背面铝膜外观	4.1.2.2	5.1.2.2		
3	电极颜色	4.1.1.2	5.1.1.2		
4	电性能参数	4.3.1	5.3.1		

续表 4

序号	项目	要求章条号	试验方法章条号	检测水平	AQL
5	尺寸	4. 1. 4	5. 1. 4	S-4	0. 25
6	弯曲变形	4. 2. 1	5. 2. 1		
7	电池隐性裂纹	4. 2. 3	5. 2. 3		
8	电池最大功率初始光衰减比率	4. 3. 3	5. 3. 3		
9	电极的可焊性	4. 1. 1. 3	5. 1. 1. 3		
10	电极附着强度及电极与焊点的抗拉强度	4. 2. 2	5. 2. 2		
注：检验水平和 AQL 要求见 GB/T 2828. 1 的规定。					

附录4 航天用太阳电池电性能测试方法（节选）

4 一般要求

4.1 标准测试条件

4.1.1 标准测试光谱为 AM0，一个太阳常数，标准辐照度为 1367 W/m^2。AM0 标准阳光光谱辐照度分布曲线如图 1（本节选略去，可参见 GB/T 6494—2017）所示，光谱辐照度数据按照 GB/T 6496—2017 的附录 B。

4.1.2 标准测试温度为 25 ℃±1 ℃。

4.2 测量仪器与设备

4.2.1 通用要求

测量仪器与装置应符合相关计量标准要求，经检定合格并在有效期内。

4.2.2 调试光源

4.2.2.1 一般要求

航天用太阳电池电性能测试光源应是太阳模拟器。

进行多结太阳电池电性能测试时，太阳模拟器应能对匹配被测多结太阳电池光谱响应的辐照度和光谱分布进行分别调节。

4.2.2.2 总辐照度

太阳模拟器的总辐照度应至少在 0.8 个~1.2 个太阳常数的范围内连续可调。

4.2.2.3 性能等级

太阳模拟器的 AM0 标准光谱失配误差、辐照度不均匀度及辐照度不稳定度的测试方法应符合附录 A（本节选略去，可参见 GB/T 6494—2017）的要求，并均应满足附录 A 中 A 级太阳模拟器的要求。

单晶硅太阳电池和单结砷化镓太阳电池测试用太阳模拟器光谱失配误差评价范围为 350 nm~1100 nm，多结砷化镓太阳电池测试用太阳模拟器光谱失配误差评价范围为 350 nm~1 800 nm。

4.2.3 标准太阳电池

4.2.3.1 标准太阳电池的组成

单晶硅太阳电池和单结砷化镓太阳电池等单结电池标准电池仅包含整体电池；$GaInP_2/GaAs/Ge$、$GaInP_2/GaAs/In_{0.3}Ga_{0.7}As$、$GaInP_2/GaAs/In_{0.3}Ga_{0.7}As/In_{0.58}Ga_{0.42}As$ 等多结电池标准电池则应包括各结子电池。

4.2.3.2 标准太阳电池的结构

标准太阳电池应与待测太阳电池具有相同的结构，经过相对光谱响应测试验证，标准电池与待测电池或待测电池对应部分应具有相对一致的光谱响应。

4.2.3.3 标准太阳电池的选择、封装、标志、标定及维护

标准太阳电池的选择、封装、标志、标定及维护应按照 ISO 15387 等相关标准执行。

4.2.4　测试系统

测试系统是指包括软、硬件在内的太阳电池电性能数据采集和处理系统，测试系统的具体要求如下：

a）太阳电池电性能测试在专门的测试平台上进行，测试平台应具有负压吸附和控温能力，测试平台应内置测温探测器，探测器应尽量靠近被测太阳电池，测试平台与太阳电池的引线连接方式应采用四线制法；

b）电压、电流最大允许测试误差应不超过±0.1%；

c）测试系统温度测试误差应不超过±0.5 ℃；

d）测温系统的温度采样周期应不超过0.5 s。

5　测试项目

航天用太阳电池电性能测试项目应包括：a）开路电压 V_{OC}；b）短路电流 I_{SC}；c）工作电流 I_L；d）最佳功率点电压 V_m；e）最佳功率点电流 I_m；f）最佳输出功率 P_m；g）光电转换效率 E_{ff}；h）填充因子 FF；i）伏安特性曲线。

6　测试原理

航天用太阳电池分为单结太阳电池和多结太阳电池。前者是指包括单晶硅太阳电池和单结砷化镓太阳电池在内，采用单 PN 结结构的太阳电池；后者是指包括 $GaInP_2/GaAs/Ge$、$GaInP_2/GaAs/In_{0.3}Ga_{0.7}As$ 和 $GaInP_2/GaAs/In_{0.3}Ga_{0.7}As/In_{0.58}Ga_{0.42}As$ 在内，采用多 PN 结结构的太阳电池。

航天用太阳电池电性能测试是通过太阳模拟器模拟空间中的太阳光照条件，利用标准电池校调太阳模拟器辐照度和光谱分布，达到匹配标定电池的等效空间 AM0 光照条件，采用标准电池比对法，在此光照条件下测试被测太阳电池的各项电性能参数。太阳电池电性能测试原理如图2（本节选略去，可参见 GB/T 6494—2017）所示。

7　单结太阳电池电性能测试

7.1　测试步骤

单结太阳电池电性能测试应遵循如下步骤：

a）进行光谱失配因子评估，决定是否需要进行光谱失配误差修正；

b）校准测试平台温度；

c）校准测试光源辐照度；

d）循环步骤 b）和步骤 c），使其均满足标准测试条件；

e）进行太阳电池伏安特性曲线扫描，并提取关键技术参数。

7.2　光谱失配因子评估

按照附录B（本节选略去，可参见 GB/T 6494—2017）的规定，测试并计算待测电池的光谱失配因子（MM）。若 MM 值在0.98~1.02之间，则不需要进行修正；否则应按附录 B 的方法，对标准电池的电流值进行光谱失配误差修正。

在批量测试时，应随机选择几片电池进行光谱失配因子测评，必要情况下应进行修正。

7.3 校准测试平台温度

在测试光源的照射下，调节测试平台温度控制系统的温度设置参数，使测试平台温度符合 4.1.2 的要求。

7.4 校准测试光源

在太阳模拟器的测试平面上放置标准太阳电池，反复调节光源辐照度，使得标准电池的短路电流与标定电流值之间的相对偏差应在±1%以内。

7.5 伏安特性曲线测量

按 7.3 和 7.4 规定校准的太阳模拟器的测试平面上对待测电池进行伏安特性曲线测量后，应按照第 5 章的要求提取电性能关键特性参数。

在测量过程中，太阳电池的温度应符合 4.1.2 的要求。

8 多结砷化镓太阳电池电性能测试

8.1 测试步骤

多结砷化镓太阳电池电性能测试应遵循如下步骤：

a）校准测试平台温度；

b）校准测试光源辐照度和光谱分布；

c）循环步骤 a）和步骤 b），使其均满足标准测试条件；

d）进行太阳电池伏安特性曲线扫描，并提取关键技术参数。

8.2 校准测试平台温度

在测试光源的照射下，调节测试平台温度控制系统的温度设置参数，使测试平台温度符合 4.1.2 的要求。

8.3 校准测试光源

在太阳模拟器的测试平面上依次放置待测电池对应的各个标准子太阳电池，反复调节光源的光谱分布和辐照度，使得所有标准子太阳电池的短路电流测量值与标定值之间的相对偏差在±1%以内。

当太阳模拟器的光照面积足够大时，可在测试平面上同时放置整套匹配待测电池的标准子电池，反复调节光源的光谱分布和辐照度，使得标准子太阳电池的短路电流与标定电流值之间的相对偏差在±1%以内。

8.4 伏安特性曲线测量

在经过按8.2和8.3规定校准的太阳模拟器的测试平面上对待测电池进行伏安特性曲线测量，按照第5章的要求提取电性能关键特性参数。

测量过程中，太阳电池的温度应符合4.1.2的要求。

参考文献

[1] 杨军，解晶莹，王九林．化学电源测试原理与技术［M］．北京：化学工业出版社，2006.

[2] 程新群．化学电源［M］．2 版．北京：化学工业出版社，2019.

[3] 杨贵恒，杨玉祥，王秋红，等．化学电源技术及其应用［M］．北京：化学工业出版社，2017.

[4] 李晓男，顾海洋．质量管理与控制技术基础［M］．北京：北京理工大学出版社，2017.

[5] 陈军，陶占良．化学电源——原理、技术和应用［M］．2 版．北京：化学工业出版社，2022.

[6] 孙克宁，王振华，孙旺．现代化学电源［M］．北京：化学工业出版社，2017.

[7] 马季军．化学电源技术［M］．2 版．北京：科学出版社，2020.

[8] 张桥保，吴贤文，陆敬予，等．电池材料——合成、表征与应用［M］．北京：化学工业出版社，2022.